Simon Dach
und der
Königsberger Dichterkreis

W0375718

MIT 10 ABBILDUNGEN

HERAUSGEGEBEN VON
ALFRED KELLETAT

PHILIPP RECLAM JUN. STUTTGART

Universal-Bibliothek Nr. 8281 [5]
Alle Rechte vorbehalten. © 1986 Philipp Reclam jun., Stuttgart
Gesamtherstellung: Reclam, Ditzingen. Printed in Germany 1986
ISBN 3-15-008281-1

Inhalt

Simon Dach

Weltliche Lieder – Hochzeitsgedichte
Gedichte an das kurfürstliche Haus

Geistliche Lieder – Begräbnisgedichte

Der Freundeskreis

Heinrich Albert

Robert Robertin

Christoph Kaldenbach

Christoph Wilkow

Georg Mylius

C. V. M.

M. B.

Jonas Daniel Koschwitz

Johann Peter Titz

Anonymus

Johann Röling

Anhang

Simon Dach

SIMON DACHIVS, Pöeta Prußus

Weltliche Lieder – Hochzeitsgedichte
Gedichte an das kurfürstliche Haus

1

Trewe Lieb' ist jederzeit
Zu gehorsamen bereit.

ANke van Tharaw öß, de my geföllt,
Se öß mihn Lewen, mihn Goet on mihn Gölt.

Anke van Tharaw heft wedder eer Hart
Op my geröchtet ön Löw' on ön Schmart.

Anke van Tharaw mihn Rihkdom, mihn Goet,
Du mihne Seele, mihn Fleesch on mihn Bloet.

Quöm' allet Wedder glihk ön ons tho schlahn,
Wy syn gesönnt by een anger tho stahn.

Kranckheit, Verfälgung, Bedröfnös on Pihn,
Sal vnsrer Löve Vernöttinge syn.

Recht as een Palmen-Bohm äver söck stöcht,
Je mehr en Hagel on Regen anföcht.

So wardt de Löw' ön onß mächtich on groht,
Dörch Kryhtz, dörch Lyden, dörch allerley Noht.

Wördest du glihk een mahl van my getrennt,
Leewdest dar, wor öm dee Sönne kuhm kennt;

Trewe Lieb' ... bereit: Diese beiden Verse entstammen Dachs Gedicht »Officiosus Amor« (Nr. 6). Heinrich Albert setzte sie in AA 5,21 über »ANke von Tharaw«. Zur Frage der Verfasserschaft siehe den Exkurs im Nachwort S. 383 ff.

Eck wöll dy fälgen dörch Wöler, dörch Mär,
Dörch Yhß, dörch Ihsen, dörch fihndlöcket Hähr.

Anke van Tharaw, mihn Licht, mihne Sönn,
Mihn Leven schluht öck ön dihnet henönn.

Wat öck geböde, wart van dy gedahn,
Wat öck verböde, dat lätstu my stahn.

Wat heft de Löve däch ver een Bestand,
Wor nich een Hart öß, een Mund, eene Hand?

Wor öm söck hartaget, kabbelt on schleyht,
On glihk den Hungen on Katten begeyht.

Anke van Tharaw dat war wy nich dohn,
Du böst mihn Dühfken myn Schahpken mihn Hohn,

Wat öck begehre, begehrest du ohck,
Eck laht den Rack dy, du lätst my de Brohk.

Dit öß dat, Anke, du söteste Ruh'
Een Lihf on Seele wart vht öck on Du.

Dit mahckt dat Lewen tom Hämmlischen Rihk,
Dörch Zancken wart et der Hellen gelihk.

21.

Trewe Lieb' ist jederzeit
Zu gehorsamen bereit.

Aria incerti Autoris

2.
Anke van Tharaw heft wedder eer Hart
Op my geröchtet ön Löw' on ön Schmart.

3.
Anke van Tharaw mihn Rihkdom / mihn Goet /
Du mihne Seele / mihn Fleesch on mihn Bloet.

4.
Quöm' allet Wedder glihk ön ons tho schlahn /
Wy syn gesönnt by een anger tho stahn.

5.
Kranckheit / Verfälgung / Bedröfnüs on Pihn /
Sal unsrer Löve Vernöttinge syn.

6.
Recht as een Palmen-Bohm över söck stöcht /
Je mehr en Hagel on Regen anföcht.

7.
So wardt de Löw' ön onß mächtich on groht /
Dörch Kryhß / dörch Lyden / dörch allerley Noht.

8.
Wördest du glihk een mahl van my getrennt /
Leewdest dar / wor öm dee Sönne kuhm kennt;

9.
Eck wöll dy fälgen dörch Wöler / dörch Mär /
Dörch Yhß / dörch Ihsen / dörch fihndlöcket Hähr.

10.
Anke van Tharaw / mihn Licht / mihne Sönn /
Mihn Leven schluht öck ön dihnet henönn.

11.
Wat öck gebö̈de / wart van dy gedahn /
Wat öck verbö̈de / dat lätstu my stahn.

12.
Wat heft de Löve däch ver een Bestand /
Wor nich een Hart öß / een Münd / eene Hand?

13.
Wor öm söck hartaget / kabbelt on schleyht /
On glihk den Hungen on Katten begeyht.

14.
Anke van Tharaw dat war wy nich dohn /
Du böst mihn Dühfkē myn Schahpkē mihn Hohn

15.
Wat öck begehre / begehrest du ohck /
Eck laht den Räck dy / du lätst my de Brohk.

16.
Dit öß dat / Anke / du söteste Ruh
Een Lihf on Seele wart yht öck on Du.

17.
Dit mahckt dat Lewen tom Hämmlischen Rihk /
Dörch Zancken wart et der Hellen gelihk.

»Anke van Tharaw«, Erstdruck, 1642.

2

Annchen von Tharau.

Aus dem Preußischen Plattdeutsch.

Annchen von Tharau ist, die mir gefällt;
Sie ist mein Leben, mein Gut und mein Geld.

Annchen von Tharau hat wieder ihr Herz
Auf mich gerichtet in Lieb' und in Schmerz.

Annchen von Tharau, mein Reichthum, mein Gut,
Du meine Seele, mein Fleisch und mein Blut!

Käm' alles Wetter gleich auf uns zu schlahn,
Wir sind gesinnet bei einander zu stahn.

Krankheit, Verfolgung, Betrübniß und Pein
Soll unsrer Liebe Verknotigung seyn.

Recht als ein Palmenbaum über sich steigt,
Je mehr ihn Hagel und Regen anficht;

So wird die Lieb' in uns mächtig und groß
Durch Kreuz, durch Leiden, durch allerlei Noth.

Würdest du gleich einmal von mir getrennt,
Lebtest, da wo man die Sonne kaum kennt;

Ich will dir folgen durch Wälder, durch Meer,
Durch Eis, durch Eisen, durch feindliches Heer.

[Nr. 2:] Aus: Johann Gottfried Herder, *»Stimmen der Völker in Liedern«. Volkslieder*, 2 Tle. 1778/79, hrsg. von Heinz Rölleke, Stuttgart 1975 (Reclams Universal-Bibliothek, 1371 [6]), S. 48–50. Herder bemerkt zu seiner Übersetzung: »Es hat sehr verlohren, da ichs aus seinem treuherzigen, starken, naiven Volksdialekt ins liebe Hochdeutsch habe verpflanzen müssen, ob ich gleich, so viel möglich war, nichts geändert« (Ebd., S. 48).

Annchen von Tharau, mein Licht, meine Sonn,
Mein Leben schließ' ich um deines herum.

Was ich gebiete, wird von dir gethan,
Was ich verbiete, das läst du mir stahn.

Was hat die Liebe doch für ein Bestand,
Wo nicht Ein Herz ist, Ein Mund, Eine Hand?

Wo man sich peiniget, zanket und schlägt,
Und gleich den Hunden und Kazen beträgt?

Annchen von Tharau, das woll'n wir nicht thun;
Du bist mein Täubchen, mein Schäfchen, mein Huhn.

Was ich begehre, ist lieb dir und gut;
Ich laß den Rock dir, du läßt mir den Hut!

Dies ist uns Annchen die süsseste Ruh,
Ein Leib und Seele wird aus Ich und Du.

Dies macht das Leben zum himmlischen Reich,
Durch Zanken wird es der Hölle gleich.

3

Matthias Stephan und Margarete Marderwald.

20. Apr. 1632.

DIE Sonne rennt mit prangen
Durch jhre Frühlings Bahn,
Sie lacht mit jhren Wangen
Den runden Erdkreiß an,
Der Westwind lest sich hören,
Die Flora, seine Braut,
Kömpt auch vns zu verehren
Mit Blumen, Graß vnd Kraut.

Die Vögel kommen nisten
Auß frembden Ländern her,
Das Vieh' hengt nach den Lüsten,
Die Schiffe gehn ins Meer,
Der Schäffer hebt zu singen
Von seiner Phyllis an,
Die Welt geht wie im springen,
Es frewt sich was nur kan.

Drumb wer anjtzt zum lieben
Ein ehrlich Mittel hat,
Der flieh' es auffzuschieben,
Vnd folge gutem Raht,
Weil alles, was sich reget,
In dem es sich verliebt
Vnd zu seins gleichen leget,
Hiezu vns Anlaß giebt.

Matthias ... Marderwald: AA 1,17 hat die Überschrift »Veris tempore fervet Hymen« (»Im Frühling braust Hymen«); dort ist das Gedicht in sieben vierzeilige Strophen geteilt, deren zweite, hier fehlende, lautet: »Der Himmel kömpt zur Erden / Erwärmt vnd macht sie nass, / Drumb muß sie schwanger werden / Gebühret Laub vnd Graß.« Als AA 1,18 folgt eine herbstliche Parodie von Robertin.

4

Fastus Sapientia ridet.

MEin Kind, dich müssen Leuthe lieben
Vor welchen ich ein Schatten bin
Drumb wundert mich es, daß dein Sinn
Zu meiner Einfalt wird getrieben;
Es pfleget jetzt ja zu geschehn
Daß alle nur auff Hoheit sehn.

Ich weiß mich so nicht auß-zu putzen
Wie jetzt die geile Jugend thut,
Vnd die jhr Väterliches Gut
Im halben Jahr offt gantz verstutzen;
Was hoch vnd vber Stands-gebühr,
Da eckelt meiner Seelen für.

Wie schlecht ich auch herein mag gehen
So schämest du dennoch, mein Licht,
Dich nimmer meiner Liebe nicht;
Du darffst es offentlich gestehen
Vnd sagst, durch keines Zwang vnd Trieb:
Ja ja, mein Kind, ich hab euch lieb.

Ich hab es Venus wissen lassen,
Sie hat es Amor kundt gethan,
Die haben jhre Lust daran,
Vnd lieben dich auch bester massen,
Daß du, O frommer Seelen-Lust,
So trew vnd redlich bey mir thust.

Gehabt euch wol, jhr stoltzen Pfawen!
Ich kenn vnd liebe wenig Gold,

Fastus Sapientia ridet: »Die Klugheit lacht über den Stolz.«

Vnd dennoch ist mir trew vnd hold
Die Zier vnd Crone der Jungfrawen,
Die mehr auff ein berümbtes Lied
Als auff vergüldte Kleider sieht.

5

Res est solliciti plena timoris amor.

O Jhr Außzug meiner Frewden
Dem mein Hertz sich vntergiebt,
Müsst Jhr eben von mir scheiden,
Da Euch meine Seele liebt?
Gebt Jhr mir schon gute Nacht,
Nun Jhr erst mich auffgebracht?

Könnet jhr kein Mittel finden
Das Euch hie behalten kan?
Sagt was von den rauhen Winden,
Von dem kalten Winter-Mann,
Der solch Vngemach erregt
Vnd so sehr zu stürmen pflegt!

Sollet Jhr zu Lande reissen,
So gedenckt der KriegesGlut,
Redet stets vom Brand vnd Eissen,
Von der Mörder wilden Muth,
Sagt: es sey zu Land vnd Meer
Jetzt das grösseste Beschwehr.

Klaget vber ewre Glieder,
Sprecht: es sey euch Kost vnd Tranck

Res ... amor: »Eine Sache voll Unruhe und Furcht ist die Liebe.«

Zu geniessen, gantz zu wieder,
Esst genöttigt vnd durch Zwang!
Vielen hat zu seiner Zeit
Kranck zu liegen nicht gerewt.

Trewe Lieb' ist allermassen
Witzig, Sinn-reich vnd gelehrt,
Kan mit jedem Griff erfassen
Was die klügsten auch bethört.
Wer nicht wol zu dichten weiß,
Hat im Lieben keinen Preiß.

6

Officiosus Amor.

NImfe, gieb mir selbst den Mund,
So wird mir dein Hertze kundt,
Reich mir deiner Armen Band,
Der gewünschten Liebe Pfand!

Denn, so lange du noch nicht
Mir gehorchen wirst, mein Liecht,
Wird dein Lieben nur ein Schein
Vnd vor nichts zu achten seyn.

Trewe Lieb' ist jederzeit
Zu gehorsamen bereit,
Hat Jhr Thun gerichtet hinn
Auff des Liebsten Hertz vnd Sinn.

Officiosus Amor: »Williger Amor.«
Trewe Lieb' ... bereit: Diese beiden Verse setzte Albert in AA 5,21 über »ANke von Tharaw«.

Glut bricht von sich selbst hervor
Vnd stösst jhre Flamm empor,
Wo sich Rauch vnd Dampff nur findt,
Muß vergehn durch Lufft vnd Wind.

Schämst du aber dich vor mir,
So gedencke, meine Zier,
Daß ich das bin, was du bist,
Vnd werd' jetzt nicht erst geküsst!

Wo ich mich, gleich wie du wol
Auch mit andern schämen sol,
Würde nicht die gantze Welt
In gar kurtzer Zeit gefällt?

Venus hat sich, wie bekannt,
Zum Adonis selbst gewandt,
Vnd mit jhm so manche Nacht
In der Liebe zugebracht.

Komm, der Mond am Firmament
Hat sich schon zu vns gewendt,
Komm, die Nacht kömpt auch heran
Da sich küsset was nur kan!

Morgen, hör ich, willst du fort
Von vns an ein frembdes Orth,
Vnd wer weiß auff welchen Tag
Ich dich wieder sprechen mag;

Darumb Hertz mich ohne schew,
Daß ich deiner Inndenck sey!
Ich bitt' einmal noch jetzund:
Nymfe, gib mir selbst den Mund!

7

Orbis ad exemplum se quoque formet homo.

SOl sich der Mensch, die kleine Welt,
Jetzt nicht auff süsse Heyraht lencken?
Muß doch das prächtige Gezelt
Der grossen nur an Liebe dencken.

Die Erd' ist sauber vnd beleckt
Durch den gewünschten Schein der Sonnen,
Ist jhres Winterfells entdeckt
Vnd wird vom Himmel lieb gewonnen,

Der sich herab in jhren Schoß
Durch einen warmen Regen machet,
Vnd schwängert jhren dürren Kloß,
Daß alles frölich sieht vnd lachet.

Was auß der Lufft den Ackersmann
Mit singen tröstet vnd erfrewet,
Spricht lieblich eins das andre an
Vnd wird zu gleichem gleich getrewet.

Die Heerde treibt den Hirten fort
Der Galatheen nach zu lauffen,
Pan braucht sich jetzt der besten Wort',
Jhr Nymphen, ewre Gunst zu kauffen.

Das meiste, welches Auffenthalt
Nur in den Wellen ist zu finden,
Ja Hügel, Berge, Wild vnd Wald
Muß jetzt in Liebe sich verbinden.

Orbis ... homo: »Nach dem Beispiel des Erdkreises richtet sich auch der Mensch.«

Der Mensch, ein Außzug dieser Welt,
Wird vieler Schuld entledigt bleiben,
Wenn er sich dem gemeß verhelt,
Was Lufft, See, Erd vnd Himmel treiben.

8

Carmina secessum scribentis et ocia quaerunt.

GLück zu, jhr grünen Bäume,
Jhr Hauß der Sicherheit,
Jhr Vorraht guter Reime,
Schatz aller Fröligkeit!
Fahrt fort, lasst ewre Lieder
Mir bringen Lust vnd Ruh!
Ich setze mich hie nieder
Vnd hör' Euch fleissig zu;

Du sanffter West-Wind pfeiffe
Vnd halte recht den Schlag,
Daß alles seine Läuffe
Gebührlich machen mag!
Das Laub ist gäng vnd rege,
Die Lufft ist sanfft vnd still,
Kein Vogel ist, der träge
Sich jetzt erweisen will.

Indem der Mey behende
Jetzt von vns Abschied nimpt,
Wie allem Thun sein Ende
Zu haben ist bestimmt:

Carmina ... quaerunt: »Gedichte brauchen die Einsamkeit und Muße des Dichters.« Das Gedicht ist auf Garten und Lusthaus des kurfürstlichen Rats Michael Adersbach gedichtet.

Will ich auff meiner Geigen
Im gleichen lustig seyn,
Sitz' vnter ewren Zweigen
Vnd stimme mit Euch ein.

Wolt jhr darumb mich neiden?
Er selbst, Herr Adersbach,
Mag es sehr gerne leiden,
Daß ich mich frölich mach'
Hie, wo er an dem Pregel
Sein Lust-Hauß siehet stehn,
Vnd wo der Russen Segel
Vorüber müssen gehn.

Ich lass', euch Bäume, ragen
So hoch jhr jmmer könnt,
Vnd edle Zweige tragen;
Dafern jhr mir vergönnt,
Daß ich nur mag daneben
Auch Herren Adersbach
Hoch vber euch erheben
Biß an der Sternen **Dach.**

9

Heinrich Albert und Elisabeth Starck.

9. Febr. 1638.

DAmon, wo hinfort dich Preussen
Vnd vorauß des Pregels Randt
Weg lesst in dein Vaterlandt,
Wil ich nicht Chasmindo heissen,
Was dich hie gefangen helt
Ist dir mehr den alle Welt.

Seit daß du in Philosetten
So verliebt gewesen bist,
Seit daß sie dir günstig ist,
Liegt dein Hertz gleich an der Ketten,
An der Ketten liegt dein Hertz,
Die auch weich macht Staal vnd Ertz.

Leute, die in Eisen liegen
Auß verdampter Tyranney,
Werden offt noch loß vnd frey,
Vögel hoffen zu entfliegen:
Die in LiebesBanden stehn
Wünschen nicht eins zu entgehn.

Stimm nur deine Seiten wieder,
Du bist hier vnd bleibst auch schon,
Vnd verschaffe, das dein Thon
Mag beseelen vnsre Lieder,
Die ohn dich, O Phebus Kind,
Warlich sonder Seele sind.

[Nr. 9:] Zur Hochzeit Heinrich Alberts. Die Freunde figurieren unter ihren Schäfernamen. Damon: Albert, Chasmindo: Dach, Philosette: die Braut Elisabeth Starck, Celadon: Kaldenbach, Berrintho: Roberthin.

Ach mit was für schönen Dingen,
Was für Lust vnd Fröligkeit
Hoffen wir die LiebeZeit
(Da es GOtt wil) zuzubringen,
Wann vorauß der Frost erliegt
Vnd der Lentz die Herrschafft kriegt,

Wann wir auff begrünter Heyden
Hingestreckt ins feuchte Graß
Bey den Bächen, die wie Glaß
Vor sich rauschen, sollen weiden,
Wann die Lerch vnd Nachtigal
An wird stimmen Berg vnd Thal.

Celadon, vor welches singen
Meine Geige sich entfärbt,
Der sein Spiel von dem ererbt,
So den Acheron kan zwingen,
Geht mit seiner Kunst voran,
Dann sing' ich so gut ich kan.

Mein Berrintho wird mir sagen,
Wo mir etwa Fleiß gebricht,
Vnd durch gutten Vnterricht
Eine gute Röht' abjagen,
Mein Berrintho, der mich trieb,
Daß ich dieses Lied auch schrieb.

Also wollen wir geniessen
Vnsers Lebens, weil es wehrt,
Vnd ob schon der Geist entfehrt,
Augen vnd Gehör sich schliessen,
Werden wir doch, wie ich mein',
Vmb ein gut theil vbrig sein.

von dem ... zwingen: Orpheus.

Vnsrer Freundschafft, vnsrer Seiten
Wird ob GOtt wil noch gedacht,
Solte man vns zu der Nacht
Auch vmb Morgen schon begleiten:
Vnd der edlen Tichter Geist
Lebt im Tod erst allermeist.

Damon auff, vnd laß vns leben,
Laß vns auff den Koht der Welt,
Der von vns ein Vrtheil fellt,
So nicht taug, nicht so viel geben!
Muhtig sein vnd recht gethan
Bricht durch allen Neid die Bahn.

Dieß nur wil ich einig bitten,
Daß mir künfftig frey mag stehn,
Bey dir auß vnd ein zu gehn
Nach der alten Freundschafft Sitten.
Ach wie wol ist meinem Sinn,
Wenn ich, Damon, vmb dich bin.

Andre mögen von dir halten,
Von dir reden dieß vnd das,
Ich begehre durch das Glaß,
So ich trincke, zu erkalten,
Wo mein Hertz mit Trug vnd List
Gegen dich verfälschet ist.

10

Gesang
bey des Edlen vnd Hochberühmten Herren Martin Opitzen von Boberfeldt, etc. etc. hocherfrewlichen Gegenwart
Zu Königsbergk in Preussen
Im Jahre 1638 Den 29. Tag des Hew-Monats,
Gesungen Von Simon Dachen.

ISt es vnsrer Seiten Werck'
Je einmahl so wol gelungen,
Das wir dir, O Königsbergk,
Etwas gutes vorgesungen,
So vernimm auch dieß dabey,
Wer desselben Stiffter sey:

Dieser Mann, durch welchen dir
Jetzt die Ehre wiederfähret,
Das der Deutschen Preiß vnd Zier
Sämptlich bey dir eingekehret,
Opitz, den die gantze Welt
Für der Deutschen Wunder helt.

Ach der Außbund vnd Begriff
Aller hohen Kunst vnd Gaben,
Die der Alten Weißheit tieff
Jhrem Ertz' hat eingegraben,
Vnd der lieben Vorfahrt Handt
Vns so trewlich zugesandt!

Man erschricket, wenn er nun
Seiner tieff erforschten Sachen

Gesang ... Dachen: Überschrift in AA 2,20: »Als Martin Opitz von Boberfeld etc. naher Königsbergk kommen, seine guten Freunde [nach einem spätern Druck: »seinen guten Freund Robertihn vnd andere«] daselbst zu ersuchen, ist Ihme von Simon Dachen vnd mir diese wenige Music durch hülffe etlicher Studiosorum praesentirt worden, den 29. Tag des Hewmonats Jm Jahr 1638.«

Abgrundt anhebt auff-zuthun,
Vnd sein Geist beginnt zu wachen,
Wer alsdan Jhn loß sieht gehn,
Der sieht Welschlandt vnd Athen.

Orpheus giebt schon besser Kauff,
Hört er dieses Mannes Seiten,
Vnser Maro horchet auff,
Sagt: was sol mir das bedeuten?
Wird der Weisen Lieder Ruhm
Nun der Deutschen Eigenthum?

Ja, Herr Opitz, ewrer Kunst
Mag es Deutschland einig dancken,
Das der frembden Sprachen Gunst
Mercklich schon beginnt zu wancken,
Vnd man numehr ins gemein
Lieber Deutsch begehrt zu sein.

Wer hat ewrer süssen Handt
Diesen Nachdruck mit gegeben,
Daß das gantze Norden-Landt,
Wenn Jhr schlagt, sich muß erheben,
Vnd so mancher Edler Geist,
Euch zu folgen sich befleist?

Last den stoltzen Thracer-Fluß
Nicht so trotzig sich ergiessen,
Vnd den edlen Mincius
Was bescheidentlicher fliessen,
Ewres Bobers kleine Fluth
Nimpt doch allen nun den Muth.

Thracer-Fluß ... Mincius ... Bobers: die Heimatflüsse der drei genannten Dichter Orpheus, Maro (Vergil) und Opitz, nämlich der Hebros (Maritza), der Mincius – mit Vergils Geburtsort Mantua – und der Bober, an dem Opitzens Bunzlau liegt.

Wol euch, Herr! was für ein Lohn
Hat sich hie mit eingedinget?
Daß von hie-ab ewer Thon,
Bis in jenes Leben dringet,
Dessen Nachklangk aller Zeit
Vnd vergängnüß sich befreyt.

Hie kunt' ewre Jugend zwar
Schon den Lorber-Krantz erjagen,
Aber dort wird ewer Haar
Erst der Ehren Krohne tragen,
Die euch David gern gesteht,
Weil Jhr seinen Fußpfad geht.

Doch wird auch des Pregels Randt,
Weil er ist, von Euch nicht schweigen,
Was von vns hie wird bekant,
Was wir singen oder geigen,
Vnser Nahme, Lust vnd Ruh
Stehet Euch, Herr Opitz, zu.

11

Crispin Derschow und Regina Bessel.

10. Okt. 1639.

WAs dieses sawre Leben
Verkehr' in Honigseim,
Wil ich durch wenig Reim'
Itzt zu verstehen geben:
Ein Hertz, das Tugend-fest
Sich seiner Vnschuld frewet,
Vnd wenn Jhm Vnglück drewet,
Getrost auff GOtt verlesst;

Ein Leib, der wol gediehen,
Vnd nicht von nöthen hat,
Daß man vmb Hülff vnd Rath
Die Aertzte muß bemühen,
Ein Acker, der wol trägt,
Mit keinem Menschen streiten,
Ein Herdt, der aller zeiten
Zur Notturfft Fewer hegt;

Der klugen Einfallt Gaben,
Ein Tisch ohn allen Pracht,
Wol ruhen bey der Nacht,
Gewünschte Freunde haben,
Ein Weib, daß jhren Mann
In höchsten trewen liebet,
Vnd klüglich nichts verübet
Das Jhn bekümmern kan;

Von frembder Leute Sachen
Durchauß geschieden seyn,
Sie bringen wenig ein,
Für sich am meisten wachen,

Belieben seinen Standt,
Den Stoltz vnd Hochmut hassen,
Sich wol gefallen lassen,
Was GOtt Jhm zuerkandt;

Auß Vngedult vnd Leiden
Den Todt nicht ruffen zwar,
Doch stellt er sich nun dar,
Behertzt seyn abzuscheiden:
Dieß sind die wenig Reim',
Vnd haben kunt gegeben,
Was dieses sawre Leben
Verkehr' in Honigseim.

12

Perstet amicitiae semper venerabile Faedus!

DEr Mensch hat nichts so eigen,
So wol steht jhm nichts an,
Als daß Er Trew erzeigen
Vnd Freundschafft halten kan;
Wann er mit seines gleichen
Soll treten in ein Band,
Verspricht sich nicht zu weichen
Mit Hertzen, Mund vnd Hand.

Die Red' ist vns gegeben,
Damit wir nicht allein

Perstet ... Faedus: »Ewig währe der Freundschaft verehrungswürdiges Bündnis.« In der Vertonung Heinrich Alberts (AA 2,10) eines der bekanntesten Lieder Dachs; Herder nahm es, ohne die letzte Strophe, als »Lied der Freundschaft« in seine Volkslieder auf, mit dem Bemerken: »Schon die treuherzige Sprache dieses Dichters verdient Bekanntmachung und Liebe.«

Vor vns nur sollen leben
Vnd fern von Leuten seyn;
Wir sollen vns befragen
Vnd sehn auff guten Raht,
Das Leid einander klagen
So vns betretten hat.

Was kan die Frewde machen,
Die Einsamkeit verheelt?
Das gibt ein duppelt Lachen,
Was Freunden wird erzehlt;
Der kan sein Leid vergessen,
Der es von Hertzen sagt;
Der muß sich selbst aufffressen,
Der in geheim sich nagt.

GOtt stehet mir vor allen,
Die meine Seele liebt;
Dann soll mir auch gefallen,
Der mir sich hertzlich giebt;
Mit diesem Bunds-Gesellen
Verlach' ich Pein vnd Noht,
Geh' auff dem Grund der Hellen
Vnd breche durch den Tod.

Ich hab', ich habe Hertzen
So trewe, wie gebührt,
Die Heucheley vnd Schertzen
Nie wissendlich berührt;
Ich bin auch jhnen wieder
Von grund der Seelen hold,
Ich lieb' euch mehr, jhr Brüder,
Als aller Erden Gold.

13

Lesbia tota favet.

LEsbia, mein Leben,
Hat sich mir ergeben,
In gewünschter Pflicht,
Ich wil bey jhr stehen,
Biß ich werde gehen
Hie auß diesem Licht:
Was vor Leid
Ich jeder zeit
Vmb sie hab' ertragen müssen,
Wil ich jetzt beschliessen.

Die gewünschten Frewden,
So sie vor mein Leiden
Mir ertheilen wil,
Sol kein Leid beschweren,
Ja sie sollen wehren
Ohne maaß vnd Ziel:
Jhre Zier
Wil einig mir
Sich in allen Liebes-fällen
Zu gebothe stellen.

Aller Pracht vnd Prangen
Jhrer süssen Wangen,

Lesbia tota favet: »Lesbia ist mir ganz ergeben.« Der Vertonung des Liedes (AA 2,17) ließ Albert eine Parodie »Cynthia mein Leben, / Wil sich nicht ergeben« unter dem Motto »Cynthia tota furit« (»Cynthia macht mich ganz rasend«) folgen.
Lesbia: Geliebte des Catull in seinen Elegien (nach Lesbos, der Insel der Sappho) wie Cynthia die Geliebte des Properz in seinem ersten Elegienbuch. Die beiden Frauennamen beherrschen paradigmatisch die humanistische Liebesdichtung des Abendlandes durch Jahrhunderte.

Jhr Korallen-Mund:
Jhre zarten Hände,
Jhrer Armen Bände
Sind mir nun vergunt:
Ehe muß
Ein vberfluß
Als ein Mangel in den Sachen
Mich verdrossen machen.

Sind im Obst viel Kerne,
Viel am Himmel Sterne,
Wirfft der Nord viel Schnee:
Sind viel rauhe Wellen,
Wenn die Winde bellen
Auff der wüsten See:
Mehr sind Küss,
Ich weiß gewiß,
Die sie mir zum Liebes Zeichen
Wird mit Willen reichen.

Solt ich solcher massen
Mich gerewen lassen
Meiner Sorg vnd Pein?
Wer auff sein Verdriessen
Dieß hat zu geniessen,
Kan nicht Elend seyn:
Elend kan
Nicht sein der Mann,
Dem sein Lieb auff alles Leiden
Lohnt mit solchen Frewden.

14

Perpetui coelum tempora veris habet.

DEr Mey, des Jahres Hertz, beginnt
Durch Krafft der SonnenStrahlen
Feld, Berg vnd Thal zu mahlen,
Daß alles newen Schmuck gewinnt:
Der Baum, ein Speisemarckt der Bienen,
Trägt Laub vnd edlen Safft,
Der Artzte Wissenschafft,
Die Feld- vnd Gärten-Kräuter grünen.

Vnd du, mein Hertz, bist träg vnd kalt,
Giebst noch dich zu verstecken
Der faulen Winter-decken,
Der Wollust Schirm vnd Auffenthalt?
Mein, laß dich die Natur bewegen!
Deß Höchsten Gnaden-Schein
Wird deine Sonne seyn,
Sein thewres Wort dein güldner Regen.

Verjünge dich vnd brich herfür
Mit deinem Tugendt-Kleide
Als Gottes Seelen-weide,
Nimm an die Lielien-weisse Zier
Der Heiligkeit, recht fromm zu leben!
Wo nicht, so wird der Baum
Deß Lebens keinen Raum,
Sein Zweig hinfort zu seyn, dir geben.

Perpetui ... habet: »Zeiten ewigen Frühlings hat der Himmel.«

15

Alia et nova cantilena amatoria rustica.

Grethke, warumb heffstu mi
Doch so sehr bedrövet?
Wettstu och noch, wo ick di
Hebb alltidt gelevett?
Wo ick umb die, hor, alleen
Gestern so erschrecklich green,
Ock nich einen beten
Hebbe mögen freten?

Och, du wettst nicht, wo 'tt mi schmart,
(Ick kan 't nich verschwiegen)
Dat ein ander Kerdel ward
Di tho eigen kriegen
Un ick also aff moth stahn,
Ock allein tho Bedde gahn:
Ick sy ungelagen
Von di sehr bedragen.

Aver hör doch, weistu ock,
Wo du di verschwaren,
Als du mi datt Schnuppeldock
Drup geffst tho verwaren,
Wi wyr ts Avends mannichmal
Vns gepust von baven dal,

Alia ... rustica: »Ein anderes und neues bäuerliches Liebeslied.« Das berühmte ›Grethke‹ oder ›Bauerlied‹ (s. Nachwort S. 385 f.). Einzig in einer Handschrift des Johann Stobaeus im Britischen Museum in London erhalten. Im Dankgedicht an Robertin (Nr. 31) sagt Dach: »Nur wegen meiner Grehten, / Waß Lob erhielt ich doch!« (Vgl. auch Nr. 21, V. 19). Neben ›Anke‹ das andere plattdeutsche Gedicht Dachs. (Lit.: R. Priebsch.)
Wi wyr ... gelegen: Variante in der Handschrift: »Als et noch de Frow erfohr / Vn du schworest eck sie ein hor / Warr ick di nich nehmen / Lath doch man din gremen.«

Upn Schoppen gestegen,
Ock thosammen gelegen?

Pfu! wo hebb ick dwatscher narr
Mi so sehr verdupet!
Oft sed use Herr de Parr:
»Knecht, du bist besöpet!«
Schimp du mi dei Wedem nicht,
Ick hebb manchen bösen Stich
Men von dynetwegen
Tho verstahn gekregen.

Doch dat möcht rehd alles syn:
Düt iß dat mi drücket,
Dat ick dy hebb all dat myn
Heimlich thogestecket.
Wettstu ock nicht den roden Rock,
Ey, dey Strümp un de fyn Schock-
Lewend tho der möder?
Ja wat, all myn göder!

Vnd dat was noch nich genog;
Wenn du uthgiengst rallen
Mit den Burknechts in den Kroch,
Wol ick di gefallen,
So most ick in dine stell
All dat Vehe van dem fell
In die ställe jagen
Vnd mi vor di plagen.

Als di Mödder Krögers Knecht
Wold ein Ohrfieg gewen,
Dat du van em na gesecht,
Wat he hadd bedreven:

Heimlich thogestecket: urspr.: »in den Arß gesticket«.

Kyld ick mi mit em herum,
Awerst hey was mi tho schlim,
Schlog mi, dat ick liggen
Most gan up dem rüggen.

Blödd ick do nich als ein Schwin,
Leth na Hus mi ledden,
Reep ick do nicht, dat Valntin
Mi most kamen redden?
Myne Nese was entwey,
Myn Ogen als ein Hönerey
Schrecklich opgequollen,
Ock schier thogeschwollen.

Schla, du Schelm, du Barensteck,
Dat du most versuren!
Holl, ick war wol wedder preck
Einmal up di luren.
Ick hebb up die, Bodelsknecht,
Einen Prügel thogelecht,
'k will dy so veel gewen,
Dat du kum salst lewen.

Vaken dacht ick: »Nu, du moest
Gnogsam umb se liden«;
Dennoch hestu dine Lust
Mi so sehr tho brüden.
Doet nich mehr, edt is nicht recht,
Hefft doch dine Frow gesecht:
»Warstu dißen freyen,
'd ward di nicht gerewen.«

Iß hey nicht ein Horenkind?
Segg, wer iß syn Vader?
Supt hey sick nich doll vnd blind,
Makt ock gerne Hader?

Tho der Arbeit iß hey ful,
Hefft ein loß verhawen Mul,
Plegt mit dem tho pralen,
Wat he hefft gestalen.

Ick bin eines Schäpers Sehn
Uth dem Dorp Poßnicken,
Myn Vader de heet Hans Drön,
Ener von den Ryken.
Öff ick schon jetzunder deen,
Ick bin moderlick allein:
Ward de Vader starven,
Warr ick alles arven.

Denn so werstu sehn uthgahn
Köy, Schap unde Lemmer,
Beth thom Buck im Grase stahn,
Welcke di en emmer
Söte Melck twemal den Dach
Gewen, als de bunte plag,
De de Wolff gefreten,
Als du sulvst warst weten.

Ja, keen levigs, loset Wort
Salstu van mi hören,
Ick wil dy ock fort vnd fort
Leven vnde ehren,
Vnd ick kan ja angers nicht,
Dann du makst mi levendig
Pussen dine Lippen,
Di von Honig drüppen.

Wenn ick na dy seh vam Kohr,
Wor du plegst tho sitten,
So heffstu, los kleine Hoer,
Solcke ronge Tütten,

Ock solck ronget Angesicht,
Also dat mi solver dücht,
Dat du, schmucket Meken,
Appel most affsteken.

Darumb schluth mi in din Hart,
Lath den andern fahren,
De di nich so leven ward,
Kom, dat wi uns paren.
Kom, wi hebben hoge Tydt:
De sick alltho old befryt
Und von Krafft is kamen,
De hefft schlechten Framen.

16

Ludwig Keppler und Anna Reimer.

2. Jan. 1640.

Kap. 31. aus den Sprüchen Salomonis.

DEr Mann ist erst zu erheben,
Ist erst thewren Lobes werth,
Dem in diesem armen Leben
Ist ein sittsam Weib beschert,
Sie geht vor, an Thugend-Scheine,
Auch dem besten Demant-Steine,

Framen: Unter den Text schrieb Stobaeus: »Dey Autor moth kloeck und düses dinges wol erfahren syn.«

[Nr. 16:] Ein Frauenlob nach Sprüche Salomonis 31,10–31 (»Wem ein tugendsam Weib beschert ist, die ist viel edler denn die köstlichsten Perlen«; 31,10) anläßlich der Hochzeit eines Sohnes des Astronomen Johannes Kepler, der in Königsberg kurfürstlicher Leibarzt war. Dabei befindet sich auch ein lateinisches Gedicht Dachs »Ad manes [. . .] Johannis Keppleri« (Z I, S. 330).

Den der Jud' aus Osten schickt.
Was hat sich jhr Mann zu krencken?
Sie wird stets auff Nahrung dencken,
Thun, was seine Seel erquickt.

Sie ist thättig aller enden,
Kan mit Woll vnd Flachs vmbgehn,
Spinnt vnd wirckt mit jhren Händen,
Niemand sieht sie müssig stehn
Gleich dem Schiffe, das mit Wahren
Weit kombt über See gefahren,
Schon des Nachts ist sie herauß,
Spielt zusammen Magd vnd Mutter,
Gibt den Dirnen Speis', vnd Futter
Täglich durch jhr gantzes Hauß.

Sie denckt vmb nach einem Acker,
Käufft jhn an sich, pflantzet Wein,
Jhrer Arme Krafft muß wacker
Etwas anzugreiffen seyn.
Sie versteht, was nutz vnd frommen
Muß aus jhrem Handel kommen,
Jhre Leucht' erlischet nicht
Fast die gantze Nacht durch spinnen,
Vnd auff allen Wolstand sinnen,
Schätzet sie vor jhre Pflicht.

Sonderlich mit jhrem Segen
Hülfft sie gern den Armen fort,
Sie verwahrt jhr Hauß für Regen,
Vngewitter, Schnee vnd Nord,
Sie weiß sich mit weisser Seyden
Vnd mit Purpur anzukleiden,
Weiß durch schweigen vnd verstand
Rhum auff jhren Mann zu setzen,
Daß man jhn muß seelig schätzen
Hin vnd wieder durch das Land.

Sie verkäufft dem Krämer Sachen,
Die sie selbst verfertigt hat,
Sauberkeit, Fleiß, Schmuck vnd Lachen
Finden allzeit vmb sie statt.
Lässt sie sich mit reden hören,
So sind lauter WeißheitLehren,
Die sie auff der Zungen führt,
Sie versorgt, bestellt, vnd sihet,
Was im Hause nur geschihet,
Vnd wird nirgends faul gespührt.

Jhre Söhne sind gediehen,
Schreiben jhr die Wolfahrt zu,
Vnd jhr Mann muß jmmer blühen,
Sagt, sie schaff' jhm Frewd vnd Ruh,
Zwar durch vieler Töchter Segen
Kan man Reichthumb hinterlegen,
Wan sie fleiß- vnd zücht-ig sind;
Doch der Mutter Art vnd Thugend
Hat, was der noch zarten Jugend
Allen Lobspruch abgewinnt.

Lieblich seyn vnd schön von Leibe,
Wird von Weisen nicht erkiest,
Aber wo bey einem Weibe
Gottesfurcht vnd Thugend ist,
Das sol erst gelobet werden
Für den andern hier auff Erden,
Jhre frucht der Hände macht,
Daß auff sie vnd jhre Kinder,
Vnd auff Kindes-Kind nicht minder
Werd' ein ewig Lob gebracht.

17

Daniel Johansen und Anna Naps.

5. Nov. 1640.

An die Jungfraw Braut.

JVngfraw Napsin, seht nicht an,
Daß der Herbst, der Schnupfen-Mann,
Sich mit Dampff vnd Flüssen reget,
Ist auff Wald vnd Feld ergrimmt,
Jhnen allen Zieraht nimmt,
Vnd auch Menschen niederleget.

Setzt getrost der Liebe nach,
Venus vnd jhr Sohn sind wach,
Werden beyde trewlich walten:
Lasst den Herbst vnd alle Pein
Wider Euch zu Felde seyn,
Amor weiß Euch Schutz zu halten.

Seine Macht vnd starcke Handt
Kennet keinen Widerstandt,
Lässt jhm keine Zeit bestimmen:
Lentz vnd Herbst weiß AmorsBrauch.
Wer sich jhm ergibt, muß auch
In der New-Jahrs-Kälte glimmen.

Nur begnügt der Liebe Sinn.
Seht auff ewren Bräutgam hin,
Der so hertzlich kranck gewesen:
Nicht so wol der Kräuter Kunst,
Als der keuschen Liebe Brunst,
Lässt jhn Euch so bald genesen.

Geht! Er eilt zu seiner Ruh.
Deckt Jhn desto wärmer zu,
Brennt in Glut vnd heissen Schmertzen,
Daß die reine Liebe-Sucht
Jedes Jahr durch newe Frucht
Auß mag schlagen von dem Hertzen.

18

Lidia, perpetuam pariunt tibi carmina laudem.

Auf! Jhr meine güldne Seiten,
Raffet meinen Geist von hier,
Lidia wil neben mir
Vber Lufft vnd Himmel schreiten,
Ist durch meiner Sinnen Macht
Auff ein ewigs Lob bedacht!

Sie erkennt, das Pracht vnd Jugend
Wie ein Dampff verrauchen muß,
Darumb stellt sie jhren Fuß
Auff den Pfad standthaffter Tugend,
Wil durch meiner Gaben Schein
Immer jung vnd schöne seyn.

Schaw, ich reisse mich von hinnen!
Sey beseelt, O meine Hand!
Fleuch, du fewriger Verstand,
Vber des Gestirnes Zinnen,
Suche da hinauff zu gehn,
Wo dieß schöne Mensch sol stehn!

Lidia … laudem: »Lydia, Lieder bereiten dir dauerndes Lob.«

Jhre Sonnen-rothe Wangen,
Jhrer Augen güldnes Licht
Vnd jhr Himmel-rund Gesicht
Sol hie newen Pracht erlangen,
Pracht der ewig nicht verblüht,
Vnd nicht Herbst noch Winter sieht.

Frewe dich, du Preiß der Schönen,
Hie soll deiner Gaben Schaar
Sich vor aller Zeit Gefahr
Mit der Ewigkeit bekrönen,
Keine feindliche Gewalt
Sol dir rauben die Gestalt.

Dieses, was ich von dir schreibe,
Hebt mein Phebus selber auff,
Daß es von der Zeiten Lauff
Ewig vnbetastet bleibe,
Legt es bey, wo Glut vnd Wind,
Erd vnd See verbannet sind.

Starcke Wälle, Thürn vnd Mauren
Fallen mit den Jahren ein,
Ertzt vnd Eisen, Stahl vnd Stein
Können vor der Zeit nicht tawren:
Aber deine Pracht vnd Zier,
Lidia, bleibt für vnd für.

19

Sustinet inconcussa minas sapientia sortis.

Wil sich das Glück denn stets nur weiden,
Nie sättigen an meiner Pein?
Wo wird doch endlich meinem Leiden
Das Ziel vnd Maaß gestecket seyn?
Lesst auff den Hagel vnd das Wehen
Sich nicht einmal der Himmel sehen
Mit vnbewölcktem Sonnenschein?

Nachdem das Glück zu tausent malen
Bißher sich wider mich gelegt,
Gleich wie der Plitz mit Donnerstrahlen
Am meisten in die Eichen schlägt;
Auch wie der Feind mit wildem Hauffen
Ein festes Thor pflegt an-zulauffen
Das seines Landes Schlüssel trägt,

Nachdem es nie mir hold ist worden,
Geräth es noch auff solche List,
Vnd nimpt auß vnsrer Zahl vnd Orden
Den, der mein Hertz vnd Leben ist;
Für den ich zwey-mal wolte sterben,
Wenn ich Jhn wieder zu erwerben
Vnd lebendig zu machen wüst'.

Ach, ich vermag kein Wort zu sprechen!
Ich bin mir frembd vnd vnbekant,
Das Hertz im Leibe wil mir brechen,
Der Geist ist fern vnd abgewandt
Von allem, was ich thue vnd übe,
Gedenck' ich an die Trew vnd Liebe,
Die meine Seel' in seiner fandt.

Sustinet ... sortis: »Unerschütterlich hält die Weisheit den Drohungen des Geschicks stand.«

Wolan, das Glück ist hoch gestiegen,
Doch kan es nun auch weiter nicht.
Sol ich hierunter gantz erliegen?
O nein! verzeih' es mir, mein Licht,
Ich wil mit kläglich-thun vnd weinen
Zwar deiner Aschen vnd Gebeinen
Erweisen meiner Dienste Pflicht:

Doch wil ich nie dem Glücke flehen;
Es mag mit höchster Tyranney
Sich trotzig wider mich auffblehen,
Sein wüten ist mir Wind vnd Sprey:
Vermag ich dieß Leid zu verschmertzen,
So trag' ich jetzt in meinem Hertzen
Auch für dem Tode selbst nicht schew.

Ich hoff', es sol mir noch gelingen,
Daß, wann ich schon lieg' eingehüllt,
Man rühmlich von mir werde singen
Die Reime, meiner Tugend Schild:
Wer ist der Feind, so noht gelitten?
Das stoltze Glück. Wer hat gestritten
Vnd obgesiegt? Ein Frawen-Bild.

20

Multa meum gaudia pectus agunt.

WAs ist zu erreichen
Hie in dieser Zeit,
Das sich möchte gleichen
Meiner Frölichkeit?
Nun ich mein Verlangen
Kühnlich mag vmbfangen,
Vnd mit meines Lebens Zier
Einen Reyen führ'?

Aller Pracht der Erden
Ist nur Rauch vnd Wind
Neben den Geberden,
Die du trägst, mein Kind;
Nicht die Güldne Sonne
Macht mir solche Wonne;
Solchen Glantz befind' ich nicht
An des Mondes Licht.

Hier in diesen Armen,
In dem Frewden Saal'
Hoff' ich zu erwarmen
Tausent-Tausent mal;
Hier in diesem Hertzen
End' ich meine Schmertzen;
Diese Brust sol meiner Pein
Niederlage seyn.

Mit den schönen Händen,
Welche Marmor ziert,
Wil sie mir verpfänden
Alles was sie führt;

Multa ... agunt: »Viel Freuden bewegen meine Brust.«

Auff dem süssen Munde
Sol ich manche stunde
Künfftig weyden meinen Geist,
Der sich mir entreisst.

Liebste, laß vns leben!
Sey mein Trost in Noht!
Ich wil dir mich geben
Auch biß in den Todt;
Fleuch das rechte Lieben
Länger auffzuschieben,
Fort! hab' ich doch Recht dazu,
Was ich mit dir thue!

21

Horto recreamur amaeno.

AN diesem Orth alhie
Wil ich mich aller Müh'
Vnd Trawrigkeit entschlagen,
Vnd was hieher erspahrt,
Nach Liedern bester Arth
Instendig fragen.

Herr Bruder, Orpheus Kind,
Hebt an, mit mir beginnt
Ein Lied so vns ergetze!
In was für Noht vnd Pein
Der falschen Liebes-Schein
Vns Menschen setze,

Horto recreamur amaeno: »Der liebliche Garten erquickt uns.«

Wie Sylvius der Hirt
So sehr geplaget wird,
Wenn Phyllis jhn verachtet,
Vnd nach wild-frembder Gunst
Auß leicht-gesinnter Brunst
Begierig trachtet.

Ich bin mein Bawer-Lied
Nach ewrem bald bemüht
Auß kurtzweil anzuheben;
Wenn dieß zu End gebracht,
So sing' ich: Gute Nacht
Du falsches Leben!

Dieß wil der Bäume Zier
Vnd dieses gute Bier,
Dieß wil der Garte wissen;
Dieß Wünscht die kleine Bach,
Indem sie nach vnd nach
Geht vor sich fliessen.

Die Zeit vnd wir vergehn;
Was wir hie sehen stehn
In diesem schönen Garten,
Verwelckt in kurtzer Zeit,
Weil schon deß Herbstes Neid
Scheint drauff zu warten.

Bawer-Lied: das ›Grethkelied‹, Nr. 15.
Gute Nacht / Du falsches Leben: vgl. Z II,174.
Die Zeit ... warten: Die Strophe kehrt in Alberts *Musicalischer Kürbs-Hütte* als neunter Chor wieder (vgl. Nr. 102) – so dürfte das Lied Alberts Gärtchen meinen.

22

Mey-Liedchen.

Festinetur Hymen dum vernas flore juventae.

KOmm, Dorinde, lass vns eilen,
Nimm der Zeiten Güt in acht,
Angesehen, das verweilen
Selten grossen Nutz gebracht,
Aber weißlich fortgesetzt,
Hat so manches Paar ergetzt.

Wir sind in den FrühlingsJahren,
Lass vns die Gelegenheit
Forn ergreiffen bey den Haaren,
Sehn auff diese Meyen-Zeit,
Da sich Himmel, See vnd Land
Knüpffen in ein Heyraht-Band.

Wenn sich die Natur verjünget,
Liegt in Liebe kranck vnd wund,
Alles sich zu nehmen zwinget,
Thut sie frey dem Menschen kundt:
Daß sich Er, die kleine Welt,
Billich nach der grossen Helt.

Still zu seyn von Feld vnd Püschen,
Von dem leichten Heer der Lufft,
Da sich jedes will vermischen,
Jedes seines Gleichen rufft,
Hört man in den Wäldern nicht,
Wie sich Baum vnd Baum bespricht?

Festinetur ... juventae: »Eilig zur Hochzeit, solang du in Jugendblüte stehst.«

An den Bircken, an den Linden,
Vnd den Eichen nimbt man wahr,
Wie sich Aest' in Aeste binden,
Alles machet offenbahr
Durch das Rauschen, so es übt,
Daß es sey, wie wir, verliebt.

Lust betrübt, die man verscheubet.
Dieser Eyfer, dieser Brand,
Diese Jugend, so vns treibet,
Hat nicht ewig den Bestand,
Zeigt sich Wind- vnd Vogel-leicht,
Ist geflügelt, kömpt vnd weicht.

23

Klage über den endlichen Vntergang vnd ruinirung der Musicalischen Kürbs-Hütte vnd Gärtchens.

13. Jan. 1641.

Waß grawen seh ich doch? herrscht hie nun Schlam vnd Wust,
Mein Albert? stundt allhie dein Gärtchen, dessen Lust
Wir brüderlich verknüpfft vnß zu gebrauchen pflagen?
Hat diese Wüsteney die schöne Frucht getragen?
Die bloß nach Ewigheit, vnd vnserm Himmel schmeckt
Vnd bleibt, wenn vnß daß Grab schon tausentmahl bedeckt,
Dein Kürbes-Hütten-Werck? Ach wie in kurtzen Jahren

[Nr. 23:] Ziesemer fand das Gedicht im Königsberger Staatsarchiv in einer Abschrift von fremder Hand, die seit 1945 verschollen ist, und druckte es in den *Altpreußischen Forschungen* 1 (1924) S. 44 ff. und in *Euphorion* 25 (1924) S. 598–601. Vgl. Nachwort, S. 367–374, sowie Albrecht Schöne, *Kürbishütte und Königsberg*.

Entstandt es vnd nam zu, ietzt ist es gantz verfahren,
Vnd weiß mehr übrig nichts, alß waß wir Beyderseit
Darinnen auffgesetzt, weil einig dieß der Zeit
Mit nichten vnterthan. Deß Pregels grawer Rücken
Ist fast vnß zehnmahl schon an stat der starcken Brücken,
Die Pferd vnd Schlitten trägt: Deß Frülings grüner Pracht
Wirdt ietzt zum zehndenmahl vnß haben angelacht,
Alß dieser Platz vom Raht dir erst ward eingegeben.
Waß Frewde sahe man, waß Hoffnung vmb dich schweben!
Du machtest dich hinauß, sobald daß Honigthor
Nur auffgeschlossen ward, kamst offt der Sonnen vor.
Vmb fünffe pflag ich dir bißweilen zuzusprechen,
So fand ich allbereit dich graben, bawen, brechen,
Dein Balgentreter auch war embsig neben dir,
Der schon erhitzt euch baht vmb einen halben Bier.
Du massest alles ab: hie solten seyn die Gänge,
Die Zucht der Blumen da, die Bäume nach der Länge
An jenem Orte stehn, vnd dort die Laube seyn.
Du bawtest auch dazu ein Regenhauß hinein.
Zu Zeiten halff ich mit, man hielt vnß für Fantasten
Vnd nennet vnsern Baw nur einen Bährenkasten.
Man pflag, wie fleissig du auch wahrst, dich auffzuziehn,
Weil dieß Ort viel zu klein zu einem Garten schiehn.
Ein einig Jahrchen war indessen vmbgelauffen,
Dein Gärtchen trug auch schon, man spricht dir zu mit Hauffen
Vnd rühmet deinen Witz: dieß Ort war vngestalt,
Wie ist er itzt verkehrt in einen Auffenthalt
Der Lieb vnd Freundligkeit? Vor war es eine Warte
Der wilden Kriegesmacht, ietzt muß es seyn ein Garte,
Der Ruh vnd Frewde bringt; drey Jahrchen gehn vorbey,
Vnd du beschenckst vnß schon mit Blumen mancherley.
Wenn ich die Thür auffthat, so schlug mir zu Gesichte
Ein kleines Paradieß; wen haben seine Früchte,
Wie klein er immer war, nicht neben vnß erfrewt?
Mir warlich must er seyn ein Zwang der Traurigkeit

Vnd Mutter süsser Rhu. Jetzt pflag ich mich zu strecken
Hin in daß kühle Graß, da mich ein Baum bedecken
Vnd überschatten kunt. Hie schöpfft ich Lufft vnd Ruh
Vnd sahe durch daß Laub den schnellen Wolcken zu,
Die mit dem sanfften Ost wie vmb die Wette flogen,
Ietzt sprang ich wieder auff zu schreiben, waß bewogen;
Wie manches Lied hab ich zu der Zeit auffgesetzt,
Mit dem sich Königsberg noch diese Stund ergetzt.
Zu Zeiten rührt ich auch die Seiten meiner Geigen,
Die Vögel sungen mit vnd zwangen mich zu schweigen,
Im stillen Pregel schrie der geilen Frösche Schaar,
Am Laube ward ich dan der Raupen wo gewar,
Die weisse Rose ward bestohlen von den Bienen.
In dessen kamest du, vnd Blum sampt Roberthinen,
Auch Fauljoch, der mit vnß so manchen lieben Tag
In Zucht gemässer Lust hinwegzubringen pflag.
Welch Anmuht oder Schertz ist damahls hinten blieben!
Wer zehlt die Fröligkeit, mit welcher wir vertrieben
Die noch zu kurtzen Tag? Der eine ging vmbher,
Der ander legte sich, sah in die läng vnd quer,
Mit grünem sich verschantzt, vnd wünscht hie stets zu wohnen.
Herr Roberthin sprach zu den Kürbsen vnd Melohnen
Vnd diesen sonderlich: die, sagt er, hält sich wol,
Die aber zimlich schlecht, Herr Henrich, diese soll
Für gutte Freunde seyn, der Kürbiß trug mein Leiden
Vnd jenem pflagestu dein Liebchen einzuschneiden.
Arsille prangte hie, da Phyllis, aber dort
Rosette, daß zwar schön vnd dennoch dunckle Wort.
Mein Gott, wie offt sind wir biß in die Nacht gesessen
Vnd haben vnsre Zeit mit guttem Tranck vnd Essen
Vnd singen zugebracht! Hie ist des Pregels Gang,
Auß dem die grosse Schaar der müden Rosse tranck.
Hie ist ihr kühles Bad, hie sind so offt gelegen
Die Reussen, so mit Korn vnß zu versehen pflegen

Vnd andern Wahren mehr, hie hat so manche Nacht
Die Dudden vnd Schalmey vnß auß dem Schlaff gebracht,
Hie pflag die Stadt zu Land vnd Flut in grossen Schaaren
Nach Steinbeck, Selgenfeld vnd Neuendorff zu fahren
Vnd nach Jerusalem man sieht die Wiesen stehn,
Wohin daß junge Volck nach Blumen pflag zu gehn.
Wenn hörte man nicht hie die Bursch vmb Abendzeiten
Rings vmb den Kneiphoff gehn vnd spielen auff den Seiten,
Daß Stadt vnd Lufft erklang; die reiche Bürgerey
Fuhr auff dem Pregel heim mit lachen vnd Geschrey
Theils von dem Lande, theils auß ihren schönen Gärten
Vnd hatten, Bacchus, dich sampt Venus zu Gefährten
Vnd grüßten vnß dabey: daß war mit einem Wort
Ein Wohnhauß gutter Ruh, ein rechtes Frewden Ort.
Ach aber kurtze Zeit! Wie schön es vor gestanden,
So gar ist nichts davon, alß Einsamkeit vorhanden,
Alß Grawen, Furcht vnd Rew, es kränckt mich hie zu stehn.
Für Vnmuth kan ich auch schier nicht vorüber gehn.
So muß ein Wandersmann auß Schrecken eilends fliehen,
Den seine Reise heist am Asphaltites ziehen,
Der Grabstadt Sodomä, so zieh ich bey der Nacht
Dem Ort vorbey, wo nun die Sünder vmbgebracht.
Ach daß, wo kurtz hievor die schönsten Blumen waren,
Die Land vnd BürgersLeut ietzt reiten, gehen, fahren!
Wie liegt hie alles doch so plötzlich vmbgekehrt,
Recht wie ein wilder Feind wo eine Stadt verheert
Vnd auff den Grund geschleifft! Wem ist dieß zuzumessen?
Hast du zum Schaden wem den Ort so lang besessen?
Vergönt ihn dir nicht mehr der Eigennutz vnd Neid?
Ich weiß nicht, ist mir recht, so thut es selbst die Zeit,

Dudden: Dudelsack, Mund- oder Ziehharmonika.
Steinbeck ... Jerusalem: Namen von südostwärts von Königsberg gelegenen Dörfern.
Asphaltites: das Tote Meer, an dem die zerstörten Städte Sodom und Gomorrha lagen.

Die sich in alles dringt vnd allem macht sein Ende.
An waß doch leget nicht die grausam ihre Hände,
Die gar zu steinern sindt? Dieß Ort war wie man spürt
Mit Erd am Pregelstrom in etwas auffgeführt
Vnd solt ein Bollwerck seyn, wo vormahls Spieß vnd Degen,
Soldaten vnd Geschoß vnd Harnisch sindt gelegen.
Alß Gott zu vnß gelenckt des edlen Friedens Sinn
Kamst du vnd pflantztest Bäum vnd schöne Blumen hin.
Nun war der Platz bepfählt am Pregel vnd am Graben,
Die Dielen faulten weg, die langen Jahre haben
Die Pfähl auch durchgebracht. Es fället alles ein,
Wie konte deine Lust den langer übrig sein?
Man hat nohtwendig ja den Winter müssen bawen,
Dein Gartenwerck muß fort, wirdt öde, Wust vnd Grawen.
Dieß solte zwar nicht groß bekümmern vnsern Sinn:
Waß mit der Zeit entsteht, fährt mit der Zeit auch hin.
Mir aber steigt dennoch es allzusehr zu Hertzen,
Der Sachen Vnbestandt macht mir zu grosse Schmertzen.
Ich weiß nicht, thu ich hie Recht oder Vnrecht an,
Eß kränckt mich, daß auch ich der Zeit bin vnterthan
Vnd werde nur von ihr ohn Säumnüs fortgerissen.
Mein Früling ist schon fort, wie strenge Wasser fliessen,
Wohin zwar, weiß ich nicht: mein Mannes Alter fleugt,
Indem manch grawes Haar sich schon bey mir eräugt.
Dafern ich vor der Zeit den Geist nicht auff sol geben,
Wie lang doch wirdt es seyn, so endet sich mein Leben!
Denn schlaff ich eisenfest vnd werde waß ich war,
Die Seele nehm ich auß, bin weder Haut noch Haar.
Dieß thut daß Alter mir, dieß thut es allen Sachen,
Kein Hauß, kein Stadtbaw darff ihm andre Rechnung machen.
Ein iedes hat sein Ziel. Waß mit der Zeit beginnt,
Wirdt biß es wiederumb auch mit der Zeit zerrinnt.
Waß man ietzt Kneiphoff heist, sind Wiesen erst gewesen,
Wo Häuser stehn, da hat man Blumen vor gelesen,

Der Pregel ging vorhin ohn Leut, ohn Dorff vnd Stadt,
Der ietzt so volckreich ist vnd sieben Brücken hat.
Wer hat vor vnß gesehn in wenig hundert Jahren
Der dreyen Städte Pracht, die Kirchen, Schiff vnd Wahren,
Wer selbst den Helicon am stillen Pregel stehn,
Durch welchen Preussenland kan gleich den Sternen gehn?
Wo Schlangen erst geheckt vnd ander Vngehewer,
Da steht ietzt hingebawt ein prächtiges Gemäwer.
Vnd wo vorhin geruht ein Büffel oder Bähr,
Geht ietzt ein Frawenbild im schönen Garten her
Vnd windet einen Krantz. O last auch vnß bemühen,
Damit wir solcher Art noch ferner mögen blühen.
Stellt allen Hochmuth ein! Nehmt euch der Demuth an,
Durch welche man allein am höchsten steigen kan.
Last keiner V̈ppigkeit vnd Boßheit ihren Willen,
Flieht Vnrecht vnd Gewald vnd suchet Gott zu stillen
Durch Busse, die er liebt, vnd mischt in solche Rew
Der Thränen heisse Glut vnd keine Heucheley.
Gott möchte seinen Stab sonst von vnß weiter setzen
Vnd auß ergrimtem Sinn mit Feinden vnß behetzen,
Durch Hunger, Pest vnd Brand vnß schlagen hie vnd da,
Biß daß er auß vnß macht ein wüstes Sodoma.
Er ist so eben nicht an dieses Land gebunden,
Es haben Völcker sich wol besser sonst befunden.
Wo sind sie ietzund hin? sie vnd ihr hoher Preiß
Liegt, daß man auch fast mehr nicht ihre Stelle weiß.
Wo ist die grosse Macht der alten Spartiaten,
Wo Thebe, wo Corinth? Wo Alexanders Thaten?
Hat Babel mit der Höh dem Himmel gleich gedräwt,
So ist sie dennoch Staub, vnd schon vor langer Zeit.
Wie hoch Carthago sich an Zier vnd Pracht gehäuffet,
Hat sie doch Scipio durch Schwerd vnd Brand geschleiffet.

Helicon: der Helikon, seit Hesiod der Berg der Musen, in Böotien; meint hier die 1544 von Herzog Albrecht gestiftete Königsberger Universität.

Hat Rom so manches Reich, so manches Volck verheert,
Der Goht vnd Wend hat offt sie selbst gantz vmbgekehrt.
O könt ich deiner doch, O Magdeburg, hie schweigen,
Waß kanst du ietzt vnß noch von deiner Schönheit zeigen!
Ich habe dich gesehn vnd offt gesagt, du must
Deß Höchsten Gnüge seyn, sein Hertz vnd beste Lust.
Ist aber dieses Lieb? ist dieses Gunst gewesen,
Daß er vnß andern dich zum Schewsal hat erlesen?
Und war er dazumahl in deine Schön entbrandt,
Alß er dich übergab in deiner Feinde Hand?
Alß Schänden, Raub vnd Tod zu dir sindt eingezogen
Vnd du in einer Glut bist Himmelauff geflogen?
Die Elbe sich entfärbt vnd in dein Glut versteckt
Vnd wuste keinen Lauff, mit Leichen zugedeckt?
Wo laß ich, Deutschland, dich? Du bist durch Beut vnd morden
Die dreissig Jahr her nun dein Hencker selbst geworden
Vnd hast dich hingewürgt: denn deiner Freyheit Ruhm,
Die deine Seele war vnd bestes Eigenthum,
Muß in den Fesseln gehn, die Glut ist zwar geleget,
Die doch betrieglich noch sich in der Aschen reget,
So bald zeucht einer auß daß wilde Krieges Schwerdt,
Daß wiederumb sehr schwer in seine Scheide fährt.
O würden wir doch klug durch frembder Noht vnd Schaden,
Ohn Zweiffel kähmen wir bey Gott hiedurch zu Gnaden!
Daß gutte, so vnß hält vmbgeben in gemein,
Würd vnsrer Kinder auch, ja Kindes Kinder seyn.
Mein Albert, werther Freund, laß vnß thun waß wir können,
Wil gleich die Zeit so kurtz vnß hie zu seyn vergönnen,
Wir zwingen ihren Zwang, sie wüte wie sie kan,
Sie greifft nicht vnsern Geist, noch seine Gaben an.
Der führt daß Glück vnd Sie im Fall er wil gefangen
Vnd kan in Noht vnd Streit zu seiner Ruh gelangen,

Magdeburg: Dach kannte die Stadt aus seinen Schuljahren 1623–26; ihre Zerstörung durch Tilly am 20. Mai 1631 gehörte zu den größten Schreckenstaten des Dreißigjährigen Krieges.

Dem Wetter, wenn es sturmt, auff eine zeitlang weicht
Vnd nachmahls auff sein Ziel mit vollem Segel streicht.
Fahr fort der Stimmen Zwist in Eintracht schön zu bringen,
Wie du bißher getan, vnd lehr vnß künstlich singen,
Ein Orpheus vnsrer Zeit, vnd hör so sorglich nicht,
Waß Mydas nachlaß hie von deinen Sachen spricht.
Ein Vrtheil, welches reiff durch Wissenschaft ist worden,
Setzt dich durch deine Kunst in der berühmten Orden,
Bey vnß bist du vielleicht nicht sonderlich beliebt,
Da anderswo dein Werck dir Danck vnd Ehre giebt,
Die nicht wirdt vntergehn. Ich suche meinem Leben
Durch Krafft der Poesie ein länger Ziel zu geben,
Hat mich Melpomene nur günstig angeblickt
Vndt machet meinen Sinn zu ihrem thun geschickt,
So laß ich andre, die nach grossen Mitteln ringen,
Die nur nach Ehren stehn vndt die die Zeit verbringen
Mit Vnlust, voller Lust: mich sol ein grünes Graß,
Ein Thal, ein kühler Wald, ein klahres Quell wie Glaß
Dem schnöden Volck entziehn, ich wil mein eigen werden
Vnd weil ich lebe schon mich säubern von der Erden,
Der Dinge müssig gehn, die durch gefälschten Schein,
Der manchen auffgesetzt, mein Meister könten seyn.
Mein Lied sol mit der Zunfft der Götter mich vermengen,
Darauß mich weder Fall noch Zeit noch Tod soll drengen.
Es ist kein Reim, wofern ihn Geist vnd Leben schreibt,
Der vnß der Ewigheit nicht eilends einverleibt.

Orpheus ... Mydas: Öfters wird Freund Albert als »Orpheus Kind« und »Orpheus vnsrer Zeit« apostrophiert, öfters wird auch Midas zitiert (»ein Midas-Ohr«, »Midas Wald-geschrey«), besonders um die Komponisten gegen die Unverständigen, Unmusikalischen in Schutz zu nehmen, da König Midas nach der Sage im Wettstreit zwischen Apoll und Pan diesem den Sieg zusprach und deshalb Eselsohren davontrug; Dach hat die Szene auch in einem akademischen Actus als »Pans und Apollons Streit« bedichtet (Z II,178); vgl. auch Z I,61 und III,166.

24

Vor-Jahrs Liedchen.

DIe Lust hat mich gezwungen
Zu fahren in den Wald,
Wo durch der Vögel Zungen
Die gantze Lufft erschallt.

Fahrt fort, ihr Frewden Kinder,
Jhr Püsche-Bürgerey
Vnd Freyheit-volck nicht minder,
Singt ewre Melodey!

Jhr lebt ohn alle Sorgen
Vnd lobt die Güt' vnd Macht
Des Schöpffers von dem Morgen
Biß in die späte Nacht.

Jhr bawt euch artig Neste,
Nur daß Jhr Junge heckt,
Seyd nirgends Fremd' vnd Gäste,
Habt ewren Tisch gedeckt.

Jhr strebet nicht nach Schätzen
Durch Abgunst Müh' vnd Streit,
Der Wald ist ewr Ergetzen,
Die Federn ewer Kleidt.

Ach wolte Gott, wir lebten
In Vnschuld, gleich wie Jhr,
Nicht ohn auffhören schwebten
In sorglicher Begier!

Vor-Jahrs Liedchen: Besonders mit Alberts Melodie (AA 5,18) verbreitet.

Wer ist, der also trawet
Auff Gott, das höchste Gut,
Der diese Welt gebawet,
Vnd allen gutes thut?

Wir sind nicht zu erfüllen
Mit Reichthumb vnd Gewinn,
Vnd gehn vmb Geldes willen
Offt zu der Höllen hin.

O, daß wir Gott anhiengen,
Der vns versorgen kan,
Vnd recht zu leben fiengen
Von Euch, Jhr Vögel, an!

25

Bey Hochzeitlicher Ehren-Frewde Hn. Reinhold Nauwercks vnd Jungfr. Barbara Witpohlin.

23. Wintermonat 1643.

IN seiner Liebsten Armen
Entschlaffen vnd erwarmen,
Ist, was in dieser Zeit
Vns einig noch erfreut:
Wann Gnüge, Schertz vnd Lachen
Vmb vnser Bett' her wachen,
Vnd man kein Licht erkennt,
Ohn was im Hertzen brennt.

Kein Vngemach vnd Leiden
Entsteht da zwischen beyden,
Ohn was die Lieb' erregt,
Die starck zum Fewer legt:

Sie bringt durch tausent Flammen
All' jhre Krafft zusammen,
Sucht Reitzung im Verdruß,
Im Mangel Vberfluß.

So ruht es sich ohn Sorgen,
Bis vmb den lichten Morgen
Der helle Tages-Schein
Zun Fenstern bricht herein,
Der sieht vns im Begnügen
Vmbarmt zusammen liegen,
Wir blasen Lieb' vnd Ruh
Im Schlaf einander zu.

Wer jhm hat vorgenommen
Der Heyraht zu entkommen,
Der siehet würdig nicht
Der Sonnen guldnes Liecht,
Sonst ist ja dieses Leben
Mit Sorg' vnd Quahl vmbgeben,
Wenn Heyraht auch entfällt,
Was sol vns diese Welt?

Nein, lasst vns, weil wir können,
Der keuschen Lieb' vns gönnen,
Durch die wir sämptlich sind,
Lasst Venus vnd jhr Kind,
Eh' als wir müssen alten,
In vnsern Hertzen walten,
Sprecht, wie ein jedes kan,
Im Tantz einander an!

Der grosse Drang im Reyen,
Die Seiten vnd Schallmeyen
Vnd des Getümmels Fug
Ertheilen Anlaß gnug,

Sucht Freundlichheit vnd Lachen
Das Wort für euch zu machen,
Wer hie kein Hertz zu hat,
Dem weiß ich keinen Raht.

26

Danck-Reyme
An einen Hochweisen Raht der
Löblichen Stadt Kneiphoff Königsbergk,
als derselbte aus rühmlicher Gunst gegen die Gelarten
mir jhrer an Pregel-Strom im Thum gelegenen Wohnungen
eine hochgünstig eingereumet
geschrieben von mir Simon Dachen.

6. Mey 1644.

GOtt woll' es ewig lohnen
Des Kneiphoffs weisem Raht,
Der mir allhie zu wohnen
Geneigt erleubet hat,
Wo nach des Thumes Brücken
Der Pregel See-warts fährt,
Vnd seinen krummen Rücken
Stracks nach der Rechten kehrt.

GOtt, dem es vnverborgen,
Was mir zu Tag vnd Nacht
Die trüben Wohnungs-Sorgen
Für Kümmernis gemacht!

[Nr. 26:] Das lange Dankgedicht an die Ratsherren des Kneiphofs von 26 Strophen ist hier um die Strophen 12, 14, 15, 20 und 23–25 gekürzt.

Die Schneck vnd Schildfrosch bringen
Jhr' Hütten mit zur Welt,
Der Mensch muß mühsam ringen
Eh' er ein Hauß erhält.

Nicht alle können erben,
Nicht alle so geschwind
Dieß Eigenthumb erwerben,
Wie fleissig sie auch sind,
Mein Heyraht-Gut kan geben
Gewünschte Lieb vnd Pflicht
Vnd alle Rhue im Leben,
Ein eigen Hauß nur nicht.

Nach eignem Grunde trachten
Ist nicht Poeten Brauch,
Wo dieses war zu achten
So bin ich einer auch;
Doch darumb auff der Gassen
Den Himmel sich allein
Erbärmlich decken lassen,
Scheint menschlich nicht zu seyn.

Wo in ein Faß auch kriechen
Geht dieses Orts nicht an,
Vor hat es bey den Griechen
Diogenes gethan.
Vnd könt ich so gleich leben,
Die Welt, die hoch gesinnt,
Großmühtig vberstreben,
Wo lass' ich Weib vnd Kind?

Auff hohen Zins wo bleiben
Trägt mein Verdienst nicht aus,
Wer lässt sich auch gern treiben
Offt in ein ander Hauß?

So gehts! an frembdem Strande
Erhalt ich Lob vnd Ruhm,
Vnd hie im Vatterlande
Hab' ich kein Eigenthum.

Homerus lag begraben,
Vnd Colophon wolt' jhn
Auch so zum Bürger haben,
Zum Bürger Salamihn,
Dieß sucht auch Smyrna eben.
Hie ist die Kunst-luft kalt,
Hie ist in meinem Leben
Für mich kaum Auffenthalt.

Ich weiß, ich bin bey weiten
Homerus gleichen nicht,
Ob darumb meinen Seiten
Auch alles Lob gebricht?
Für Marons Feld-Trompeten
Schwieg Flaccus Leyer still,
Vnd ist doch bey Poeten
Noch ein berühmtes Spiell.

Ich will mich nicht vermässen,
Doch hat des Höchsten Handt
Auch meiner nicht vergessen,
Erholt sich nur mein Standt,
Kan ich nicht Maro heissen,
Rhümt mich nicht alle Welt,
So sing ich doch, was Preussen
Zum minsten wolgefellt.

Homerus ... Marons ... Flaccus: Sieben Städte sollen sich um die Ehre, die Geburtsstätte des Homer zu sein, gestritten haben. Ihm will sich der Dichter so wenig vergleichen wie den Römern (P. Vergilius) Maro und (Q. Horatius) Flaccus.

Auch was ich schon geschrieben
Lernt Kirch, Hauß, Land vnd Stadt,
Vnd alles was belieben
An Kunst vnd Andacht hat,
Ich weiß mit guttem Grunde,
Mein schlechtes Reimelein
Werd in der letzten Stunde
Noch manchem tröstlich seyn.

Sol mich nun solcher massen
Bey diesem trewen Sinn
Mein Vaterland verlassen,
Dem ich zu Diensten bin?
Ich kan versichert leben,
Daß, was mit lieber Handt
Mir diesfals wird gegeben,
Nicht schlimm sey angewandt.

[...]

Ich werd, Hochweise Herren,
Die Jhr der Gutthat Thür
Mir wisset auffzusperren,
Ich werd' euch, gläubet mir,
Für diese Gunst erweisen
Des Hertzens tieffen Danck,
Werd ewre Gutthat preisen
Jetzt vnd mein lebenlang.

[...]

Hie fleusst der linde Pregel,
Dort seh ich Wiesen stehn,
Die schnelle Flucht der Segel
Muß hier fürüber gehn.

Vmbher biß nach der Heyden
Hat mein Gesicht genies,
Stracks hinter diesen Weiden
Liegt Ewer Gut Schönfließ.

Rahts-Hoff ist mir zugegen,
Das Ewre Lust enthelt,
Zur Lincken ist gelegen
Das Kirchdorff Seelgenfeld,
Vnd Aweiden zur Rechten,
Von mehrerm schweig ich still,
Das sich in Reime flechten
Nicht füglich lassen will.

Sol mich die Lufft begnügen?
Hie ist sie frisch vnd rein.
Sucht ich auch Liecht zu kriegen?
Hie wohnt der Sonnen-Schein.
Wil ich nach Rhue auch stehen?
Die Stille herbergt hier.
Ein wenig mich ergehen?
Das Thor ist vor der Thür.

Hie werd ich erst recht tichten.
Der Pregel-Strom wird frey
Mich lehren, vnd selbs richten
Was gut vnd nicht gut sey.
Vnd Echo wird erklingen
Fern durch die freye Lufft,
Die lieblich, was wir singen,
Vns hier entgegen rufft.

Schönfließ … Rahts-Hoff … Seelgenfeld … Aweiden: Dachs Wohnung lag in der Magisterstraße beim Blauen Turm. Der Blick über den Pregel nennt die umliegenden Dörfer: Schönfließ, Seligenfeld und Aweiden nach Süden, Ratshof flußabwärts nach Westen zu.

[...]

Hie wird mein Sitz sich gründen,
Hie bleib ich fort vnd fort,
Hie bin ich nur zu finden,
Kömpt wer aus frembdem Ort
Vnd hat nach mir zu fragen,
Der spreche hier mir zu.
Von hier sol man mich tragen
Zu meiner langen Rhue.

Ich hett', jhr Kneiphoffs-Väter,
Des gröbsten Lasters Schuld,
Vnd wer ein Vbelthäter,
Im fall ich diese Huld
Nicht suchte zu erkennen,
Im fall mein Hertz dabey
Nicht jmmer solte brennen
Für danckbarlicher Trew.

[...]

GOtt laß Euch ewren Nahmen
In vnverwelckter Blüet
Vnd segn' Euch ewren Samen
Ins hundert-fache Glied!
Er wol jhm Häuser geben
Theils hie in dieser Zeit,
Vnd theils nach diesem Leben
Das Hauß der Ewigheit.

27

Horto recreamur amoeno.

DEr habe Lust zu Würffeln vnd zu Karten,
Der zu dem Tantz, vnd der zum kühlen Wein,
Ich liebe nichts, als was in diesem Garten
Mein Drangsals-trost vnd KranckheitArtzt kan seyn,
Jhr grünen Bäume,
Du Blumen Zier,
Jhr Hauß der Reyme,
Jhr zwinget mir
Dieß Lied herfür.

Mir mangelt nur mein Spiel, die süsse Geige,
Die würdig ist, daß sie mit Macht erschall',
Hie, wo das Laub vnd die begrünten Zweige
Am Graben mich vmbschatten überal,
Hie wo von weiten
Die Gegend lacht,
Wo an der Seiten
Der Wiesen Pracht
Mich frölich macht.

Was mir gebricht an Geld vnd grossen Schätzen,
Muß mein Gemüht vnd dessen güldne Ruh
Durch freyes Thun vnd Frölichkeit ersetzen,
Die schleusst vor mir das Hauß der Sorgen zu;
Ich wil es geben
Vmb keine Welt,
Daß sich mein Leben
Oft ohne Geld
So frewdig hält.

Horto recreamur amoeno: »Der liebliche Garten erquickt uns.« Vgl. Nr. 21.

Gesetzt, daß ich den Erdenkreiß besesse,
Vnd hätte nichts mit guter Lust gemein,
Wann ich der Zeit in Angst vnd Furcht genösse,
Was würd' es mir doch für ein Vortheil seyn?
Weg mit dem allen,
Was Vnmuht bringt!
Mir sol gefallen
Was lacht vnd singt
Vnd Frewd' erzwingt.

Jhr alten Bäum', vnd jhr noch junge Pflantzen,
Rings vmb verwahrt vor aller Winde Stoß,
Wo vmb vnd vmb sich Frewd' vnd Ruh verschantzen,
Senckt alle Lust herab in meinen Schoß,
Jhr solt imgleichen
Durch dieß mein Lied
Auch nicht verbleichen,
So lang man Blüht
Auf Erden sieht.

28

An Hn. Johann Reimann, ObristenLieutenant vnd Hauptmann zu Ragnit.

25. Weinmon. 1646.

Werd ich, Herr, dir auch entfallen
Bey der Außgab auff Martin?
Laß mein Gnadengeld mich ziehn,
Ich bedarff es ja für allen,
Traw es mir, ich leide Noht,
Vnd geniesse kaum noch Brod.

Martin: Der Sankt-Martins-Tag, der 11. November, war in Erinnerung an die Mantelspende des Heiligen ein Termin für Spenden und Tribute.

Sol ich von den Schulden sagen,
Die durch Centnerschwere Last
Mir nicht gönnen Ruh noch Rast
Vnd mich nächt- vnd täglich nagen?
O ein Creutz, das hoch betrübt
Den, der Ehr vnd Tugend liebt!

Obs vnd Laub ist von den Bäumen,
Sturm vnd Kälte treten an,
Vnd der Hirt eilt, wie er kan,
Wald, Gepüsch vnd Feld zu räumen,
Ich auch gehe vor daß Thor
Nicht so offt mehr alß zuvor.

Küch vnd Heerdt ist zu versorgen,
Holtz vnd Vnterhalt gebricht,
Denn von Renten leb ich nicht,
Soll ich aber weiter borgen?
Besser lauff ich in der Zeit,
Vnd das Thor ist mir nicht weit.

Hilff mir, Herr, auß diesen Nöhten
Vnd versichre dich dabey,
Daß es Helden rühmlich sey
Gunst erweisen vnß Poeten,
Denn der Nachwelt zeig ich an
Alles, waß du mir gethan.

29

Georg Andressen und Maria Salbertin.

22. Neujahrsmonat 1647.

Wenn ich in dem Wiesen-Schnee
An des Pregels Rande geh',
Einen gutten Reim zu fassen,
Vnd den Nördlich-kalten Ost,
Jetzt den Stadt- vnd Landes-Trost,
Zimlich mich durchwehen lassen,

Steckt denn spät des Himmels Hauß
Sein bewölcktes Nacht-Licht aus.
Das mich heim zu gehen zwinget,
Wer begreifft die Lieb vnd Zier,
Die durch meine Kinder mir,
Wenn ich komm, entgegen springet?

Dieses krahlt nach aller Lust
An der Mütterlichen Brust,
Dieses reitet auff dem Stecken,
Jenes tantzt vnd jauchtzt mir zu.
Steinern ist, dem dies nicht Rhue
Oder Frewde kan erwecken.

Sonst ist, der an Kinder stat
Seine Lust am Weibe hat,
Das sein Hertz jhm eingenommen,
Was hat Euch ergetzt bisher,
Freund, wenn Jhr von vnlust schwer
Aus der Cantzeley seyd kommen?

Zwar nach grosser Arbeit Last
Kan man anderweit auch Rast,

Nicht nur blohß in Heyraht, finden:
Bücher, Freunde, Spiel vnd Wein
Können auch wol Mittel seyn,
Wodurch Gram vnd Vnmuth schwinden.

Vnd Catull ist einig froh
Vber seinen Sirmio,
Wenn er es in Wolfahrt schawen
Vnd ohn Sorg hiè schlaffen kan,
Auff den Weg, den er gethan
Fern in die Bithyner-Awen.

Aber nichts, auch was es sey,
Kömpt gewünschter Heyraht bey,
Sie kan vns der Müh gelosen,
Ist ein Bild der Ewigheit,
Hegt sie Dornen jederzeit,
Ey, sie trägt auch schöne Rosen.

Die nimpt nun durch keusche Brunst
Euch auch, Freund, in jhre Gunst,
Wil Euch endlich Rhue verschaffen,
Legt Euch in gewünschter Trew
Einen Bettgenossen bey,
Daß Jhr nicht allein solt schlaffen.

Ist es etwas spät geschehn,
Also hat es Gott versehn,
Der die Hertzen pflegt zu paaren.
Greifft euch desto besser an,
Daß man kürtzlich sehen kan
Hungern sey nicht Brodt besparen.

Vnd Catull ... Bithyner-Awen: erinnert an *Catulli carmina* 31 »Paene insularum, Sirmio, insularumque / ocelle« (»Unter allen Halbinseln und Inseln, du Sirmio, mein Augapfel«), womit der aus Bythinien in Kleinasien glücklich Heimgekehrte das väterliche Landgut am Gardasee begrüßt.

30

Reimchen
Bey liebreicher vnd wolgemeinter Zusammenkunfft vornehmer vnd gutter Freunde
Bey dem Ehrnvesten Nahmhafften vnd Wolweisen Herrn Andreas Knobloch, Kneiphöffischen Königsb. Wolverordneten Gerichtsverwandten meinem Hochgeehrten Herrn Gefatter guthertzig geschrieben 1647. 14. Lentzmonat.

WAs, Herr Knobloch, sol bedeuten
Diese wehrte Gasterey,
Die recht vngeschminckte Trew
Anstellt von so lieben Leuten?
Wird wo ewre Tochter Braut?
Welche? wer hat sie geschawt?

Ist es angerichtet worden
Ewrer Söhne wem zu gut?
Trit wo Görg das fromme Blut
Schon in den Studenten-Orden?
Oder meinet ewer Hauß,
Fastnacht sey noch nicht rein aus?

Nein! kehrt meinen Schertz zum besten,
Ach jhr thut das Hertzens Grundt
Ewren newen Schwägern kunt,
Diese wollt jhr jetzt begästen,
Vnd bey allen in gemein
Gutter Freundschafft Stiffter seyn.

O ein löbliches beginnen,
Wenn sich Freunde wol begehn
Vnd in zuvertrawen stehn!
Dieß kan erstlich Gott gewinnen,

Dieß hat grosses Heil gebracht
Vnd ein Hauß zur Stadt gemacht.

Warumb wollen wir vns zweyen
Vnd vmb etwas, das vieleicht
Auch nicht einer Bohnen gleicht,
Leben wie die wilden Löwen?
Da der Zungen scharffes Schwerdt
Biß durch Hertz vnd Seele fährt.

Seht, wie kurtz wir Menschen wehren,
Wir vergehn wie jetzt der Schnee,
Sol der Misgunst Gram vnd Weh
Vns noch vor der Zeit verzehren?
Wisst, daß ein vergällter Muth
Sich den ärgsten Schaden thut.

Ist dan wer der Streit mus üben,
Gut, er seh' hie aber zu,
Daß er andern Abbruch thue
Damit, daß er baß kan lieben,
Mehr kan leiden, vnd das Feld
Durch der Sanfftmuth Kampff behält.

Lasset vns mit dem Bescheide,
Liebsten, jetzt beysammen seyn,
Weiset Argwohn, List vnd Pein
Fern in die beschneete Heyde,
Stellt Vertrawen, Glimpff vnd Raht
Lieb vnd Lust an jhre stat.

Nehmt, was Euch die Zeit wil geben,
Was vns morgen kräncken kan,
Dar gedenck' jetzt niemand an,
Braut vnd Bräutgam gilt dieß Leben,
Welcher Liebe, wie man spürt,
Von dem Himmel selber rührt.

Trincket auff das wolergehen
Jhrer Heyraht frisch vmbher,
Wünscht, daß Vnglück vnd Beschwer
Fern von Jhnen müsse stehen,
Vnd der liebreich' Hochzeit-Tag
Wol begangen werden mag.

Frewt Euch, trautstes Paar, für allen!
Was hie Ewer Auge sieht,
Alle Frölicheit geschicht
Euch insonders zu gefallen,
Zeiget hurtig frisch vnd frey,
Daß es Euch gefällig sey.

Ewre Liebe steht im Segen,
Dessen jhr versichert seydt,
Lasst Euch weder Haß noch Neidt
Von Standhafftigheit bewegen,
Was sich mehr hie singen lässt,
Spahr' ich auff das Hochzeit-Fest.

31

Danckbarliche Auffrichtigkeit an Herrn Robert Roberthinen Churfürstl. Brand. Pr. OberSecretarium geschrieben 1647. 30. Julij.

Ad Nobilem et Amplißimum ROBERTVM ROBERTINVM.

Cuncta leves fingant veris majora Poetae,
  Et sit carminibus parva, ROBERTE, fides.
Nulle leges nostris, spero, mendacia rythmis,
  Si qva leges, rapido, non moror, ure rogo:
Vera tamen de Te mihi non tacuisse necesse,
  Fasqve sit hic saltem nolle placere Tibi.
Sic peccare, precor, juvet haec audire molestum
  Est Tibi, dedecori sed mihi nolle loqvi.

Wie kömpt es, Robertihn, vnd woran mag es liegen,
Daß ich nicht für mein Spiel mehr solchen Danck kan kriegen,
Alß ich zwar vormahls pflag, dieweil nach meinem Sinn
Ich nicht bey Leuten mehr so lieb gehalten bin?
Hat Preussen sich verkehrt in also wenig Jahren?
Wil gegen gute Kunst sich feindlich nun gebahren,

[Nr. 31:] Die große Alexandriner-Epistel an den Freund und Wohltäter ist ein autobiographisches Bekenntnis und poetisches Selbstbildnis, wie es in der Dichtung des 17. Jh.s größten Seltenheitswert hat. Das handschriftlich überlieferte Gedicht wurde von Ziesemer 1924 erstmals publiziert.
Ad Nobilem ... nolle loqvi: »An den edlen und hochverehrten Robert Robertin. Mögen leichtfertige Poeten alles größer machen, als es in Wahrheit ist, und mag die Glaubwürdigkeit ihrer Gedichte gering sein, Robert! in meinen Versen wirst du, hoff' ich, keine Lügen entdecken. Solltest du doch welche finden, dann wirf sie, ich hab nichts dagegen, ins Feuer. Doch kann ich die Wahrheit über dich nicht verschweigen, und es dürfte recht sein, in diesem Punkte einmal nicht dein Einverständnis zu suchen. So wahr mir dieses Vergehen, verzeih! Freude macht – dir ist, dies anzuhören, lästig, für mich aber ist's eine Schande, wollt' ich's nicht aussprechen.« (Übers.: Andreas Fritsch.)

Daß vormahls, wenn ich wo ein newes Liedchen sang,
Sich alß durch Vngestühm zu meiner Freundschafft drang?
Man pflag auch auff mich wol mit Fingern her zu zeigen,
Es lobte Dorff vnd Stadt die Anmuht meiner Geigen,
Der gantze Pregel schwur, strich ich die Seiten an,
In Preussen hätt es mir noch keiner gleich gethan,
Waß vnser Deutsch betrifft. Nur wegen meiner Grehten,
Waß Lob erhielt ich doch! Ich weiß, es sind Poeten,
Die mir es thun zuvor wol mehr als tausentmahl,
Ich bin ein Gucguck, sie sind eine Nachtigal,
Ich kaum ein Marsyas mit bäwrischem Gethöne
Vnd sie in Lieblicheit vnd Kunst Apollens Söhne,
Die daß doch nicht gehabt für ihrer Lieder Pracht,
Waß nur mein Affenspiel zu wege hat gebracht.
Ietzt bin ich außgethan, bin also vnwerth worden,
Recht alß gehört ich nicht mehr in der Musen Orden,
Müst alß vom Helicon verwiesen vnten stehn
Vnd der gelahrten Zunfft mit Schanden müssig gehn.
Hab ich an Jahren zu-, an Kräfften abgenommen,
Vnd bin ich sint der Zeit vmb meine Stimme kommen?
Wahr ist es, daß die Brust mir grossen Drangsal thut,
Doch sind, wie erst, bey mir noch Kopff vnd Fäuste gut.
So hab ich auch bißher nicht wenig mich gebessert,
Der Sinnen dürres Feld nicht wenig durchgewässert
Mit Ströhmen gutter Kunst, damit es auff den Schein
Der Sonnen trächtiger alß vormahls könne seyn.
Wer böse Nachbarn hat muß, spricht man, selbst sich preisen.
Ich hätte wol so viel alß ander auffzuweisen,
Waß ich bißher gethan nur inner solchen Zeit,
Daß mir der Himmel hie Poet zu seyn verleiht.
Vnd möcht auch Iemand gleich mich dießfallß hinten lassen,
Wirdt mein Verhängnüs mich in sichern Schutz doch fassen

Grehten: das ›Grethkelied‹, Nr. 15.
Marsyas: der Silen, der mit Apoll im Flötenspiel in Wettstreit trat, verlor und geschunden wurde.

Vnd reden mir daß Wort ohn List vnd Heucheley,
Daß diese Säumnüs gantz nicht meine Faulheit sey.
Mein ist nicht also wahr genommen in der Jugend,
Wer hat mir beygebracht die erste Milch der Tugend?
Ich bin zwar von Natur zur Wissenschafft geneigt,
Kein Mensch hat aber mir den Richtsteig hie gezeigt.
Dasselbe waß ich stracks im Anfang sollen wissen,
Hab ich nicht ohn Verlust zuletzt erst lernen müssen,
Gleich wie ein Wandersmann, nachdem er sich verirrt,
Der rechten Strassen offt im Dorff erst innen wirdt.
Mein VaterGut war schlecht, sonst wär auch ich gezogen
Dem weisen Leiden zu vnd hette mich besogen
Daselbst so wol vnd satt, daß ich so starck vnd feist
Alß andre möchte seyn. Es hätte meinen Geist
Selbst Heinsius vielleicht nicht für gemein geschätzet,
Barleus hette sich an meinem Thun ergetzet,
Der grosse Vossius hett ausser Zweiffel mir
Vergönnt frey einzugehn zu seiner werthen Thür.
Es solte da kein Buch vor meine Sache dienen,
Ich wär es durch vnd durch geflogen einer Bienen,
Die Honig samlet, gleich, waß meines Fleißes Macht
Nicht hette dort besiegt, daß hätt ich heimgebracht.
Hie wolt ich mein Gemach mit tausent Büchern zieren,
Vnd weißlich über sie ohn Tyranney regieren,
Ihr Herr vnd König selbs, mich kräncket der Verdruß,
Daß ich mit Leihen mich noch stets behelffen muß.
So hat der Schulen Staub mir meiner Jugend Blüte
Nicht wenig auffgezehrt, nicht wenig mein Gemühte
Durch Arbeit abgenützt, die Schwachheit rührt bey mir
Fast anders nirgends her alß meistentheils von ihr.
Wenn mein Verhängnüs nicht mich bald befreyet hette,
Ich läg vnd faulte schon mit andern vmb die Wette,
Es wäre manches Lied nicht kommen an die Welt,
Daß Preussen nicht für schlecht in seinen Kirchen hält.

Heinsius ... Barleus ... Vossius: zeitgenössische holländische Gelehrte und Dichter.

O Schule, du hast Schuld, daß schier mein Geist erlieget
Vnd keinen rechten Danck des wackern Fleisses krieget.
Du hast auch mir geraubt, wer vormahls mich gekant,
Schwert, daß ich gantz vnd gar von mir sey abgewandt.
Mein Hertz vnd Krafft hast du. Der Tag sampt allen Stunden
Hatt an die Kinderzucht mit Fesseln mich gebunden,
Da sprungen vmb mich her Getümmel, Vnmuht, Rew,
Gram, Vndanck, Klage, Stanck, Staub, Mattigheit, Geschrey.
Die Nacht, die Ruh sonst hegt bey Menschen vnd bey Thieren,
Hat mehr als einmahl mich gezwungen zu verlieren
Des Schlaffes Süssigheit, daß klägliche Latein
Der Jugend muste da durch mich gebessert seyn.
Der Morgen zeiget sich hoch an des Thumthurms Spitzen
Vnd sahe mich ohn Schlaff noch über Ende sitzen.
Offt fiel mein schweres Haupt durch vnverhofften Zwang
Forn auff die Bücher hin, offt hat der lichte Stanck
Verwüstet mein Gehirn. Ich währe längst von hinnen,
Wär ich ohn dich gewest, du pflagest, Herr, zu sinnen,
Alß Niemand nach mir fragt, ob ich noch mit der Zeit
Von dieses Kerckers Wust auch könte seyn befreyt.
O Freundschafft, welcher man sol vnter vnß gedencken,
Solang alß Lieb vnd Trew der Menschen Hertz kan lencken
Zu vngefärbter Pflicht! mir wirdt es übel gehn,
Wenn dein Gedächtnüs mir nicht wirdt im Hertzen stehn.
Es höhnt dich, daß ich dieß muß ietzund von dir schreiben.
Waß sol ich aber thun? wo wirdt mein Danck verbleiben,
Der dir davor gebührt? Dein Ernst thue, waß er kan,
Ich nehme darumb nicht daß grosse Laster an
Der Vnerkäntlicheit. Ich werd ohn daß auch sterben
Vnd nichts doch, diese Schuld dir abzutragen, werben.
Gib, Herr, der Warheit stat, denn ich versichre mich,
Kein Mensch hat hie dir mehr zu dancken weder ich.
Ich lag hie vnbekant, verschwiegen vnd vergessen,
Der Rost hub meinen Sinn gemählich an zu fressen,

Biß meiner Lieder eins dir ohngefehr behagt,
Du hast dich nicht gestillt, biß du mich außgefragt;
Bist da auff einen Tag wol zweymahl zu mir kommen,
Hast Bücher mitgebracht vndt, waß ich nicht vernommen,
Mir trewlich außgelegt, mir einen Muht gemacht
Vnd mich zu manchem Fleiß im Schreiben auffgebracht.
Nicht anders pflegt ein Löw die Jungen anzuführen,
Sobald an ihnen Mähn vnd Klawen sind zu spüren,
So nimpt der Adler stracks auch seine Zucht mit auß
Frey nach der Sonnen zu biß an der Sternen Hauß.
So wuste Scaliger den Genter-Schwahn zu leiten
Vnd dein Bernegger Dich. Ich komme zwar bey weiten
Nicht solchen Seelen bey, doch hast du meinen Sinn
Erkant vnd dieß auß mir gemachet waß ich bin.
Ein edles Hertz, daß nichts auff Erden kan ergetzen
Alß Kunst vnd Wissenschafft, daß wenig fragt nach Schätzen,
Die Zeit vnd Fall verzehrt, vnd, ob es steht vnd fällt,
Sich Gott vnd der Natur durchaus gemäß verhält,
Belustigt sich an Gott vnd aller Gattung Tugend,
Strebt nach der Weißheit Gut, nimmt fleissig war der Jugend,
Vnd ist hiervnter wer zur Wissenschafft geneigt,
Es ruht nicht, biß es ihn der gantzen Welt gezeigt.
Verdienet dieß nicht Ruhm, waß kan den Ruhm verdienen?
Hat Aristeus Lob, daß er die Zucht der Bienen
Den Menschen kunt gethan, sampt Ceres, die die Saat,
Vnd Bacchus, den der Wein zu seinem Zeiger hat?
Ist der nicht lobenswerth, der Weißheit sucht zu finden,
Die nie recht funden wirdt? Kan er nicht gnug ergründen,
Die Art der Sinnen prüfft vndt manchen Geist entdeckt,
Der sonst wol ewig blieb in tieffer Nacht versteckt?
Laß ander über Meer in West vnd Ost hinreisen
Vnd Länder, die vnß ietzt noch vnbekant sind, weisen,

So wuste Scaliger ... Bernegger Dich: So lehrte Scaliger durch seine Poetik Heinsius (aus Gent), so Matthias Bernegger in Straßburg Robertin.
Aristeus: Aristaios, Sohn des Apoll, der die Menschen in der Kunst der Bienenzucht unterwies; Vergil, *Georgica* IV,317 ff.

Ein ander finde Gold, den Vrsprung aller Pein,
Daß weit weit besser noch möcht vnerfunden seyn,
So wär es güldne Zeit! Laß andre Vortheil geben
Mit mindern Kosten mehr zu bringen vmb daß Leben,
Mehr Vbermuht zu thun: Wol dem, der Vnschuld liebt
Vnd Leute, die der Welt nur frommen schaffen, giebt,
Die einig sind bemüht zu bessern das Gemühte,
Zu fördern seine Ruh, zu forschen alle Güte
Deß Guten, daß allein nicht Grund noch Boden kennt,
Ob man es Gott, Natur, Muht oder Weißheit nennt!
Nur meines TockenWercks anietzund zu gedencken,
Wer hat in dieser Stadt sich über mich zu kräncken,
Alß hab ihm meine Kunst waß böses zugefügt?
Vnd dieses ist der Lohn, der hertzlich mich begnügt,
Auch wär ich noch so arm. Wen hab ich außgesogen?
Wen fälschlich auffgesetzt? Wen listig wo betrogen?
Ob aber Iemand sey gebessert durch mein Spiel,
Da sag ich ietzt nicht von, gnug daß mein gantzes Ziel
Gewesen sey der Welt mit etwas wollen nützen,
Der Lügen Abbruch thun, die nackte Warheit schützen,
Den Lastern grausam seyn, der Tugend bester Freund,
Den trösten, der in Angst begriffen hertzlich weint.
Im Fall mein guter Will hie etwas hat verrichtet,
Gott vnd dem Nechsten waß zu Danck vnd Nutz getichtet,
Wie schlecht es immer ist, so danck ich solches dir,
Du werther Roberthin, durch dich kenn ich die Zier
Der wahren Poesie. Kam ich mit LiebesSachen,
Wodurch die Jugend gern sich sucht berühmt zu machen,
Es war dir oben hin. Dieß, sprachstu, bleibt der Zeit,
Gott singen vnd sein Werck schmeckt erst nach Ewigheit
Vnd bleibt, wenn wir nicht sind. Hatt ich denn waß geschrieben
Nach deinem Wunsch vnd Raht, du kuntest es belieben,

TockenWercks: Spielzeugs; von *Docke, Tocke* ›Puppe‹; vgl. Z III,18.

Du schriebst es fleissig ab mit deiner eignen Hand
Vnd machtest mich dadurch bey Leuten sehr bekant.
Durch dich hat mancher mich in Freundschafft
auffgenommen,
Ich bin zu manchem Glück durch deine Liebe kommen.
Du nahmest mich zuletzt gar in dein eigen Hauß,
Vnd liesset Trew vnd Gunst auff mich mit hauffen auß.
Vrsulchen, deine Lust, daß Muster theurer Sitten,
Hat deinetwegen mich im Hause gern gelitten,
Mir alle Thür vnd Thor der Willfahrt auffgethan,
Sofern ein keusches Bild in Zucht vnd Ehren kan.
Kein Lied hab ich gemacht, daß Sie, die Pracht der Frawen,
Eh alß es ward gedruckt nicht erstlich wollen schawen.
Da hat sie mir, waß sich nicht thun lässt, offt gesagt
Vnd eine Röhte mir nicht einmahl abgejagt.
In Summa, Herr, ich bin gewesen wie dein Bruder,
Ja wie dein eigen Kind, mein Kahn hat sonst kein Ruder
Ohn dich allein gehabt, daß mich in Noht ergetzt
Vnd endlich auß dem Sturm an diesen Port gesetzt,
Daß ich mein Wesen bloß gantz vngehindert Treiben
Vnd etwas löbliches der Nachwelt möchte schreiben.
Ich sinn auch stets, daß nicht dein wolgefaßter Wahn
Vnd Hoffnung dieses Falls vergebens sey gethan,
Wenn mich der fromme Gott nur länger lässt auff Erden
Vnd Kräffte giebt, die hie vorauß erfordert werden,
Auch einen solchen Muth, der beydes Furcht vnd Streit,
Der offt mich abgeschreckt, getrost schlägt an die Seit.
Soll ich indessen dir nicht Danck vnd Ehr erzeigen?
Soll ich dein frommes Hertz vnd seine Güte schweigen?
Nicht gehn mit deinem Lob alß hoch ich immer kan?
Ich wäre, warlich, Herr, kein Ehrenwerther Mann.
Ich weiß, du kennest mich, ich kan nicht Falschheit leiden,
Der Vntrew bin ich Feind, die Lügen muß ich meiden,

Vrsulchen: Robertins Frau; vgl. die Hochzeitscarmina Z I,54 und 232.

Soll ich die Warheit auch darumb verheelen? nein,
Wie sehr es immer dir zuwieder möchte seyn.
Vnd warumb wilst du denn dich deiner Tugend schämen?
Schaw, wie dein Lob dir fleht, du fleuchst es anzunehmen,
Sey sonst ein Epictet, ietzt wend mir den Verdruß,
Daß, wenn ich schweig, ich mein mich ewig schämen muß.
Es fehlt bey mir nicht viel, so werd ich hingetragen,
Der Vndanck würde mich in meinem letzten nagen,
Wenn deiner Gutthat Ruhm der Welt blieb vnentdeckt,
Vnd, meiner Aschen gleich, in einen Sand gesteckt.
Ich wünsche nicht, daß, wenn ich nun bin hingerissen,
Auß meinem Grab herauß Violen sollen schiessen,
Nicht Loor- noch RosenSträuch. O daß ein Wall von Rohr,
Der dir geheiligt, stieg auß meiner Grufft empor
Vnd durch den sanfften West erreget möcht erklingen
Vnd dein gewünschtes Lob der späten Nachwelt singen,
Dieweil dasselbe fleucht zu zieren mein Geticht
Durch dein Verboht allein vnd meinen Vndanck nicht.
Waß wolt ich lieber thun, alß deine Freundschafft preisen?
Wie mancher macht sich stoltz, daß er in meinen Weisen
Hat sein Gedächtnüs stehn, du bleibst hindan gestellt,
Dem meine Poesie sich einig schuldig hält.
Hat Cicero in Schutz Licinius genommen,
Dieweil er jung durch ihn zu gutten Künsten kommen,
Verschweig ich billich dich? Dich der du allermeist
Zu dieser Wissenschafft ermuntert meinen Geist?
Du hörst mich deinen Witz vnd Vrtheil nicht erheben,
So himlisch sind bey dir, nicht dein gerechtes Leben,
Daß weder Geitz noch Stoltz noch sonst ein Laster kennt,
Daß schwehr vnd selten sich von solchen Ehren trennt;
Nicht die Vollkommenheit der herrlich schönen Gaben,
Mit welchen dich Natur vnd Gott versehen haben,

Epictet: stoischer Philosoph.
Cicero ... Licinius: Der römische Meisterredner und Schriftsteller Cicero (106–43 v. Chr.) war mit P. Licinius Crassus eng befreundet.

Nicht deiner Reisen Last, nicht vieler Sprachen Grund,
Nicht andre Wissenschafft noch den beredten Mund.
Dieß alles laß ich seyn, waß darff ich auch es rühren,
Daß gantze Land weiß dich zum Muster anzuführen
Gewünschter Fertigheit, in allem dem, waß wol
Ein solcher Mann wie du verstehen kan vnd soll.
Nur dieses wirst du mir zu melden ja vergönnen,
Daß Schimmelfennig, Thiel vnd mehr nicht leugnen können:
Wirdt waß von vnß gethan, daß etwas ist von Wehrt,
Wir gehen erst zu dir, dein Raht wirdt erst begehrt.
Man ist von Delphis nicht so klug nach Hause kommen,
Man hat auch Ammons Spruch nicht so begnügt vernommen
Im heissen Lybjen, noch waß Manto propheceyt,
Alß vnß dein Antwort offt auff vnsre Frag erfrewt.
Vnd kriegest du den Fug zu reden waß von Sachen,
Wen kanst du vnter vnß nicht wie verstürtzet machen?
Gleichwie, wan Aeolus den Winden ihre Klufft
Nur aufffthut, alsobald lebt Erde, See vnd Lufft
Durch stürmende Gewalt, so hört man Dinge fliessen,
Wenn deiner Reden Quell sich anhebt zu ergiessen.
Wir werden nicht gewahr, so ist der Tag vorbey,
Indem wir dein Gespräch von Händeln mancherley
Begierig angemerckt. Alß Socrates gelehret,
Daß Keines Seele stirbt, da haben ihn gehöret
Für andern Simmias vnd Cebes, biß daß Schiff,
Daß jährlich von Athen bekräntzt nach Delos lieff,
Nun wiederkommen war vnd dem hochweisen Alten
Durch Gifft daß Leben nam. Auch hat man viel gehalten
Erst auff Pythagoras, ihm schwieg die Schule still,
Ich hörte zu Croton auch, Rom, dein Haupt Pompil:

Delphis ... Ammons ... Manto: antike Orakel; Delphi mit Pythia am Parnaß, Ammon in Ägypten (Oase Siwa); Manto ist die Tochter des Teiresias und eine Seherin wie er.

Alß Socrates ... Leben nam: Über den Tod des Sokrates berichtet Plato im *Phaidon*.

Ich halte, glaub es mir, auff dich, O Herr, nicht minder,
Wir hören dich gleich wie den Vater seine Kinder.
O leb vnd setz mich nicht in solche grosse Noht,
Durch deinen Hintrit stürb ich mehr alß einen Tod.
Ich habe mein Gestirn nicht sorglich forschen wollen,
Du hast durch seine Krafft ohn Zweiffel mir seyn sollen
Dieß waß du ietzund bist, mein sichrer Port vnd Raht,
Dem sich mein gantzes Glück nechst Gott zu dancken hat.
Ich frag auch nichts darnach, daß ich nicht groß mehr gelte,
Man setze mich hindan, man fluch auff mich, man schelte,
Mir mögen Hohn anthun, bey denen ich vorhin
So sehr geliebt, so wol gesehn gewesen bin.
Sey du mir nur nicht feind, sey standhafft in der Güte,
Bleib in der Zeit ein Mann, nicht endre dein Gemühte
Vnd schlacht nicht andern nach, ein überzwerches Wort,
Ein Blick wirdt angesehn, so ist die Freundschafft fort.
Die Menschheit ist dir kunt. Vollkommen seyn gebohren,
Nie straucheln, waß man thut, in allem seyn erkohren,
Steht einig Göttern zu. Ich habe hie geirret,
Ein ander dort, auff daß, wenn ie gefehlet wirdt,
Ein ieder Vrsach hab es eilends zu vergeben.
Verwirff mich darumb nicht, daß ich nicht frewdig leben,
Nicht alles mit thun kan biß an daß Morgenlicht:
Ein Mensch kan wieder Gott vnd sein Verhängnüs nicht.
Ich mag die Straffe jung mir zugezogen haben
Durch Mißbrauch, wie geschicht, der lieben Gottes-Gaben,
Die Schule sey vieleicht die Vrsach meiner Pein,
Ich mag vielleicht so schwach auch wol gebohren seyn.
Waß wil ich dießfalls thun? ich kan es nun nicht wenden:
Ich nehme dieses Creutz getrost mit stillen Händen
Alß meine Zuchtruht an, wie schwer es mir auch fällt,
Daß ich nicht scheine mehr zu nützen in der Welt.
Ich muß wie sprachloß seyn, muß die Versammlung hassen,
Verwiesen, einsam, still, mich offt verleugnen lassen,
Muß Weib vnd Kindern auch nicht einmahl Rede stehn
Vnd manchem guten Freund offt an die Seite gehn.

Sol darumb Freundschafft so, gleich wie mein Athem,
schwinden?
Nein, sie soll allermeist sich hie erst recht verbinden,
Soll hie für allen seyn wie Ertz vnd Diamant,
Alß die auff solchen Fall am besten wirdt erkant.
Nun, dessen wil ich mich bey dir versichert halten,
Laß Armuht, Kranckheit, Spott, Neid, Zorn vnd Helle
walten,
Ich weiß, du schlägst nicht vmb, ich kenne dich zu wol,
Dafür mein Lebenlang mein Hertz dir bleiben soll.

32

Alß ich zu Seepohten bey der Fr. von Steinin war.

Anno 1647 5. Aug.

Heut bin ich auff der Horst gewesen,
Wo, Seepohten, dein Milchhauß steht
Vnd so viel RindVieh grasen geht,
Daß theils noch ietzt nicht kan genesen,
Theils durch den Tod ist weggebracht.
Lasst die Naturerfahrne sagen,
Wo liegt es an? Waß Vrsach macht,
Daß Kranckheit auch daß Vieh muß plagen,
Meint Gott wo vnß vnd schlägt daß Thier?
Vnd sündigt auch ein Kind wie wir?

Wächst Gifft wo auß der lieben Erden?
Wo herbergt doch Vollkommenheit?
Hie ist nur Anmuht weit vnd breit,
Hie buhlen Hirten sampt den Herden:

Alß ich . . . war: während einer Viehseuche in Seepothen, einem Ort südwestlich von Königsberg.
Horst: Hügel mit Gesträuch.

Pan jagt die Nymphen ins Gebrüch,
Die Gänse schnattern auf den Wiesen,
Die frommen Enten baden sich,
Sylvan betrawrt den Fall Elisen,
Daß hin vnd her der kleine Wald
Von seiner Klage wiederschallt.

Der Wald ist klein vnd bringt doch Gnügen,
Hie giebt so manche Lind vnd Eich
Vnß Träum vnd Schatten überreich,
Daß Vieh ist sicher für den Fliegen,
Fühlt keiner heissen Sonnen Glut,
Der Westwind kan hie nichts alß kühlen
Vnd auf den Blättern vnß zu gut
Mit lieblichem Geräusche spielen.
Ach daß auch Kranckheit, Noht vnd Pein
An diesem Ort zu finden seyn!

Der Himmel kröhne dich mit Segen,
Er wende, Seepohten, dein Leid
Vnd wolle dein in Fröligkeit
Vnd aller Wolfahrt immer pflegen,
Daß die vom Stein vnd Weinbeer dich
Besitzen, weil die klahre Bronnen
Entspringen, weil das Mondlicht sich
Verwechselt mit der lieben Sonnen,
Ich aber, schaw, verlasse dir
Zum Danck- vnd Denckmahl dieses hier.

33

Selbigen Tag vmb den Abend zur Kobbelbude folgendes:

Du kühler Frischingk, dessen Bach
Artzney hegt wieder Vngemach
Vnd Frewde kan in mir erwecken,
Sey günstig, weil ich vnbekant
Hie kriech vmb deinen grünen Rand
Durch wild-verwachßne Püsch vnd Hecken.

Ich suche Platz, da ich allein
Vnd von Gesellschafft frey kan seyn,
Mit mir mich einig zu ergetzen:
Mein Geist ist niemahls baß daran,
Alß wenn ich einsam leben kan
Vnd ein berühmtes Liedchen setzen.

Es meint der mich allein sieht gehn,
Ich müsse wo verlassen stehn,
Er irrt vnd kennt nicht mein Gemühte,
Auch mancher Fürst hat kaum vmb sich
So schöne Compagnie alß ich,
Vmb mich ist aller Himmel Güte.

Natur, Erkäntnüs, Weißheit, Welt,
Vnd waß die Tugend in sich helt
Sind Freunde, welche mich vmbgeben:
Der Höchste selbst schätzt mich so wehrt,
Daß er in meine Seele kehrt
Durch Gnüge, Fried vnd stilles Leben.

Auch sprech ich meinen Reimen zu,
Die sindt mir Reichthum, Ehr vnd Ruh,

Kobbelbude: Ort in Natangen, am Frisching gelegen.

Macht mich wo Fall vnd Zeit verdrossen,
Sie weinen hertzlich, wein ich wo,
Erfrew ich mich, auch sie sind froh
Vnd meine besten Haußgenossen.

Der Seelen Vorraht hegt allein,
Waß vnß in Noht kan tröstlich seyn,
Es thun es nicht die Anverwandten,
Daß sich ein Mensch zufrieden gibt:
Den König, ist sein Hertz betrübt,
Stillt nicht die Auffsicht der Trabanten.

34

Du stiller Wald von Anmuht reich,
Du freyes Feld, ihre klahre Quellen,
Die wie Christall vnd Bernstein hellen,
Ich halt am besten es mit euch:
Ihr reisst mich von dem Hoffgetümmel
Vnd zeigt mir hie den freyen Himmel.

Hie herbergt Lieb vnd Sicherheit,
Hie schlägt vnß mehr des Höchsten Güte
Alß in den Städten zu Gemühte,
Da falsche Gunst, geschmückter Neid,
Stoltz, Eigennutz vnd tausend Sünden
Mit tausent Straffen sich verbinden.

Du süsse LandRuh, nimm mich an,
Hie wil ich gern geruhig alten,
Wo stets von meinem Wolverhalten
Selbs Lufft vnd Himmel zeugen kan:
In ärgerlichen Städten leben
Ist zwischen Hell vnd Himmel schweben.

35

Glückwüntzschung
an Hn. Heinrich Schützen
ChurSächsischen Capellmeistern,
alß seine Tochter Jungfr. Euphrosyna
Hn. Christoff Pinckerten I.U.D. vermählet wurd.

6. Decembr. 1647.

Vormahls alß die Musica
Besser sich gelitten sah
Alß anietzt bey grossen Herren,
Alß sie wuchs an Lieb vnd Zier
Vnd, wohin sie kam, man ihr
Thür vnd Thor pflag auffzusperren,

Wer nam mehr an Ehren zu,
Mein Herr Schütze, weder du?
Sachsen hielte dich erhaben
Für der Music Geist vnd Seel
Vnd für seinen Gabriel
Wegen deiner hohen Gaben.

Waß du thatst, war wolgetan
Vor dem grossen Christian,
Dem die Dähnen Pflicht erwiesen:
Ja, die gantze Mitternacht

[Nr. 35:] Von guten Freunden und Anverwandten aus Königsberg nach Dresden übersandte »Glückwüntzschung«, dabei auch Gedichte von Christoph Kaldenbach und Heinrich Albert, dem Vetter und Schüler Schützens (s. Nr. 98). Kaldenbach lud den vom Krieg hart bedrängten Komponisten ins kriegsverschonte Königsberg ein.
I.U.D.: iuris utriusque doctor, beider Rechte Doktor.
Gabriel: der venezianische Komponist Giovanni Gabrieli (1557–1613), Schützens Lehrer.
Christian: Ch. IV. von Dänemark, an dessen Hof Schütz 1633–35 wirkte.

Muss vnß Preussen gleich die Pracht
Deiner süssen Lieder preisen.

Aber nun daß deutsche Land
Seelzagt zwischen Mord vnd Brand,
Nun Geschoß vnd Schwerdter klingen
Vnd daß wilde Feldgeschrey
Die betrübte Melodey
Euch fast stündlich lehret singen,

Kriegt, ohn Zweiffel, auch der Klang
Deiner Seiten wenig Danck.
Zwar dein Lob wirdt nicht erliegen,
Niemahls wütet KriegesBrunst
Also sehr, daß nicht die Kunst
Muste Nacht vnd Tag besiegen.

Gleichwol kränckt es vnsern Sinn,
Wenn die Arbeit für Gewinn
Muß Verdruß vnd Vnmuht heben,
Nichts geht also sauer ein,
Alß wenn vnß der Jugend Pein
Nicht kan Ruh im Alter geben.

Aber gib des Himmels Raht
Vnd der strengen Satzung stat,
Die kein Mensch noch ietzt kan wenden:
Schaw auff Gott hin, dessen Preiß
Du noch ietzt durch stäten Fleiß
Singst vnd spielest aller Enden.

Welt vnd Zeit, bedenck es recht,
Ist für dein Verdienst zu schlecht,
Laß hie Sorg vnd Vndanck walten:
Tugend kriegt noch allzeit Lohn,
Gott hat dir der Ehren Krohn
In dem Himmel vorbehalten.

Sieh indessen nicht den Bann
Aller gutten Sachen an,
Waß trit Mars ietzt nicht mit Füssen?
Gott weiß die betrübte Zeit
Mit bequemer Fröligkeit
Dan vnd wan noch zu versüssen.

Dessen nimmst du gnugsam war
An dem ietzt gepaarten Paar,
Glückes Gunst scheint dir zu dienen,
Vnd dein Hauß empfindet Heil,
Denn Herr Pinckert wirdt zutheil
Deiner schönen Euphrosynen.

Billich hebst du Gott empor,
Rühmst vnd singst in vollem Chor
Seiner Auffsicht hohe Thaten,
Sie dein eingeliebtes Kind,
Dem die Sterne günstig sind,
Wirdt, noch weil du lebst, berahten.

Laß den theuren Rosmarihn
Dein begrawtes Haupt vmbziehn
Vnd die Orgel hell erschallen:
Dreßden vnd die Elb helt viel
Wie auff dich so auff dein Spiel
Vnd wirdt dir zu ehren wallen.

Laß den Zeiten ihren Lauff,
Schick daß Hertz zu Gott hinauff,
Dieser Sturm wirdt sich noch legen,
Vnd alßdann wirdt Lob vnd Ruhm,
Herr, dein schönes Eigenthum,
Sich umb deine Wercke regen!

36

An Bluhm
zum Namenstage seiner Frau Sybilla.

Herr Heinrich Albert, ich, Herr Fauljoch und darneben
Herr Robertin, sind heut entschlossen recht zu leben,
Und zwar bey euch, Herr Bluhm, als dem nichts liebers ist,
Denn daß man ohne Scheu, ohn Heucheley und List
Auf diesen Tag zu euch mag vor die Pfanne kommen
Und thun, was Redlichkeit und wahre Treu der Frommen
Zu thun erlaubet hat. Herr Robert, unser Hertz,
Bringt weise Tischgespräch, Herr Fauljoch treugen Schertz,
Herr Heinrich lässet wo ein Instrument herholen
Und spielet uns was auf. Ich streich auf der Violen,
Der Endschaft meiner Pein und Mutter meiner Ruh,
Und hätt ich eine Stimm, ich sing auch wohl dazu.
Wir Armen, die wir hier das Elend müssen bauen,
Was sind wir, wenn wir nicht einander wolten trauen
Und gute Freunde seyn. Die stets nur vor sich hin
Und Menschen-scheue sind, was thun die ihrem Sinn
Vor Leid und Pein nicht an! Sie haben sich verziehen
Des Rechtes der Natur, die anfangs uns verliehen
Vnd noch will, daß ein Mensch den andern suchen soll,
Mit welchem er, es geh ihm übel oder wohl,
Zusammenhalten mag. Wir sehen an den Sternen,
Wie daß sie Freunde sind. Die Wolcken ziehn von Fernen
Wie in Gesellschaft fort, die schnellen Fisch im Meer,
Die Vögel in der Luft beschließen auch ein Heer
Und streichen also hin, das Wild geht in den Wäldern
Gepart in großer Zahl, das Horn-Vieh auf den Feldern
Kan niehmals eintzeln seyn; der Mensch entschläget sich
Der Güter oft, wozu Gott ihn und mich und dich
Gar weißlich hat gemacht. Laßt uns zusammenhalten,
So wird die Freude mehr, das Unglück minder walten,
Als wo man einsam ist. Was aber fällt mir ein?

Wenn kommt Sybillen Tag? Ihr müsst gebunden seyn.
Frau Bluhmin, morgen will sich euer Fest ansagen,
Der Tag, an welchem ihr sollt dieses Bändlein tragen,
An Zier und Ansehn schlecht, doch wenn ihr wissen wollt,
Das Band ist unser Hertz, der Will in uns das Gold,
Das reinlich gläntzet trotz den köstlichsten Metallen
Und was dem Auge schön auch sonsten mag gefallen.
Nehmt dieses so vorlieb und tragt es unbeschwehrt:
Wer Tugend liebt, hat nie ein besser Band begehrt.

37

Anno 1647 des Nachts, da ich vor Engbrüstigheit nicht schlaffen können, auff dem Bette gemacht.

Wie? ist es denn nicht gnug, gern einmal sterben wollen?
Natur, Verhängnüs, Gott, waß haltet ihr mich auff?
Kein Säumnüs ist bey mir, vollendet ist mein Lauff,
Soll ich die Durchfahrt euch denn tausentmahl verzollen?

Waß kränckt es, fertig seyn vnd sich verweilen sollen!
Ist Sterben ein Gewinn? o mir ein thewrer Kauff,
Mich tödten so viel Jahr vnd Kranckheiten zu hauff,
Ich lebe noch vnd bin wol zehnmahl tod erschollen.

Weib, Kinder, macht es ihr? Verlängert ihr mein Licht?
Seht meinen Jammer an, ist dieses LiebesPflicht,
Zu schlechtem Vortheil euch mein Vortheil mir nicht gönnen?

Ach kräncket mich nicht mehr durch ewer Angesicht!
Die allerletzte Pein ist, gläub ich, ärger nicht,
Alß leben müssen, todt seyn wollen vnd nicht können.

[Nr. 37:] Johannes Bobrowski nahm dieses Sonett in die handschriftliche Sammlung seiner liebsten Gedichte auf (vgl. Nachwort S. 414 Anm. 47).

38

Schuldige Auffwartung
durch welche des Erlauchten,
Hochgebohrnen und Großmächtigen
Herren Gerharden, Graffen zu Dönhoff,
Pommerellischen Wojewoden, der Lande Preussen Schatzmeistern, Starosten zu Marienburgk, Schoneck, Berent, Felin, Lucin etc. etc. und der Königl. Oeconomie Marienburgk Administratorn etc.
Seines gnädigen Herrn hochgültige Gnade
zu erhalten sich bemühet dessen gehorsamer Simon Dach.

26. Hornung 1648.

AD INCOMPARABILEM HEROËM GERHARDVM
Comitem Dönhofianum, etc.

ESt Superos Superisque satos celebrare Poetae,
  Huc animo Clarium possidet ille Deum.
Te simul in nostras urbes, Diis nate, tulisti,
  Quo mea jure Tibi carmina Musa neget?
Non ego divini jacto me numine Vatis,
  Virtutis caleo sed tamen igne Tuae.
Non igitur nostras gravis aversare Camoenas,
  Indignasue Tuis laudibus esse puta.
Nil Jove majus habes, sacros tamen ille poëtas
  Diligit et docto se probat ore cani.

[Nr. 38:] Schon im folgenden Jahr mußte Dach diesem Werbegedicht ein Leichencarmen auf den Grafen folgen lassen (Z III,190): »Herr, ich meint an dir zu haben / Eine Burg vnd Zuversicht, / Wenn mir Hülff vnd Schutz gebricht, / Aber schaw, du wirst begraben.«
Ad incomparabilem . . . cani: »An den unvergleichlichen Helden Gerhard Grafen Dönhoff. Es ist, die Überirdischen und ihre Nachkommenschaft zu feiern, Beruf des Dichters, dazu hat er den klarischen Gott [Apoll] in der Seele. Du, Sproß der Götter, hast dich jetzt in unsre Städte begeben, mit welchem Recht könnte dir meine Muse die Lieder versagen? Ich brüste mich nicht mit der Gabe des göttlichen Sehers, doch bin ich entflammt vom Feuer deiner Tatkraft. Darum verschmähe nicht ungnädig meine Camoenen [Gedichte] und halte sie

ICh bin nun gutte zeit gesessen
Hier umb des linden Pregels Randt,
Schlecht, still, nur Gott vnd mir bekant.
Jhr Reime, was thut jhr indessen?
Jhr macht der Welt mich offenbahr
Mehr als mein Wunsch vnd Hoffnung war,
Tragt meinen Rhum auff schnellen Flügeln
Ohn mein Verdienst, ohn mein bedacht
Von Odoacers reichen Hügeln
Bis in die kalte Mitternacht.

Jhr sichert mich, daß, nimt die Erde
Mein Fleisch vnd mein Gebein nun hin,
Mein Zeit-vnd Todt-befreyter Sinn
Am meisten dan erst leben werde,
Schenckt Trost, wenn mich Glück, Fall vnd Welt
Mit einem Wetter überfällt,
Ob Lieb' und Trew mir Händel machen,
So setzt doch jhr nicht von mir ab,
Jhr lehrt mich zwingen und verlachen
Mein gantzes Elend und mein Grab.

Wo mich die Furcht nicht hin lässt kommen,
Da geht jhr trewlich vor mir her
Durch Volck, gedräng und durch Beschwer,
Daß ich gewünscht werd' auffgenommen.
Daß mich mein Churfürst liebt, hat mir
Erworben Gott und nachmals jhr.

nicht für unwürdig, deinen Ruhm zu verkünden. Du erhöhst dich nicht über Jupiter, er jedoch liebt die heiligen Dichter und schätzt es, durch ihren gelehrten Mund besungen zu werden.« (Übers.: Andreas Fritsch.)

Odoacers reichen Hügeln: das Donauland, wo der germanische Soldatenkönig gebürtig oder Italien, wo er regierte und starb. – Oder sollte die Wendung das siebenhügelige Königsberg meinen, das nach einem Kreuzzug unter König Ottokar (Odoaker) von Böhmen 1255 gegründet wurde und ihm zu Ehren den Namen erhielt?

Was seumt jhr jetzt mich anzumelden?
Vnd ist es recht, daß ich allein
Bey diesem mächtig-grossen Helden
Soll gäntzlich ausgeschlossen seyn?

Der Kattich ist, der Himmels-Liechter
So wol als eine Tann' erfrewt,
Kein grosses Haupt der Welt verzeiht
Mit willen sich der armen Tichter.
Was höhers war als erst August?
Vnd doch war Flaccus seine Lust.
Auch Wladisla, der seine Pohlen
Nun gleich den Sternen schweben heisst,
Ließ gnädigst jhm seyn anbefohlen
Des Boberfelders edlen Geist.

Vnd muhtmass' ich, o Held, nicht wenig,
Du habest dem Buntzlawer-Schwan
Vnd niemand sonst gemacht die Bahn,
Durch die er kommen vor den König,
Dieweil ich weis, in was für Gunst
Du jhn gefasst vnd seine Kunst:
Wird deine Gnade mir denn fehlen,
Der ich in tieffster Pflicht vnd Trew
Der späten Nachwelt werd' erzehlen,
Daß ich dein Knecht gewesen sey?

Wenn ich Dich mir vor Augen setze,
So blendest du, o Herr, mich gantz

Kattich: Kaddick (altpreuß.): Wacholder.
August ... Flaccus ... Wladisla ... Boberfelders: Wie Augustus sich nicht des Flaccus, des Dichters Horaz, »verzieh« (›nicht auf ihn verzichtete‹), so der polnische König Wladislaw nicht auf Opitz, den Boberfelder, den er zu seinem Hofhistoriographen machte.
Buntzlawer-Schwan: der aus Bunzlau am Bober gebürtige Opitz, als »von Boberfeld« geadelt.

Durch deiner Zier und Hoheit Glantz.
Was reichen Vorraht, Gold und Schätze
Das Königliche Preussen bawt,
Ist deiner Auffsicht Hut vertraut,
Der Nogad legt mit stillen Wellen
Sich dienstlich untter deinen Fuß,
Was du gebeutst, hört Pomerellen
Vnd schafft es alles ohn verdruß.

Wie groß ist Marienburgk geworden!
Denn es empfindet keine Last,
Weil du daselbst die Herrschafft hast,
Vnd prangt als niemals bey dem Orden:
Nun frewet hertzlich sich Fehlin
Sampt Schöneck, Berent und Lucin.
Das macht, du weist hie das zu schaffen
Durch Glimpff und Weißheit und Verstand,
Was nicht Gewalt noch Sturm der Waffen
Noch der Tyrannen strenge Hand.

Doch wird es deinem Pracht nicht schaden,
Daß du die zarten Musen liebst,
Vnd mir auch eine stelle giebst
In deinen Hochberühmten Gnaden,
Gott gibt Euch Häuptern die Gewalt,
Daß unsre Kunst auch Auffenthalt
Kan untter ewrem Schatten finden,
[Es] sind Poeten jederzeit
[Doch] die nur, welche sich verbinden
[Stets] mit der späten Ewigheit.

Des weisen Himmels wolbehagen,
Der stets dich hält in seiner Hut,
Hat Dich vieleicht auch mir zu gut
Jetzt her nach Königsberg getragen,

Nogad: die Nogat, Mündungsarm der Weichsel, an dem die Marienburg liegt.

Es sey jhm aber wie jhm will,
Taug nur mein schlechtes Seiten-Spil
Dich, Held, in Demut zu erweichen.
Empfind' ich dessen einen Schein,
So wil ich an die Sterne reichen
Vnd alles Glückes Meister seyn.

39

Anno 1649. 8. Jan.

Wie? geht es heut denn wieder an?
Mein, lasset mich zufrieden,
Ihr wisst, ich sey ein schwacher Mann
Vnd gern von Lust geschieden:
Daß gestrig halt ich mehr als gnug,
Ich warte meiner Sachen,
Wir müssen keinen Bier-Zech-Krug
Auß diesem Hause machen.

Wo sollt ihr mit der Kost hinauß,
Die gestern überblieben?
Last sie nur in daß Pauperhauß
Zu schicken euch belieben.
Da läufft man warlich nicht dafür,
Dieß ist zu viel den Leuten,
Grütz, Erbsen, Speck ist ihr Gebühr,
Nicht Wildpret vnd Pasteyten.

Habt ihr denn dessen Gram vnd Pein,
Die Warheit auch zu sagen,
Ich gebe meinen Willen drein
Vnd leb euch zu behagen,

Der Wein ist gut, klahr ist daß Bier,
Ich würd ein Unhold heissen,
Ließ ich auff ewre Bitte mir
Den Mantel groß zerreissen.

Indem es draussen stürmt vnd schneyt,
Daß einem möchte grawen,
Am besten, daß wir mitler Zeit
Nach warmen Stuben schawen,
Mit Freunden hie zusammen gehn,
Vom Wein vnd Tantze glühen,
Daß Instrument last höher stehn,
Die Fidel baß beziehen.

Ein solch giest-Kindelbier ist gut,
Wer deutet es zum bösen?
Wir haben hierbey vnsern Hut
Wie sonst nicht außzulösen;
Herr Bierwolff, gebt vnß offters raum
Bey Euch vnß zu ergetzen,
Wir wollen einen schönen Baum
Euch auff Johannes setzen.

giest-Kindelbier: Festmahl ohne Kindtaufe; von *giest*, *güst* ›unfruchtbar‹.
Herr Bierwolff: Kneiphöfischer Ratsherr.

40

Johann Melhorn und Anna Koese.

28. Brachmonat 1649.

Braut-Tantz.

WEr erst den Tantz hat auffgebracht,
Hat die Verliebten wol bedacht
In jhren schweren Flammen:
Wann nichts sonst jhren Sinn begnügt,
Kein Ort sie an einander fügt,
Bringt sie der Tantz zusammen.

Jhr Hertz liegt in der Liebe kranck,
Es wird kein Mahl, kein süsser Tranck
Bey jhnen was verfangen:
Man sieht sie voller Hoffnung stehn,
Wenn nun die Tantz-Lust an-sol-gehn,
Die stillet jhr Verlangen.

Sind auch die Tische gleich beyseit,
Macht jhnen doch die lange Zeit
Noch immer tausent Schmertzen:
Sie kommen allem Tantz zuvor,
Sind jhnen beydes Sahl vnd Chor
Vnd tantzen frisch im Hertzen.

Dieß ist der Liebe strenge Zucht,
Wer Rhu in jhren Diensten sucht,
Sucht Wasser in dem Fewer,
Jhr Volck mus, wie die Sclaven, fort,
Sie ist fürwar, mit einem Wort,
Ein rechtes Vngehewer.

[Nr. 40:] Vorangeht der Hochzeitsgesang »Wer auf Gottes Wegen wandelt« (Z I,210).

Wol denen, die in Heyraht stehn
Vnd jhrer Bande müssig gehn,
Wie weit sind sie von Leiden!
Seht vnsern wehrten Bräutgam an,
Der jhren Hochmuth trotzen kan,
Wie tantzet er in Frewden!

Er führt an seiner rechten Hand
Sein außerwehltes Seelen-Pfand,
Den Lohn für seine Tugendt,
Vnd Sie, die Schönste, die er weis,
Trägt aller Zucht vnd Vnschuld Preis,
Vnd ist ein Glantz der Jugend.

Folgt jhnen in dem Tantze zwar,
Mehr aber in der Gaben Schar,
So wird es keinem fehlen,
Gott weis umb euch allein bescheid,
Wird einem jeden mit der Zeit
Das seine wol erwehlen.

So tantzet nun gerad vnd krumm,
Wollt jhr die Liebste, wechselt umb,
Zürnt, wenn jhr still solt stehen:
Gebraucht in Ehren euch der Welt,
Wenn euch das Alter überfällt,
Es wird euch wol vergehen.

41

Alß ich Anno 1650 d. 25. Augstm. in der Nacht für grosser Engbrüstigkeit nicht schlaffen kunte.

Die Nacht, die vnsre Sorgen
Durch süssen Schlaff bezwingt,
Rufft schon dem lichten Morgen,
Der sachtlich zu vnß dringt,
Der Sternen Glantz muß weichen
Vnd macht dem Tage Bahn:
Ich habe noch für Keichen
Kein Auge zugethan.

Alß alles ist entschlaffen,
Kutsch ich mich gleichfalls ein,
Weiß aber nichts zu schaffen,
Zu ängstig ist die Pein:
Vnd darauff schlag ich Fewer
Vnd lese mit Verdruß,
Weil ich mein Vngehewer
Nur so betriegen muß.

Die Glocken hör ich schlagen:
Zwölff, eines, zwey, drey, vier,
Ich muß mich immer plagen,
Kein Schlaffwunsch hülffet mir,
Mein Häupt sinckt offt danieder,
Die Augen mach ich zu,
Krieg Ohnmacht in die Glieder,
Nicht aber etwas Ruh.

Ist dieß nicht grosser Jammer?
Ein iedes hüllt sich ein

[Nr. 41:] Vgl. Nr. 37.

Vnd schläfft in seiner Kammer,
Auch selbst der Mondenschein:
Kein Windchen ist verhanden,
Der Pregel ruht begnügt,
Auch schläfft in seinen Banden
Der so gefangen liegt.

Nur ich sitz über ende
Vnd nehme mit Beschwer
Mein Häupt in beyde Hände
Vnd winßle so daher:
Solt jemand ietzt mich schawen,
Er hätt ob meiner Quahl
Mitleiden oder Grawen,
Auch wär er harter Stahl.

Erbarmt euch meiner Schmertzen,
Ihr Ärtzte, kompt zuhauff,
Nehmt meine Noht zu Hertzen,
Schlagt ewre Bücher auff,
Waß ewer Raht wirdt bringen,
Auch wär es GassenKoht,
Ich wil ihn in mich schlingen,
So groß ist meine Noht.

Ach das ich nur verdrossen
Mach ewre Wissenschaft,
Ich hab vmbsonst genossen
So manchen Tranck vnd Safft,
Mein Leid ist nicht zu heben,
Es kriegt den SiegesPreiß,
Ich muß verlohren geben,
Vmbsonst ist Kunst vnd Fleiß.

Mein Fieber ist verschwunden,
Mich hungert allgemach,
Ich gebe den Gesunden
Fast nirgends etwas nach,
Mein Durst hat sich geleget,
Nur daß der zähe Wust
Die Athems-Kürtz erreget
In meiner engen Brust.

Mein Ampt muß gantz erliegen,
Vieleicht läst manches Maul
Von mir ein Vrtheil fliegen,
Ich sey so Arbeit-faul:
Gott lasse mich genesen,
So soll es kuntbar seyn,
Weß hie die Schuld gewesen,
Der Kranckheit oder mein.

42

Christoph Kerstein und Maria von Weinbeer.

9. Jan. 1651.

TAntz, der du Gesetze
Vnsern Füssen giebst,
Hand-drück, Huld-Geschwätze,
Schertz und Liebe liebst,
Einig deinetwegen
Ist die Jugend hier,
Wünscht, du woltest regen
Deiner Lust Panier.

[Nr. 42:] Herder nahm diesen Brauttanz (verkürzt) in die *Volkslieder* auf.

Weder Tranck noch Essen
Können bey ihr ein,
Alles wird vergessen,
Hat sie dich allein,
Sinnen, Augen, Ohren
Werden uns zuhauff
Gleichsam wie beschworen,
Zeucht dein Läger auff.

Wie die Bäum' im Lentzen
Von der Blüthe schwer,
Wie die Tauben gläntzen,
Wie ein Krieges-Heer:
So bist du zu schawen,
Tantz, wenn du dich rührst
Vnd an die Jungfrawen
Die Gesellen führst.

Auff, such zu begnügen
Dieses edle Paar,
Das sich jetzt wil fügen
Vmb das Newe Jahr,
Reg in ihren Sinnen
Dich mit newer Gunst,
Laß sie stets gewinnen
Keusche Gegen-Brunst.

Schaff, daß ihre Sachen
Wie im Tantze gehn,
Laß nur Lieb' und Lachen
Allzeit umb sie stehn!
Nichts so reich an Güte
Wird für sie begehrt,
Ihrer Tugend Blüte
Ist desselben wehrt.

Hierauff stimm Schalmeyen
Vnd Trompetten an,
Laß an deinen Reyen
Gehen was nur kan,
Leb' uns zu gefallen,
Angesehn, daß Welt,
Zeit und Tod sampt allen
Seinen Reyen hält.

43

Frülings-Gedancken.
Sigismund Pichler und Elisabeth Bulbeck.

22. Ostermonat 1652.

ICh grüsst' in diesen Tagen
Das Friedeländer Thor,
Es hatte sechs geschlagen,
Die Sonne stieg empor:
Was sah' ich nicht für Frewden?
Der Reiff lag vmb das Graß,
Ein Finck sang auff den Weyden,
Der Pregel stund wie Glaß.

Ich war die Brück' hinüber,
Wie sprang das geile Vieh,
Der stoltze Stier, jhr Lieber,
Trat mitten vnter sie,
Der Hirt hub an zu blasen,
Wie tantzten sie vmbher
Auff den betawten Rasen
Als wenn es Hochzeit wär!

Sie wurden ausgetrieben
Dieß Jahr zum erstenmal,
Nachdem sie lang geblieben
In jhrem finstern Stall,
Ich sprach: der Freyheit Gaben
Thun diesem Vieh auch wol,
Wer dieses Gut kan haben,
Ist alles Reichthums vol.

Vnd hätt' ich Goldes-Tonnen
Vnd was des Pregels Rand
An Schätzen hegt, gewonnen,
Säß' aber eingespannt
Vnd könte mich nicht retten
Aus Sorgen, Furcht vnd Pein,
Ich würd' in güldnen Ketten
Dennoch ein Sclave seyn.

Wolt ich ein Vöglein schliessen
Gleich in ein silbern Hauß,
Der Freyheit zu geniessen
Sehnt sich es doch hinaus:
Die Schätze sampt den Würden
Sind ein geschminckter Schmertz,
Sind Dienst vnd schwere Bürden,
Ich lob ein freyes Hertz.

Ein Vnschuldreiches Leben,
Das sich des HErren Zucht
Gehorsam vntergeben
Vnd jhm zu dienen sucht:
Kan ich nur den Schatz werben,
Vnd, nimmt der Tod mich hin,
Jhn lassen meinen Erben,
So hab ich gnug Gewinn.

Wir reisen hin vnd wieder
Weit über Land vnd See,
Vernützen vnsre Glieder,
Thun vnserm Hertzen weh:
Das wahre Gut zu kriegen,
Das vns in vns nur führt
Vnd ewig kan begnügen,
Wird wenig fleiß gespürt.

Lasst bleiben, liebe Leute,
Das reiche Morgen-Land,
Steht nicht nach grosser Beute
Fern vmb Hydaspes Strand,
Ein jeder thu die Reise
Tieff in sein Hertz hinein,
Das laß er aller Weise
Von Schuld gesaubert seyn.

Vnd dan erst wird er finden
Das Bodenlose Gut,
Das nimmermehr kan schwinden,
Den allzeit freyen Muth,
Jhm ist kein Pracht, kein Prangen
Auff aller Erden gleich,
Wer diesen Schatz kan fangen,
Hat erst ein Königreich.

Hydaspes: Fluß im fernen Indien, im Pandschab, heute Dschilam; bekannt aus dem Alexanderzug.
Königreich: Das Hochzeitscarmen ist um die drei letzten Strophen gekürzt.

44

An die Hn. Ober-Rähte.

21. Octobr. 1652.

Ihr Seulen dieser Lande,
Zwar groß vnd hoch von Stande,
Doch von Verstande mehr,
Deß Fürsten höchste Rähte,
Wenn meine Krafft es thäte,
Ich suchte selbst Gehör.

Nun muß ich durch die Meinen,
Daß ist durch Reim erscheinen,
Beschämt die Ärmsten nicht.
Sind sie von schlechtem Wesen,
So sind sie außerlesen
An Demuht, Trew vnd Pflicht.

Vnd fragt Ihr, waß sie wollen?
Wenn sie es sagen sollen,
So ist die Antwort: *Geld!*
Geld, dem in diesem Leben
Der Vorzug wirdt gegeben
Für allem in der Welt.

Helfft mir in meinen Schulden,
Von den vierhundert Gulden
Bleibt wenig mein Gewinn,
Daß meist ist schon im Sommer
Gewandt auff meinen Kummer,
Zum Bergen nimmt sie hin.

[Nr. 44:] Beispiele aus einer längeren Reihe von Bittgedichten, die dem Sänger die Not eingab: Z I,256,258,259,261,263–266,271,273, II,33 usf.
Bergen: Rutger zum B.; vgl. Z IV,297.75.

Helfft mir auß diesen Nöhten,
Ihr thut es dem Poeten,
Der ietzund vnd darnach
Auff seiner Reime wagen
Wirdt ewern Nahmen tragen
Biß an des Himmels Dach.

45

An Hn. Friedrich Schlieben
Hauptmann zur Tilsit.

15. Novbr. 1652.

Preiß des Adels, Licht der Schlieben,
Herr, den meine Künste lieben,
Alß der reichlich sie begabt,
Der vnd jener wil ich heissen,
Wo ich diesen Herbst in Preussen
Solchen Freund alß dich gehabt.

Welchen wust ich vnter allen
Vmb ein Rindstück anzufallen?
Abermahl kam ich zu dir,
Liessest du nach manches Sitten
Dich nicht finden, mich lang bitten?
Nein, du schickest eines mir.

Eines, daß sich seinen Klawen,
Seinen Hörnern kunte trawen.
O wie grewlich ging es an!
Denn es ließ sich keinen fassen,
Tobt vnd brülte solcher massen,
Daß ich es nicht sagen kan.

Man hat bey den Hinterfüssen
Es mit Müh emporziehn müssen,
Jhm gegeben manchen Schlag,
Biß daß Blut heraußgesprungen,
Eh es endlich wurd bezwungen,
Daß der Schlächter selbst erschrack.

Aber fett vnd außerlesen
Ist darnach sein Fleisch gewesen.
Weil ich, Herr, dir dancken soll,
Weil ich werde sein geniessen,
Heb ich an bey iedem Bissen:
Vnserm Hauptmann geh es wol!

46

An Hrn. Johann Schimmelfennig.

Waß erhebt die Holtzwieß sich
Mit so reichem Vorraht? ich
Muß daneben frieren,
Da vor Augen prahlt sie mir,
Zu waß End? ich muß von ihr
Keine Klufft berühren.

Geiget man mir köstlich vor
Vnd verstopffet mir daß Ohr,
Reicht man mir Pasteyten
Vnd läst mir daß Maul nicht frey,
Sagt mir, ob nicht dieses sey
Einen weidlich reiten?

[Nr. 46:] »Bittreymen an Joh. Schimmelfennig umb einen geringen Zuschuß an Holtz.« Mit Namen verschiedener Königsberger Bürger. Die Holzwiesen lagen östlich des Kneiphofs zwischen den beiden Pregelarmen, wo seit je die Städter außerhalb der Mauern die Holzvorräte stapelten.

Hie lässt Behrings Holtz sich sehn,
Nechst dabey hat seines Dehn,
Rodmann vnd dergleichen;
Knoblochs stät ist, dünckt mich, leer,
Sonst, ich traw es ihm, würd er
Mir ein Achtel reichen.

Kömpt Herrn Schimelfennigs nicht
Irgends wo mir zu Gesicht?
Er wirdt mir verzeihen,
Daß ich von ihm in der Noht,
Sonst sind alle Mittel tod,
Werd ein Achtheil leihen.

Herr, des werthen Kneiphoffs Zier,
Auff, erzeigt die Freundschafft mir,
Bin ich vnbescheiden,
Sehet, bitt ich, es nicht an,
Ewers Holtzes wegen kan
Ich nicht Kälte leiden.

47

Wie die jungen Vögelein,
Wenn sie noch ohn Federn seyn
Vnd die Alten sehen fliegen,
Ihnen Lust zu folgen kriegen,

Also hebt mein Sohn, der Thor,
Auch sich, noch nicht flüg, empor,
Sieht er mich die SinnenFlügel
Schwingen über Berg vnd Hügel.

[Nr. 47:] Bitte um ein Stipendium für seinen Sohn.

Lieber, sprech ich, bleib zurück,
Biß dir fugen Zeit vnd Glück,
Denck an Icars Niederlage,
Setz mich nicht in gleiche Klage.

Ihr, des grossen Fürsten Raht,
So dieß Land zu Vätern hat,
Last mein armes Kind nicht liegen,
Helfft, daß es mag Federn kriegen.

Last auch ihm seyn zugewandt
Vnsers Fürsten reiche Hand,
Die er gnädig beut der Jugend,
Welche strebt nach Kunst vnd Tugend.

Mancher flöge Wolcken ein,
Möcht es ohn die Armuht seyn,
Die vns schwer hängt an den Füssen,
Daß wir stracks herunter müssen.

Dieses wisst ihr gnug ohn mich,
Macht, daß auch mein Sohn, wie Ich,
Fristet ihm nur Gott daß Leben,
Danckbarlich euch mög erheben.

Gott, der Churfürst, nachmahls Ihr,
Dieß bleibt seiner Seiten Zier,
Er wird bessers nichts gewehren
Vnd ihr besers nicht begehren.

48

An Herrn Achatius Brandt.

24. August 1654.

Held, den Mars bestürzt geschawt,
Der du noch trägst in der Haut
Deiner Mannheit Zeichen,
Dessen ritterliche Hand
Mannigmal des Feindes Land
Überdeckt mit Leichen,

Wer hat deinen kühnen Streit
Offtmals bey gelegenheit
Baß als ich gesungen?
Lebt dein ruhm ein hundert iahr,
Solches danckest du fürwar
Meiner Faust vnd Zungen.

Wer in Preussen hat dabey
Deines grossen Vaters Trew
Für dieß Land beschrieben?
Vmb sein Grab her ist das Graß
Noch von meiner Klage naß,
Die ich da getrieben.

Vnd ich armer mus allein
Noch bey dir vergessen seyn?
Wo das Geld geflossen
Wie ein Strom, wo Schein vnd Pracht
Alles fürstlich hat gemacht,
Bleib ich ausgeschlossen,

Ich, deß Werck allein besteht,
Wenn so manches werck vergeht,

Fall vnd Zeit vertreiben
Schild vnd Fahnen, Stein und Stal,
Vnser Danck vnd Ehrenmal
Mus beständig bleiben.

Herr, dieß ist mein täglich brod,
Dies mein ruder, dies mein boht,
Handel und gewerbe,
Seum dich nicht, hilff eilends mir,
Ietzt für allen, da ich schier
Mat und Todkranck sterbe.

Tausent Huben nehren dich
Vnd ein einigs Schäffchen mich,
Kan auch dieß nicht geben
Mir die schlechte Milch und Woll',
Herr, bedencket, wovon soll
Ich betrübter leben?

49

Junge Leut entschuldigt man,
Lieb vnd Lust steht ihnen an
Wie dem Gold ein Demantstein,
Wie die Süssigheit dem Wein,
Wie dem Felde Gras vnd Kraut,
Wie ein schönes Kleid der Braut,
Wie dem Held ein freyer Muht
Vnd ein Federpusch dem Hutt.

Ob die Zeit weint oder lacht,
Waß Gestirn vnd Himmel macht,
Ob sich rottet alle Welt,
Waß das Korn im Lande gelt,

Waß der Alten Vrtheil spricht,
Darnach fragt die Jugend nicht,
Sondern liebt vnd frewt sich satt,
Wenn sie Fug vnd Mittel hat.

Schilt sie wer in diesem Stück,
Der gedencke doch zurück,
Ob er jung ein faules Bley
Oder Klotz gewesen sey,
Wer ihr Schertz vnd Liebe wehrt
Ist in der Natur verkehrt,
Welche steiff in aller Welt
Vber solcher Satzung hält.

Weicht sie auß der Vnschuld nicht
Vnd der Zucht giebt ihre Pflicht,
Hat man ihr es zu gestehn,
Kan sie auff dem Kopff auch gehn.
Waß dieß kurtze Leben ziehrt,
Sorg vnd Furcht von hinnen führt,
Seiten, Tantz, Gelach vnd Wein,
Scheint ihr Eigenthumb zu seyn.

50

Johann Christoff Rehefeld und Anna Cörber.

18. Neujahrsmonat 1655.

ICh hätte zwar der Tangen Rand
Noch gern einmahl gegrüsset,
Gern dich, mein liebes Vaterland,
Zu guter letzt geküsset,

Eh mich der Tod hätt auffgeleckt,
Der mich verfolgt ohn Ende,
Vnd stets nach mir hält außgestreckt
Die abgefleischten Hände.

Ich hätt' auff den Fall nicht allein
Mich auffgemacht, die Schöne,
Mein liebstes Hertz würd umb mich seyn,
Sampt einem meiner Söhne.

Wornach die meinen mich gefragt,
Was längst die Zeit verlohren,
Da- hätt ich -von Bescheid gesagt:
Dieß Hauß hat mich gebohren,

Seht, diesen Weg bin offtmals ich
Das Schloß hinauffgegangen,
Woselbst mein frommer Vater mich
Mit aller Lieb empfangen,

Mich auff dem Wall umbher geführt,
Dort (sprach er) schaw doch, lieber,
Ward vormals keine See gespürt,
Der Sandberg gieng darüber,

[Nr. 50:] Die Einladung zu einer in Memel (»Mümmel«) an der Dange (»Tange«) stattfindenden Hochzeit veranlaßt Dach, seine dortige Jugend zu erinnern und sich von seiner Vaterstadt zu verabschieden.

Jetzt kanst du sie und Segel sehn
In jhren Wällen fahren,
Dieß ist bey meiner Zeit geschehn
Nur inner dreysig Jahren;

Vnd so ist aller Ding ein Ziel.
Hier (hätt' ich mehr gesprochen)
Ward jährlich umb das Faßnacht-Spiel
Geritten und gestochen.

Viel Gärten sind zu jener Zeit
Hie, düncket mich, gewesen,
Mars hat dieß alles für den Streit
Jhm nun zum Wall erlesen.

Wie dort auch, wo die Pfarr-Gebäw
Vnd Schule damals stunden,
Jetzt, seht jhr, wird nur Wüsteney
Vnd Erde da gefunden.

Die Meinen wohnten letzlich dort,
Wie hat es sich verkehret!
Das Feuer, seh' ich, hat den Ort
Biß auff den Grund verheret.

Was Kurtzweil brachte der Ort mir
Vnd meines gleichen Knaben!
Die mich gebohren hat liegt hier,
Mein Vater dort begraben.

Dieß und dergleichen würde seyn
Daselbst mein Zeit-Vertreiben,
Ach mein Verhängniß saget: nein!
Ich muß es lassen bleiben.

Was ladet jhr doch, Herr Pretor,
Mich ein zu ewrer Freude?
Die Kräfft' hiezu hatt' ich zuvor,
Die ich nun ewig meide.

Habt Danck, empfindet Gnüg und Ruh
An dieser schönen Liebe,
Kein Leid komm' jhren Freuden zu,
Vnd mach' jhr Wetter trübe.

Erfahrt umb jede Jahres-Zeit,
Daß sie sich fleissig bawe,
Vnd nebenst guter Fruchtbarkeit
Auch grosse Güter schawe.

Ich stelle nunmehr Lust und Welt
Fern ausser meinem Hertzen,
So bald es meinem GOtt gefält,
Daß ich Jhm folg ohn Schmertzen.

Ich bin auff andre Lust bedacht,
Die GOtt wird dort mir geben.
Du wehrte Mümmel, gute Nacht,
Du müssest glückhafft leben.

Kein Vnmuth, kein Verlust, kein Leid
Geb' Vrsach dir zu trawren,
Empfinde Fried und gute Zeit
Stets inner deinen Mawren.

Gehabt euch wol, jhr Berg' und Thal,
Stein, Brunnen, Pusch und Awen,
Wo ich geschertzt so manches mal,
Ich werd' euch nicht mehr schawen.

Wie auch jhr Freund, Herr Rodemann,
Herr Friedrichsen imgleichen,
Lebt wol, kein Vnglück komm euch an,
Kein Leid müss' euch bestreichen!

Kömpt euch zu Ohren ohngefehr,
Ich sey nun hingenommen,
So lasst aus ewren Hertzen her
Nur einen Seufftzer kommen.

Was wichtigers begehr' ich nicht,
Mein Wehrt ist zu geringe,
Es wäre, daß ich die Geticht'
Erst her in Preussen bringe,

Ich erst den deutschen Helicon
Nach Königsberg versetzet,
Ob dessen Danck ist oder Lohn,
Mir wird es gleich geschätzet.

Gnug, wo mein Reim das Glück nur hat
Vnd wird nach mir gelesen,
Daß dennoch meine Vater-Stad
Die Mümmel ist gewesen.

51

Johann Oeder und Sophie Fehrmann.

1. Aug. 1656.

VNd Herr Bräutgam, du allein
Soltest ohn ein Brautlied seyn?
Deine wehrten Brüder beyde,
Auch die ihm Herr Siegler heim
Führte, hatten meinen Reim
Gern bey ihrer Hochzeit-Freude.

Reime sind in dieser Welt
Das worzu mich GOtt bestellt.
Andre haben sonst zu schaffen,
Einer henckt den Degen an,
Wird ein wilder Kriegesmann
Vnd versucht es mit den Waffen.

Andre schawen fleissig auff,
Hat der Landmann was zu kauff,
Wollen reich vom Handel werden:
Jener schifft die wüste Fluth,
Dieser pflügt sein Vater-Gut
Vnd beliebt den Baw der Erden.

Mancher wil ein Jäger seyn,
Fället hie ein wildes Schwein,
Dort ein Reh mit schnellen Hunden:
Dieser liebt das SeitenSpiel,
Jener hält von Venus viel
Vnd verbringt mit ihr die Stunden.

[Nr. 51:] Immer wieder benutzt Dach die Gelegenheit der Hochzeits- und Leichencarmina zu grundsätzlichen Gedanken über seine Dichtung und seine historische Leistung. Von den 20 Strophen des Poems hier nur die ersten neun.

Mein Gewerb' und Handel sind
Reime, die Latonen Kind
Mir in Preussen anbefohlen,
Daß er deutsch kan, danckt er mir,
Ich hab' erst der Musen Zier
An den Pregel müssen holen.

Dieses seh' ich, ist der Stand,
Welchen Gott mir zuerkant,
Andre mögen mich verlachen,
Daß ich dieses treib' ohn Ruh,
Ich wil gleichwol immerzu,
Was mein Werck ist, Lieder machen.

Keiner (was wol mancher übt)
Wird dadurch von mir betrübt,
Keinen hab' ich außgesogen,
Keiner seufftzet über mich
Wegen Vnrechts, daß er sich
Finden muß von mir betrogen.

Neben dem ist mein Gewinn,
Daß ich nicht vergessen bin,
Vnd, wo war ist was sie sagen,
Daß die Seiten meiner Hand,
Weiter, als wo Preussenland
Seine Grentz hat, wird getragen.

Hierzu kömpt auch, daß mein Fleiß
Freunden auffzuwarten weis,
Vnd die Gunst nicht zu vergelten,
Dieses ist, was mir gebricht,
Sondern daß der Vndanck nicht
Billig ist an mir zu schelten.

Latonen Kind: Apoll, als Sohn der Leto (Latona) auf Delos geboren.

52

Christoff Tetsch und Gertrud Weger.

24. Herbstmonat 1657.

BEy dem Keichen, bey dem Hust,
Bey mit Schlamm erfüllter Brust
Ist es schlecht zu singen,
Was bemüht ihr mein Geticht?
Meine Seiten wollen nicht
Mehr für Alter klingen.

Fugte mir Apollo noch,
Wolt' ich meiner Kranckheit Joch
Vnd mein Leid beweinen,
So mich fast dahin gebracht,
Daß ich endlich gute Nacht
Geben muß den Meinen;

Wolte mich mit dieser Welt,
Die mich für ihr Stieffkind hält
Vnd für frembde, letzen,
Vnd die Hoffnung, die allein
Meines Hertzens Trost muß seyn,
Auff den Himmel setzen;

Mahlte mir mit Reimen ab
Meinen Hintritt und mein Grab
Vnd das Reich der Stille,
Meinen Kindern brächt' ich bey,
Was an sie mein Segen sey
Vnd mein letzter Wille.

[Nr. 52:] Betrübtes Hochzeitscarmen des alten Dichters in betrübter Zeit: es ist die Zeit des Nordischen Kriegs, der Tatareneinfälle in Ostpreußen. »Funera non tedas cantet morbosa senectus«, heißt das Motto: »Leichenfeiern nicht Hochzeiten sollte das gebrechliche Greisenalter besingen.«

Dieses säng' ich, Venus Brand
Vnd den süssen Heyrahts-Stand
Lass' ich andre schreiben,
Welcher Jugend freyen Muth
Leben, ein erhitztes Blut,
Lust und Liebe treiben.

Braut und Bräutgam, lebet wol,
Seyd der süssen Liebe voll,
Spüret reichen Segen,
Seyd von aller Kranckheit fern,
Welche, wie bey mir, sich gern
Mit dem Alter regen.

Werdet, und ohn Schwachheit, alt,
Macht, daß Peter Weger bald
KindesKind erlebe,
Vnd bey aller GlückesGunst,
Die ihm schencket seine Kunst,
Dieses Gut auch hebe.

Selig seyd ihr hierin schon,
Daß des Friedens güldne Kron'
Vns wil wieder zieren,
Eben da ihr Hochzeit macht,
Vnd daß Krieg und wilde Schlacht
Mercklich sich verlieren.

Welche sich bisher gepaart,
Haben sich mit Gott verwahrt
Vnd es müssen wagen
Hin auff Frieden oder Streit,
Ihr könnt nun von Sicherheit,
Wie man ausbringt, sagen.

Diese Zeitung, traw ich ihr,
Schaffet großen Trost auch mir,
Daß ich nun der Erden,
Drückt man mir die Augen zu,
Bey des Landes stillen Ruh
Eingebracht soll werden.

Dieses hofft' ich nicht vorhin,
Erst lag Hollstein mir im Sinn,
Als ich wolte fliehen.
Da sich Mars auch dorthin wandt,
Sprach ich, Mietaw sey das Land,
Da ich hin mag ziehen.

Denn es wolte mir nicht ein,
Daß noch Preussen mein Gebein
Solt' im Friede haben:
Wer weis, dieses war mein Wort,
Welches Volck und welcher Ort
Mich noch wird begraben.

Nein, GOtt wendet sein Gericht
Vnd wil uns des Friedens Licht
Wiederumb gewehren:
Danckt Ihm und seyd froh, daß ihr
Auch in ewer Grab, gleich mir,
Sollt in Friede kehren.

Achtet jemand das nicht groß?
GOtt hat dieß zur Strafe bloß
Vormals selbst genommen:
Weil du dieß gethan, solst du,
Spricht Er, mit gewünschter Ruh
In dein Grab nicht kommen.

Diese Zeitung: der Vertrag von Wehlau vom 19. September.

53

An Herrn J. Chr. Schmeissen.

Herr, den Amors strenge Macht
Auch nun unter sich gebracht,
Wie ich es vernommen,
Und das Schreiben von der Zier
Deiner Lieb' ist fröhlich mir
Zu Gesichte kommen,

Gern zwar reizt' ich meinen Sinn
Wie ich dann ersuchet bin,
Dir ein Lied zu schreiben:
Schlesien, das macht mich scheu,
Daß mein rauhes Gansgeschrei
Wohl daheim mag bleiben,

Vor den Schwänen, die es hegt,
Wann sich hie ein Coler regt,
Dort ein Tscherning singet
Auf der Warnen Helikon
Also schön, daß auch davon
Breslau wiederklinget.

Werd ich nicht durch den geschweigt,
Dessen Grab uns Danzig zeigt?
Der zwar selbst von hinnen,
Aber seiner Lieder Klang
Schallet noch, und muß zu Dank
Ewig's Lob gewinnen.

[Nr. 53:] Das undatierte Hochzeitsgedicht für Johann Christian Schmeis aus Breslau singt den Ruhm schlesischer Dichter (Coler, Tscherning), besonders das herausragende Verdienst des Martin Opitz, der in der Danziger Marienkirche begraben ist.

Was anitzt der Deutsche spielt,
Wo er Geist und Leben fühlt,
Dankt er ihm vor allen.
Pflag man nicht vor seiner Zeit
Ohn Gesetz und Richtigkeit
Disfalls blind zu wallen?

Hat vorzeiten Griechenland
Deinen Sinn, Homer, erkannt,
Wegen seiner Gaben,
So, daß sieben Städte sich
Zankten, jede wollte dich
Gern gebohren haben:

Was verdient wohl Opitz nicht?
Deutschland hat durch sein Gedicht
Warlich viel gewonnen.
Zieh' ich mich den schlechtsten an,
Bloß durch ihn hab' ich ein Mann
Erst zu sein begonnen.

Meinen Geist hat er gerührt,
Erst mich an das Licht geführt
Und mir Brot gegeben.
Schrieb ich Römisch, als Virgil,
Hie zwar wüsst' ich durch mein Spiel
Keinen Scherft zu heben.

Wo sind hundert andre mehr,
Die ingleichen Brot und Ehr
Ihm nur schuldig halten,
Leut', um die sich Fama regt,
Sie auf ihren Flügeln trägt,
Daß sie nie erkalten,

Scherft: Scherf, Scherflein; geringe Münze.

Als sie Schlesien gebiert,
Eine Mutter, die sich ziert
Mit gelehrten Söhnen,
Welche sie auch wiederum
Mit den Ehren und dem Ruhm,
Der nicht stirbet, krönen.

Diese werden gern, Herr Schmeiß,
Deine Heirath auf Geheiß
Wahrer Treu bedienen.
Nähme mich nicht Krankheit mit,
Wär ich durch ein besser Lied
Müglich auch erschienen.

Gott nehm' Eurer Liebe wahr,
Daß nicht Trübnis noch Gefahr
Irgends sie beleide:
Mache sie von Unmuth frei,
Was sie Euch soll schenken, sei
Segen, Ruh und Freude!

54

Gespräch Coridons vnd seiner Galatheen auff dem Pilkoppischen Gebirge.

Coridon.

GAlathee, Wo bist du doch gewesen,
Weil ich dich den gantzen Tag gesucht?
Komm! wir wollen Hasselnüsse lesen,
Warumb giebstu wiederumb die Flucht?
Lass mich nicht hie gantz alleine stehen,
Schaw! wie dick vnd einsam ist der Wald?
Ach ich möcht hie in der irre gehen!
Bleib bey mir, mein süsser Auffenthalt!

Galathee.

DAß ich, Coridon, bin von dir blieben,
Machen meines Vatern Schaf vnd Küh,
Als die ich den Hirten nachgetrieben,
Welche weiden vnsrer Nachbarn Vieh,
Vnd muß jtzt mich bald nach Hause finden,
Denn der Eltern Zorn vnd Grausamkeit
Pflegen mir den Zaum nicht lang zu binden,
Lass mich gehn, es ist sehr hohe zeit!

Coridon.

Ach mein Liecht, mein süsser Trost vnd Leben!
Siehstu nicht die Hügel ohne zahl,
Die den hohen Wolcken nichts nachgeben?
Siehstu nicht manch vnergründtes Thal?
Kein gebähnter Weg ist hie zu spüren:
Ich muß steigen über Stock vnd Stein,

[Nr. 54:] Das reizvolle Hirtengespräch auf dem Dünengebirge der Kurischen Nehrung (Pillkoppen) ist in Alberts Vertonung (AA 2,12) anonym überliefert; Ziesemer hat Dachs Autorschaft angenommen.

Fürchte mich auch vor den wilden Thieren,
Bleib', ich möchte sonst des Todes seyn!

Galathee.

TRewen Bulern wiederfehrt kein schade,
Sie sind frey von allerhand Gefahr,
Ziehn sie gleich ans Pontische Gestade,
Niemand ist, der sie verletzen thar:
Venus leuchtet jhnen auff den wegen,
Amor trägt die Fackel selbst vorher,
Aller Thiere Grimm muß sich hie legen,
Wer recht liebt, fehrt wol zu Land vnd Meer.

Coridon.

Gut! ich liebe dich von gantzer Seelen,
Darumb scheid ich mich auch von dir nicht,
Vnd verlach' hie alle grimme Hölen,
Die des Wolffs vnd Elends Zuversicht.
Bleib nur hie bey diesen Hasselstreuchen!
Ließ die reiffen Nüsse mit mir ab!
Nachmals soltu gehn zu jener Eichen
Der geehrten Philosetten Grab.

Galathee.

Nein, ich kan vnd muß nicht bey dir bleiben;
Kennestu nicht meiner Eltern Sinn?
Mich sol schon kein ding nicht von dir treiben,
Deß zum Zeugnus nimm den Kuß auch hin!
Morgen werd' ich selbst die Heerde weiden,
Dann wil ich zur gnüge bey dir stehn,

Pontische Gestade: die Gestade des Schwarzen Meers, des Pontos Euxinos, wo Ovid seine Verbannungsdichtungen schrieb, die *Tristien* und die *Epistulae ex Ponto*.
thar: darf; von *turren* ›wagen, sich erkühnen, dürfen‹.
Elends: Elens, Elchs.

Vnd dich da gewehren aller Frewden,
Nur lass jetzt mich bald nach Hause gehn!

Coridon.

Nun so geh', ich wil dich auch nicht seumen!
Morgen aber thue, wie du gesagt,
Ich wil vnterdessen hie den Bäumen
Singen, wie die Liebe mich so plagt.
Komm, nur einen Kuß mir noch zu gönnen!
Niemand sieht es, als der Westen-Wind,
Niemand wird es vns nach-sagen können,
Wo die Bäum' auch nur verschwiegen sind.

55

Quam miserum vacuo se cubuisse thoro!

ZWeene schlaffen sichrer ein,
Können sichrer wache seyn,
Zweene mögen fester stehn,
Vnd dem Glück entgegen gehn.

Zweene haben minder Leid,
Wenn der strengen Wellen Streit
Vns ein Todtes Vrtheil spricht,
Wenn Thaw, Mast vnd Ruder bricht.

Pyrrha vnd Deucalion
Hatten diesen Eintracht Lohn,
Daß mit weniger Gefahr
Jhnen alles See nur war.

Quam ... thoro: »Wie elend ist's, sich ins leere Bett gelegt zu haben.« In AA 4,23 anonym; wahrscheinlich von Dach.
Pyrrha und Deucalion: das Ehepaar einer antiken Sintflutsage.

Einsamkeit bringt lauter Noht,
Ist ein lebendiger Todt,
Gibt dem Hertzen alle Pein
Trawriger Gedancken ein.

Ach wie wol sind doch daran,
Welche Liebe paren kan
Vnd einander beygesellt
Biß in Jhren Todt erhelt!

56

Aus dem Frantzösischen:
Ma chere Phillis les roses et les lys.

PHyllis, O mein Liecht,
Die Liel' vnd Ros' hat nicht,
Was an Farb vnd Schein
Dir möcht' ähnlich seyn,
  Nur das dein stoltzer Muth
  Der Schönheit Vnrecht thut.

Du nur höhnst das Recht,
Das Venus rund vnd schlecht
Trewen Hertzen stellt,
So dies Grün' enthält,
  Denn wer nicht lieben mag,
  Sieht unwehrt einen Tag.

[Nr. 56:] In AA 7,24 mit einer der schönsten und verbreitetsten Melodien Alberts in der späteren Fassung »Du mein einzig Licht« – so im *Zupfgeigenhansl* von 1908, in Walther Hensels *Singendem Quell* und öfter; meist nur die erste Strophe mit einer von Herman Kurz 1838 hinzugedichteten zweiten: »Meine Heimat du, / Von solcher Lust und Ruh / Ist der Himmel gar / Wie die Erde bar. / Nur daß dein strenges Wort / Mich wehrt vom süßen Port.«

Götter, wie du weist
Sind Himmel-abgereist,
Daß der Augen-Schein
Möcht jhr Leit-Stern seyn,
Verliebt seyn jhnen nach
Ist das nicht gutte Sach?

Alle Vöglein hie
Sampt jhrer Melodie
Hetten gäntzlich nicht
Gnüg' ohn LiebesPflicht,
Vnd würden nicht erfrewt
Vmb diese Frülings-Zeit.

Darumb, Phyllis, laß,
Daß wir umb dieses Graß
Reden Tag vnd Nacht
Nichts als LiebesMacht,
Nimm diesen Zeit-vertrieb
Zu unsrer Lust vorlieb!

57

Der Hengstbrunn hat mir nie die Lippen naßgemacht,
Mir hat auch keinen Traum Parnassus beygebracht,
Dadurch ich ein Poet hätt eilends werden können.
Ich wil die Musen, wil Pirenen denen gönnen,
Die Rom schön abgemahlt in Ephewkräntzen hegt.
Ich bin nur halb vom Dorff vnd werde doch bewegt,
Hie in dieß Heiligthumb mein Bawerlied zu bringen.
Wer hat den Papegoy »Glück zu« gelehret singen?
Die Aelster, das sie schwätzt? Was du sagst, sagt sie auch?
Der Meister aller Kunst vnd Sinnligkeit, der Bauch,
Der macht, daß reden dem zu reden nie gegeben.
Wann irgends Hoffnung ist, ein wenig Geld zu heben,
Es singen, gläub es mir, selbst nach der Musen Sinn
Der Raab vnd Aelster, Er Poet, sie Poetin.

Der Hengstbrunn ... werden können: Übersetzung des Prooemiums der *Satiren* des Persius: »Nec fonte labra prolui caballino / nec in bicipiti somniasse parnaso / memini ut repente sic poeta prodirem« in der Übersetzung von Otto Seel (in Hinkjamben): »Am Gaulsquell durft ich niemals mir den Mund schwenken, / Noch eines Traumbilds an Parnassens Zwiegipfel / Gedenk ich, daß ich als Poet dürft' auftreten!«
Hengstbrunn: Hippokrene, die durch den Hufschlag des Pegasos, des geflügelten Dichterrosses, auf dem Helikon, dem böotischen Musenberg, entstandene Quelle, aus der die Dichter Begeisterung schöpften.
Pirenen: Musen, nach ihrer Heimat Piërien am Olymp; auch: Pieriden, Töchter des Pieros.

58

Jamque opus exegi etc.

Ich hab ein Werck vollbracht, daß weder Blitz noch Fewer
Noch Stahl noch Zeit zerbricht noch sonst ein Vngehewer;
Der Tag, dem dieser Leib allein ist vnterthan,
End immer mir den Lauff des Lebens, wenn er kan:
Mein bestes Theil wirdt stracks durch alle Sterne dringen
Vnd nicht vergehn, mein Lob wirdt Zeit vnd Tod bezwingen.
Man wirdt, so weit alß Rom durch Zwang vnd Herrschafft geht,
Mich lesen, ja wofern nur anders ein Poet
Recht weissagt, wirdt mein Ruhm in Ewigkeit erklingen.

59

[Schlußchor aus:]

Da Churfürstl. Durchl.
Hr. Georg Wilhelm
in hoher Begleitung Chur-Printzl. Durchl. Herrn,
Hn. Friederich Wilhelm,
beyder Marggraffen zu Brandenburg,
in Preußen etc. etc. Hertzogen etc. etc.
hieselbst in Königsberg den 23sten HerbstM. 1638.
erfreulichst einkahm.

Schallt, ihr helle Feldt-Trompeten!
Blitzt und klinget, ihr Mußqueten,
Lasst den wilden Drommel-Schlag
Uns Gehör und Sinn betäuben!

[Nr. 58:] Angelehnt an Horaz, *Carmina* 3,30 (»Exegi monumentum aere perennius«) und Ovid, *Metamorphosen* 15,871–879 und *Remedia amoris* 811 (»Hoc opus exegi«).

Dieses Wesen sol man treiben
Fort und fort den gantzen Tag!

Ihr Carthaunen und Geschütze,
Wozu seydt ihr hie sonst nütze?
Lasset ewren Donner auß!
Lasst das Erdreich sich erschüttern,
See und Haff und Pregel zittern,
Und erschreckt der Sternen Hauß!

Brandenburg, die Zucht der Helden,
Kan *Georg* und *Fridrich* melden,
Jenen, *Vater*, diesen, *Sohn*,
Fürsten, die durch thewre Gaben
Alles überstiegen haben,
Auch der hohen Sonnen Thron.

Diese wil das Land empfangen
Unsers Hertzogthums Verlangen
Solche Herren, welcher Preiß
Auch der Alten Lob bezwinget
Und mit hellen Stralen dringet
Durch der weiten Erden Kreyß.

Lasst uns keiner Frewde sparen!
Die ihr geht mit greisen Haren,
Die ihr an den Brüsten seyt,
Mütter, Jüngling' und Jungfrawen,
Arm und Reich, ihr müsset schawen,
Nach gewünschter Fröligkeit.

Lasst der Kurtzweil Zaum und Zügel,
Zwingt den Zorn, und schiebt den Riegel
Allen bleichen Sorgen vor,
Ladet ein gewünschte Sachen,
Sperret auff für Schertz und Lachen
Hin und wieder Thür und Thor.

Euch, Ihr Helden, bloß zu ehren!
Euch lesst Jung und Alt sich hören,
Euch wird keiner Lust gespart:
Was in Häusern jetzt geschiehet,
Was man auff den Straßen siehet
Kömpt von Ewrer Gegenwart.

Was, Ihr Lichter, werdet spüren
In den Fenstern, vor den Thüren
Nimpt Euch sämptlich frölich an,
Kompt, O Hoffnung, wird gesungen
Mit der Kehlen mit der Zungen
Mit dem Hertzen wie man kan.

Dieser Reuterey Gepränge
Dieses Wesen das Gedränge
Scheinet etwas zwar zu seyn,
Aber dieses geht vor allen
Das man hört einhellig schallen:
Unsre Häupter ziehen ein.

60

Alß die hohe Churfürstl. Herrschaft sich eins in einem Lust-Bötchen auffm Pregel ergetzeten.

Charlottae numen noster quoque Bregela sentit.

EDler Pregel, dessen Fluß
Nie sich seeliger kan schätzen,
Auff, entbeut jetzt deinen Gruß
Diesem thewren Welt-Ergetzen,
Den Princeßinnen, so heut
Dich und alles Feld erfrewt.

Richt anjetzt dein Häupt empor,
Brüste dich mit deinen Flüssen
Prächtiger als nie, hervor;
Werde stoltz dich zu ergiessen!
Was dich rinnen lässt in Ruh
Spricht dir selbst in Gnaden zu.

Lacht, ihr Wiesen, lachet jetzt,
Ewrer Herrschafft lieb-zukosen,
Sehet, daß ihr reichlich schwitzt
Nelcken, Lilien und Rosen,
Schmückt mit Blumen mancherley
Ewre Feld-Tapecerey.

Aber Ihr, O Pracht der Welt,
Ihr, des Himmels Wollgefallen,
Mercket, wie dieß bunte Feld
Pranget Euch zu gut für allen,
Wie der Pregel sich ergeusst,
Und Euch als willkommen heist?

Charlottae ... sentit: »Charlottens Hoheit empfindet jetzt auch unser Pregel.«

Was hie ewrer Gottheit Licht
Hin und wieder kan bestrahlen,
Sagt, die Sonne könne nicht
Wiesen, Feld und Awen mahlen
Mit so einer edlen Zier
O Princessinnen, als Ihr.

61

Auff Churfürstl. Durchl. sambt dero Hoff-Stats Auffbruch nacher Ortelsburg, woselbst Königl. Majest. in Pohlen etc. Hr. Hr. Vladislaus IV. hohe Ankunfft erwartet ward, den 29. BrachM. 1639.

Regis ad adventum laetatur Principis Aula:
Hanc poterit pompam nulla tacere dies.

MEine Fürsten und Fürstinnen
Fahren ins Galinder Land,
Und man hat schon vorgespannt:
Lasst uns bald ein Lied beginnen!
Preussen und du Königsberg
Sing' in meiner Seiten Werck.

Ortelsburg hat hoch zu prangen,
Trägt sein Lob den Sternen ein,
Daß es dieser Lichter Schein
Unsre Häupter, sol umbfangen,
Rom, dein Capitolium
Giebt Ihm selbst des Vorzugs Ruhm.

Regis ... dies: »Bei der Ankunft des Königs freut sich der fürstliche Hof. Dieses Fest kann kein Tag verschweigen [d. h. wird die Nachwelt ewig künden].«
Galinder Land: die altpreußische Landschaft Galinden im Süden, später Masuren, wo Ortelsburg liegt.

Wenn vorauß die Krafft der Helden,
Unser grosse Vladisla
Nebenst Dir Cecilia,
Welcher Preiß kein Sinn kan melden,
Und der Edlen Pohlen Pracht
Sich wird haben hingemacht.

Wol den angenehmen Tagen
Wann der Kronen Hertz und Licht
Sich mit *Brandenburg* bespricht!
Nach-Welt wiss hievon zu sagen,
Weil es Fama schallen lässt
Biß durch Nord, Süd, Ost und West.

Freundligkeit, Schertz, Lust und Lachen
Und der Frewden gantze Schaar
Werden stündlich hier und dar
Einen newen Auffzug machen,
Jagt, Turniren, Tantz und Wein
Werden stets da Wirthe seyn.

Auff! Ihr Reuter und Trabanten,
Unser Hoff wil numehr fort,
Aber schawt! was seh ich dort?
Wölckt es doch von allen Kanten,
Haltet nur ein wenig still
Ob es sich verziehen wil!

Ach, ich irr, es ist kein Wetter,
Ein gewünschter Ost kömpt an
Und bringt durch der Lüffte Bahn
Eine Wolcke Rosenblätter,
Die, O thewre Fürsten, wol
Ewren Weg bestrewen sol.

Nun wolan! so viel ich mercke
Wartet Euch der Himmel auff,
Fahrt! der Sonnen Licht und Lauff
Ist mit allem Thun zu wercke,
Die in Euch sich umb und an,
Glantz der Welt, bespiegeln kan.

62

[Schlußstrophen aus:]

Denckmahl, höchstgedachter Churfl. Durchl. bey feyerlichster Beysetzung Dero hochseel. Leichen, zu Königsberg in Preussen aus schuldigster Unterthänigkeit auffgerichtet im Jahr 1642.

Nun wir kommen uns zu kräncken,
Deinen Leichnam einzusencken,
Kläglich stehen überall
Berg' und Thäler, Dorff und Mawren,
Auch der rawe Glocken Schall
Scheinet neben Uns zu trawren,
Unser Pregel hemmt den Lauff,
Der die Zeit her streng geflossen,
Zeucht im Trawer-Mantel auff
Hart von Eise Schnee und Schlossen,
Beydes Haff und auch die See
Thut jhm deinetwegen weh.

Königsberg, das deiner Leichen
Grabstat wird, thut grosse Zeichen

Beysetzung: Kurfürst Georg Wilhelm starb am 1. Dezember 1640 in Königsberg und wurde, als einziger der brandenburgischen Kurfürsten, 1642 im Dom beigesetzt; vgl. auch Z II,111 und 113.

Seiner Noth und Schmertzen dar,
Dich beklagt der Herren-Orden
Und des Pöfels gantze Schar
Der nicht schlecht betrübet worden,
So ist Preussen auch nicht gnug
Deinen Hintritt zu beweinen,
Gantzes Deutschland nimmt jhm fug
Auff die Klage zu erscheinen,
Ja des Nordens grosse Macht
Ist auff Pein und Leid bedacht.

Du hergegen schwebst in Wonne,
Gläntzest heller als die Sonne
Umb das schöne Himmels-Feldt,
Wilt da newe Herschafft lernen
Deinem Hause beygesellt
Und der Bürgerschafft der Sternen.
Hie, wo ein berühmter Saal
Aller wegen ist besetzet
Bloß mit Deiner Ahnen Zahl,
Die nicht wenig Dich ergetzet,
Wenn sie Dich mit Kräntzen ziert
Und zu newen Helden führt.

Stille Gräber, finstre Hölen,
Wo der Leib liegt, wenn die Seelen
Nach dem Himmel sich gemacht,
Euch wird ein Gebein vertrawet,
Als jhr nimmermehr gedacht,
Nehmt Sein fleißig war, und schawet
Daß Jhr thöricht nicht gedenckt,
Jhr habt seiner viel empfangen,
Nur der Leib wird eingesenckt
Und Er selbst ist Euch entgangen,
Schwebt dort umb des Himmels-Zelt
Und sein Ruhm füllt alle Welt.

Heilge Seele, laß Dich weiden
Wollust Gnüge Trost und Frewden,
Wiß nicht Ungemach noch Leid!
Gott laß' aber Deiner Gaben
Deines Lebens kurtzen Zeit
Dreyfach *Deinen Erben* haben!
Brandenburg das wehrte Hauß
Müsse nach den Angst-Geberden,
Die es diesfals führt, durchaus
Reichlich auch ergetzet werden!
Müsse gleich der Sonnen gehn
Und den Welt-Baw überstehn!

63

2. Sonnet.
Über den Eingang der Schloßbrücke.

[Aus:]

Einzugs-Lied bey höchst feyr- und erfrewlicher Einkunfft
Sr. Churfürstl. Durchl.
Hn. Hn. Friderich Wilhelmen
etc. etc. etc. in Dero Hertzogthumb Preussen
und Churfürstl. Residentz Königsberg 1641.

DU Seule Brandenburgs, du Preussens Sicherheit,
O Fridrich Wilhelm, Trost und Hoffnung vieler Lande,
Sey willkomm deinem Volck hie an des Pregels Rande!
Des Höchsten Ehrendienst ist wegen dein erfrewt,

Verspricht Uns unter Dir die alte güldne Zeit;
Gerechtigkeit und Fried in jedem Ort und Stande,
Verknüpffen dir sich fest mit einem güldnen Bande,
Du machst daß alles wil genesen weit und breit.

In dem dein Eintzug Uns die Hoffnung aber giebet,
So wirstu billich nie von uns auch gnug geliebet;
O leb Uns werthes Haupt, sey Uns ein Sonnen-schein

Der nimmer untergeht! schon jetzt mit deiner Jugend
Dringt Fama durch die Welt, du wirst bey solcher Tugend
Nicht hie nur, sondern auch im Himmel Hertzog seyn.

64

[Aus dem Gedichtkreis auf die Hochzeit des Herzogs Jakob von Kurland mit Luise Charlotte von Brandenburg am 10. Oktober 1645:]

Die Schloß-Kirch helt allhie ein schön Gemach erbawt
Recht oben ihr, von dar herunter wird geschawt
Ein gut Theil Königsberg, die Fahrt der schnellen Segel
Die hin und wieder gehn krum wie der krumme Pregel,
In dem er erstlich gnug das grüne Feld durchschweifft,
Und in das frische Hab vermüdet endlich läufft
Nicht weit von Haberstroh. Du siehst zur linken Seiten
Am Habe Brandenburg, und Balga gar von weiten,
Zur rechten umb die Wieck' eräuget sich die Stadt
Fischhausen, welche mich so sehr ergetzet hat,

[Nr. 64:] Das ausgewählte Stück gibt den Blick aus dem Moskowitersaal über der Schloßkirche pregelabwärts bis zum Frischen Haff (»Hab«) wieder und nennt die Ortschaften Haffstrom (»Haberstroh«), Brandenburg, Balga, Fischhausen (das Rosental war bis in unsre Zeit ein Ausflugsziel vor der Stadt) und die Ordensburg Lochstedt. – Diese Verse zitiert Gottsched im *Versuch einer Critischen Dichtkunst*, Leipzig ^{4}1751, S. 328 f. als Beispiel für die Figur der descriptio: »Ich wähle mir, zum Exempel, eine Beschreibung, die Simon Dach von dem Prospecte gemacht hat, der sich auf dem königsbergischen Residenzschlosse, von dem großen sogenannten moscowitischen Saale, westwärts zeiget; weil ich mich dabey einer sehr angenehmen Gegend meines Vaterlandes erinnern kann.« Der beschriebene Blick umfaßt auch das Kirchdörfchen Juditten, in dem Gottsched geboren ist.

Durch ihren RosenPusch, der zwar nicht Rosen träget,
Des Anmuhts aber viel in seinen Sträuchen heget,
Die meine Frewd und Lust, der Sonnen heisser Schein
Dringt sich im Sommer nicht zu seinen Schatten ein.
O wild-verwachsnes Ort, du Stadt, da meine Reime
Zu Haus' und Bürger sind, du hegst die schönen Träume
Für uns PoetenVolck, wie wol ist der daran
Der solch ein Eigenthum für sich besitzen kan.
[...]
Du siehest hie zunächst das alte Lochstet stehn,
Wo vor der Zeit das Hab pflag durch ein Tieff zu gehn
Hin in die wilde See, jetzt wird daselbst gepflüget,
Und reiches Korn geseet. Der Zeit, die alles füget
Und Sachen den Beginn, auch Maaß und Ende giebt,
Nichts aber ewig lässt, hat dieses so beliebt.

Derselbe grosse Saal, von dem ich jetzt zu melden
Bemüht bin, stellt umbher, die Brandenburger Helden
Und Fräwlein schrifftlich dar, auß welchem denn bekant,
Mit welchen Häusern es sich Schwägerlich verwandt
Und eingelassen hat, jetzt ist der Ort von newen
Gantz Fürstlich außgeschmückt, sehr viel Tapecereyen
Bekleiden seine Wandt, und was sonst mehr von Pracht,
Die man erdencken mag, sein Ansehn grösser macht,
Auff diesen Saal wird nun mit herlichem Gepränge,
Das meine schwache Faust und Zunge nach der Lenge
Nicht zu entwerffen weiß, der Bräutgam erst geführt,
Auch bald darauff die Braut der Andacht Flamme rührt
Ihr beyder Hertz und Sinn, Sie wollen mit Gebehten
Und wahrer Gottesfurcht in Gottes Ordnung treten,
Die er der Liebe stellt, und gehen durch die Handt
Des Priesters völlig ein der Heyraht festes Bandt.

65

Im Königsbergischen Collegio beym Orator. Act. damahls gesungen.

[16. Hornung 1646.]

STeigt, ihr kluge Pregelinnen,
Euer Stand euch recht zu Sinnen
Daß es hertzlich euch gefält,
Wenn kein Unfall euch verletzet
So erhebt den teuren Heldt,
Der in diese Ruh' euch setzet.

Ihm solt ihr den Geist erhöhen
Sein Geburts-Fest heut begehen,
Heut hat sechs und zwantzig mahl
Sich das Jahr herumb begeben,
Daß der schöne HimmelsSaal
Ihn geliehen diesem Leben.

Damals ist in diesen Landen
Euer Auffenthalt entstanden,
Damal ist der Himmel neu
Uns zu gut durch ihn gebohren,
Damals haben Lieb' und Treu
Sich mit Preussen hart verschworen.

Führt ihr Pregelinnen Täntze
Traget grüne LorbeerKräntze
Lasset eurer Seiten Thon
Über alle Berg' hin dringen,
Daß gantz Königsberg davon
Ja die Wolcken selbst erklingen.

[Nr. 65:] Eines der zahlreichen Geburtstagsgedichte, die Dach dem Kurfürsten Friedrich Wilhelm zu widmen pflegte.

Last nicht ab mit euren Weisen
Hiervor unserm GOtt zu preisen,
Und zu bitten, daß Er hie
Ihn erhalt in späten Jahren,
Weh uns Armen! solt Er früh
Uns in sein Gestirn entfahren.

66

Unterthänigste letzte Fleh-Schrifft an Seine Churfürstl. Durchl. meinen gnädigsten Churfürsten und Herrn.

HEld, zu welches Herrschafft Füssen
Länder liegen, Ströme fliessen
Die ich auch nicht zehle schier
Welchen ehren und anbehten
Sampt den Dörffern und den Städten
Auch die wild- und zahmen Thier.

Von dem grossen Theil der Erden
Laß ein kleines Feld mir werden
Welches mir ertheile Brod
Nun die Krafft mir wird genommen
Und auff mich gedrungen kommen
Beydes Alter und der Tod.

Hat ein Pferd sich wol gehalten
Und zuletzt beginnt zu alten,
Und nicht mehr taug in die Schlacht
Es muß fressen biß es stirbet,
Ja kein alter Hund verdirbet
Der uns trewlich hat bewacht.

Fleh-Schrifft: Im Geburtstagscarmen vom 16. Februar 1658 (Z II,154) bedankt sich der Dichter für die Erfüllung seines Wunsches; der Kurfürst hat ihn mit dem 10 1/2 Hufen großen Gut Kuykeim im Samland beschenkt.

Laß auch mich nur Futter kriegen,
Biß der Tod mich heisst erliegen
Bin ich dessen anders wehrt,
Hab' ich mit berühmter Zungen
Deinem Haus' und Dir gesungen,
Was kein Rost der Zeit verzehrt.

Phöbus ist bey mir daheime.
Diese Kunst der Deutschen Reime
Lernet Preussen erst von mir,
Meine sind die ersten Seiten,
Zwar man sang vor meinen Zeiten
Aber ohn Geschick und Zier.

Doch was ist hievon zu sagen?
Fürsten schencken nach Behagen
Gnade treibet sie allein,
Nicht Verdienst, das Sie thun sollen,
Nein, Sie herrschen frey und wollen
Hie auch ungebunden seyn.

Thu, O Churfürst, nach Belieben.
Such' ich Huben zehnmahl sieben?
Nein, auch zwantzig nicht einmal,
Andre mögen nach Begnügen
Auch mit tausend Ochsen pflügen,
Mir ist gnug ein grünes Thal,

Da ich GOtt und Dich kan geigen,
Und von fern sehn auffwarts steigen
Meines armen Daches Rauch,
Wenn der Abend kömpt gegangen.
Sollt' ich aber nichts empfangen
Wol, Herr, dieses gnügt mir auch.

67

[Schlußchor der Hirten aus dem dramatischen Festspiel]

Cleomedes.

Edler Friede, Gold der Zeiten,
Vater aller Fruchtbarkeiten,
Zweg der Helden, sey gegrüsst!
Ach wie haben wir indessen,
Weil du unser hast vergessen,
Doch so mercklich eingebüsst!

Nun du warest uns entwichen,
Oder auch wol gar verblichen,
Mein, von wannen kömpst du her?
Kömpst du zu uns aus den Sternen,
Oder etwa sonst von fernen
Durch das ungestüme Meer?

WLADISLA das Hertz der Pohlen
Hat dir her zu ziehn befohlen,
Oder dich wol gar erzeugt,
Daß dich seiner Weißheit Gaben
An die Welt getragen haben,
Welche Meinung uns nicht treugt.

Pallas muste, wie wir wissen,
Aus des Jovis Häupt entspriessen,
Unsers grossen Königs Raht
Ist, der theils durch Helden-Stärcke,
Theils durch hoher Weißheit Wercke
Dich dem Reich erzeuget hat.

Cleomedes: Das Festspiel wurde, von Albert vertont, im Juli 1635 in Anwesenheit des Königs Wladislaus IV. von Polen in Königsberg aufgeführt; vgl. Z II, 160.

Daß er sich so unverdrossen
Durch Reiff, Regen, Schnee und Schlossen
Offt hat in den Feind gewagt,
War nur, daß er deinen Schätzen,
O du süsses Welt-ergetzen,
So begierig nachgejagt.

Sein mit Kältt' umbschlossen liegen,
Nicht nur mit dem Feinde kriegen,
Sondern auch mit dicker Nacht,
Sein Ruh und Ergetzung meiden,
Unmuth, Staub und Hitze leiden
Hat dein güldnes thun gemacht.

Da er von den Moscowitten
Erst dich ritterlich erstritten,
Hat der Kaiser von Byzantz
Stracks ihn bitlich angetretten,
Und so ihm so uns erbeten
Deines Liechtes güldnen Glantz.

Letzlich schienst du unsrer Erden
Wiederumb geraubt zu werden,
Biß sich seine Weißheit drang,
Und durch freundliches erbieten
Dich auß unsrer Feinde wüten
Mehr als Königlich erzwang.

Daher ist ihm auch zu Lohne
Die stets grüne Loorbeer-Krone
Von den Göttern auffgesetzt,
Die wird unverwelcket müssen
Sein Sieghafftes Haar umbschliessen,
Weil der Thaw die Felder netzt.

Uns vor allen wil geziemen,
Seine Majestät zu rühmen,
Da man folgends hie und da
Nichts so offt uns singen höre,
Als das: Segen, Glück und Ehre
Sey dir, König WLADISLA.

Geistliche Lieder – Begräbnisgedichte

68

O Wie Seelig seydt jhr doch, Jhr Frommen,
Die Jhr durch den Todt zu Gott gekommen,
    Jhr seydt entgangen
Aller Noth, die vns noch helt gefangen.

Muß man hie doch wie im Kercker leben,
Da nur Sorge, furcht vnd schrecken schweben,
    Was wir hie kennen,
Ist nur Müh vnd Hertzeleid zu nennen.

Jhr hergegen ruht in ewer Kammer
Sicher vnd befreyt von allem Jammer,
    Kein Creutz vnd Leiden
Ist euch hinderlich in ewren frewden.

Christus wischet ab euch alle Thränen,
Habt das schon, wornach wir vns erst sehnen,
    Euch wird gesungen,
Was durch keines Ohr alhie gedrungen.

Ach wer wolte dan nicht gerne sterben,
Vnd den Himmel vor die Welt ererben?
    Wer wolt hie bleiben,
Sich den Jammer länger lassen treiben?

[Nr. 68:] Eines der bekanntesten Kirchenlieder Dachs, auf eine Weise der böhmischen Brüder gedichtet, in fünfstimmigem Satz von Stobaeus vertont zum »Musicalischen Ehrengedechtniß« des Hiob Lepner, Bürgermeister der Altstadt, (1575–1635).

Komm, o Christe, komm vns außzuspannen,
Löß vns auff, vnd führ vns bald von dannen,
Bey dir, o Sonne,
Ist der Frommen Seelen frewd vnd wonne.

69

Das welcke Fleisch, die blosse Haut
Deß Cörpers, den Jhr vor euch schawt,
Das starren in den steiffen Sehnen,
Der tieffen Augen Finsternüß,
Vnd was die Seele scheiden hieß
Erzwingen auch die meisten Thränen.

Die Haut, das Fleisch vnd das Gebein,
Wie schön es mag gewesen seyn,
Ist vor den Menschen nicht zu halten,
Es ist sein Wohnhauß nur gewest,
Sein Werckzeug, Kercker, Bett' vnd Nest
Diß oder jenes zu verwalten.

Vmb diese Hilsen sol man nun
Mit weinen nicht so kläglich thun,
Sie sind genommen von der Erden,
Vnd müssen auch zu seiner Zeit,
Wenn GOtt der HimmelsHErr gebeut,
Ihr wieder einverleibet werden.

Viel weniger sol man den Gast,
Der numehr sein Gefängnüß haßt,
Den Geist so bitterlich beklagen,
Er ist von seiner Ketten frey,
Vnd in das Himmlische Gebäw
Der güldnen Ewigkeit getragen.

Er schawet GOtt an für vnd für
In vnersättigter Begier,
Vnd lesset hohes Ding sich lehren,
Er hebet seine Stimm' empor,
Vnd singet in der Engel Chor
So süß als hie kein Mensch wird hören.

Auch sol diß Fleisch, Gebein vnd Haut
Einmal der Seelen anvertrawt
Derselben Fröligkeit geniessen,
Diß wissen wir, was ist nun Noht,
Daß wir vmb vnsrer liebsten Todt
Viel Thränen ohne Trost vergiessen?

70

HErr, es mangelt nicht an dir,
Täglich schickstu zu vns Bohten,
Klopffst an vnsrer Hertzen Thür
Durch die grosse Zahl der Todten:
Täglich senckt man Leichen ein
Die vns heissen wache seyn.

Wie, wenn eine Wolcke treufft,
Es nicht groß gemerckt kan werden,
Daß das Wasser sich verschläufft
In den dürren Schohs der Erden:
Also schluckt das weite Grab
Vns, sein Mast-Vieh, stets hinab.

Lässest Du nicht fort vnd fort
Vns Begräbnis-Lieder singen?
Machst, daß täglich hie vnd dort
Trawrig alle Glocken klingen?

Nur daß ja ein jeder wol
An sein Ende dencken sol.

Selig ist, der sich von hier
Kan bey zeiten zu Dir wenden,
Vnd nimbt seinen Tod von Dir
Wie mit außgestreckten Händen,
Nicht sich an der Welt vergafft,
Vnd wird plötzlich hingerafft!

Bring, HErr, vnsern Sinnen bey,
Daß sie kennen dieses Leben,
Wie es gantz so eitel sey,
Vnd in jenes sich erheben,
Da kein Tod, kein Leid noch Pein
Ewig wird zu finden seyn!

71

Wander-Lied.

DIeß Pilger-Land lässt keinen ruhig bleiben,
Wir müssen stets vmbher vns lassen treiben,
So schickt es Gott, damit wir vns bey zeiten,
Zur letzten Fahrt aus dieser Welt bereiten:
Doch welcher inniglich
Mit zuvertrawen sich,
Auff seinen Gott kan gründen,
Jhm heimstellt Glück vnd Fall,
Der wird sich überall
Zu Haus' vnd wol befinden.

Wander-Lied: »Wander-Lied nach dem Maß und auff die Weise des 79sten Psalms im Lobwasser, von Simon Dachen und Johanne Stobaeo; geschrieben

Ich lasse mich durch mein Verhängniß bringen,
Wohin das Liecht der Sonnen nicht kan dringen,
Wil jrrig gehn im heissen Mohren-Sande,
Werd' vnbekant zu Wasser vnd zu Lande,
Hab ich nur für vnd für
Gott, meinen Schutz, bey mir,
So wil ich selig leben,
Auch einen Lobgesang
Zu sonderlichem Danck
Jhm noch dabey erheben.

O Gott, der du die gantze Welt regierest,
Vnd vns, dein Volck, so wunderbarlich führest,
Komm, steh vns bey auff allen vnsern Wegen
Mit deinem Schutz vnd gnadenreichen Segen,
Sey auch an diesem Ort',
HErr, vns ein Felß vnd Hort,
Auff Den wir mögen bawen:
Wend' alle Noth vnd Pein,
Zieh mit vns aus vnd ein,
Vns, die wir Dir vertrawen.

Vnd, wenn wir nun den letzten Außzug halten
Aus dieser Welt, vnd durch den Todt erkalten,
Hilff vns getrost des Leibes Hütte räumen,
Daß wir vns nit aus schrecken selbst versäumen,
Brich ab dieß Erden-hauß,
Vnd führ die Seel' heraus,
Entreiß sie dem Getümmel,
Bring sie zu wahrer Ruh,
Vnd stell jhr wieder zu
Jhr Vaterland, den Himmel.

und mit 5 Stimmen gesetzet, als die beyde Eheleute Robert Robertihn und Ursula Vogtin eine newe Wohnung bezogen im Mayen des 1641sten Jahres« (Z III, S. 468).

72

Letzte Rede
Einer vormals stoltzen vnd gleich jetzt sterbenden Jungfrawen.

Ich armer Madensack! der ich vor wenig Wochen
Belebt, gerad vnd schön gleich einem Hirsche gieng,
Vnd hoch geehret ward, vnd manchen Gruß empfieng,
Lieg hie nun hergestreckt vnd bin nur Haut vnd Knochen;
Die Glieder sterben mir, die Augen sind gebrochen.
War dieses, daß ich mich mit Golde so behieng?
Jhr Freunde, haltet Mund vnd Nase zu, ich stinck.
Ach GOtt! so wird mein Pracht vnd Vbermuth gerochen!
Jhr Jung- vnd Frawen kompt, kompt spiegelt euch in mir!
Lernt hie, was Hochmuth sey, was Stand, Gestalt vnd Zier!
Jhr seht, ich muß davon, mein Leben wil sich schliessen.
Lebt alle wol, vnd habt euch stets in guter acht!
Gedenckt, wie mich der Todt so scheußlich hat gemacht!
Ich tantze nur voran, jhr werdet folgen müssen.

[Nr. 72:] Vertont in AA 4,4. Ziesemer hat Dachs Verfasserschaft angezweifelt (Z III, S. 469), da sein Name unter späteren Drucken der Arien fehlt; der früheste von 1641 ist aber gezeichnet. Vgl. Robertins Übersetzung aus dem Holländischen »Rede einer verstorbenen Jungfraw aus dem Grabe« (Nr. 109).

73

Abend-Lied.

O Christe, Schutz-Herr deiner Glieder,
Du Arbeits-Trost, Du Gott der Ruh!
Du schickest durch die Nacht vns wieder
Den Schlaff, der Sorgen Anstand, zu,
Hilffst mit newen Kräfften
Vnsern Ampts-geschäfften
Folgends auff den Tag,
Stehest zu verhüten,
Daß kein Fall noch wüten
Vns betreten mag.

Erkenne, was wir Dir von wegen
Der diesen Tag erzeigten Hut
Für Ehre, Lob vnd Danck ablegen,
Was bey vns Mund vnd Seele thut!
Wir gestehn vnd sagen:
Daß Du vns von Plagen
Gnädiglich befreyht,
Daß kein Grimm der Hellen
Vns hat können fällen,
Macht, HERR, dein Geleit.

Vergieb die Sünd' vnd schnöde Sachen,
Die heute wieder Dich geschehn,
Laß deinen Sohn das richtig machen,
Waß wir bald hie bald da versehn!
Schütz' auch, Herr, daneben
Vnser schwaches Leben
Folgends diese Nacht!
Denn was hilfft vnß Armen,
Wo nicht dein Erbarmen
Ferner für vns wacht?

Gib, daß wir niemals ohne Glauben
Hie anzutreffen mögen sein!
Die Nacht sol zwar das Licht vns rauben,
Doch nie des Geistes Krafft vnd Schein;
Lass vns vnsre Leuchten
Stets mit Oele feuchten
Vnd bereitet stehn,
Daß wir an dem Ende,
Wann Du kompst, behende
Mit Dir können gehn!

74

Bey der Geburt seines Sohnes Christoph Dach.

Du bist ja hier, mein Sohn, des Höchsten Gab und Seegen,
Die Mutter, der du vor warst eine schwehre Last,
Hat ihrer Treuen Pfand, dich, hertzlich nun umfasst
Vnd ist allein bemüht, dich an die Brust zu legen.

Wird aber dein die Welt, dies Elend, auch so pflegen?
Mit nichten! Du bist hier ein Pilgrimm und ein Gast.
Das Beste, das du hier stets zu gewarten hast,
Ist Arbeit, Müh und Noth, ist Hagel, Blitz und Regen.

Frag deinen Vater, mich, was dieses Leben sey!
Ich sage: Wankelmuth und reiche Betteley,
Der Freiheit Dienst, ein Hauß der Siechheit und der Sünden.

Nur der, so stets hinauf in seine Heymath schaut,
Nach Gott, und sich in ihm sein wahres Erbtheil baut,
Wird hier in Unlust Lust und Ruh in Unruh finden.

Christoph Dach: auf den Erstgeborenen; geb. 13. August 1642, gest. 1. Juli 1643.

75

Bey Hoch-Adelicher Leichbestattung Frawen Anna von Schlieben, geborne von Diebes, welche in GOtt entschlaffen den 6. Febr. 1645.

DV, O getrewe Mutter, Erde,
Am allerbesten ist es doch,
Daß auf des schweren Alters Joch
Ein Mensch in dich verscharret werde,
Vnd schlaffe stoltz vnd vngeschreckt
Bis jhn der Jüngste Tag erweckt.

Die Welt kan vns nicht ewig haben,
Sie wird noch vnser endlich satt,
Wir sind verdrießlich, alt vnd matt.
Was bessers ist, als seyn begraben,
Vnd räumen Welt vnd jhre Pein
Der Nachfahrt, vnserm Samen ein?

Du birgst das Wohnhauß vnsrer Seelen,
Den Leichnam, tieff in deinen Schos,
Da ruht er aller Sorgen los
In den geheiligt-stillen Hölen,
Bis jhm der grosse Seelen-Hirt
Hoch aus den Wolcken ruffen wird:

Jhr Todten, findet euch nun wieder,
Kompt, werdet vor Gericht geschawt!
Da wirstu, was dir anvertrawt,
Haut, Fleisch, Gebein vnd alle Glieder
Vns wieder geben also wol
Daß auch kein Zahn gebrechen sol.

Ich war zu leben gantz verdrossen,
Wol mir, daß ich gestorben bin!

Im Himmel schwebt mein Geist vnd Sinn,
Hie sprech ich meine Blutsgenossen;
Der Höchste selbst ertheilt sich mir
In aller Pracht vnd heilgen Zier.

Du, Erde, die mich erst geboren
Vnd wol genährt, nimbst mein Gebein
Von meinen Kindern zu dir ein,
Hie bleibt kein Nagel mir verlohren,
Wiewol nur über wenig Jahr
Vmb mich ist weder Haut noch Haar.

Was weint jhr so, jhr lieben Kinder!
Begrabt mich Christlich, als jhr thut,
Vnd tröstet nachmals ewren Muth,
Jhr sterbet mit der Zeit nicht minder.
Denckt an den Tod, seyd allzeit wach!
Ich reise vor, jhr folget nach.

76

Schuldiges Danck- und Denck-Mahl.

WEr wird in der Engel Chor,
GOtt, dich ewig singen?
Der für allen Dingen
Hie dich singt vnd hebt empor:
Der mit süssen Weisen
Deinen Nahmen macht bekant,
Vnd die Kirchen durch das Landt
Lehrt dich künstlich preisen.

[Nr. 76:] Wie das folgende »Klag-Lied« auf den Tod des Komponisten Johann Stobaeus am 14. September 1646 geschrieben.

David heisst die Fest' im Jahr'
Ordentlich begehen,
Vnd die Sänger stehen
Dir zu Dienste beym Altar,
Er sucht an-zu-richten
Herrlich schön dein Heiligthum,
Seine Lust ist deinem Rhum
Allzeit Lieder tichten.

Du thust seine Thorheit aus,
Giebst Israels Krohne
Ewig Jhm zu Lohne,
Vnd bestetigst jhm sein Hauß.
Jetzt in jenem Leben
Ist sein wesen durch den Klangk
Süsser Harffen ewig Danck
Deinem Nahmen geben.

Weis die Welt nicht, wie gebührt,
Solchen Mann zu schätzen,
Der durch Künstlich-Setzen
Vns mit tausent Liedern ziert,
Ey sein Liecht wird hellen
Erst recht in der Todes Nacht,
GOtt setzt ewig Jhn zum Pracht
Himmlischer Capellen.

77

Klag-Lied

SChreib' ich denn in diesen Tagen
Nur von lauter Angst vnd Noht,
Vnd mus ich auch deinen Todt,
Vater, eben ietzt beklagen,
Dem ich hochbekränckten Sinn
Sonst für andern schuldig bin?

Wolte Gott du möchtest leben,
Wie wir vnsern Wunsch gemacht,
Oder hettest gutte Nacht
Vns zur andern Zeit gegeben,
Daß ich beydes Hertz vnd Handt
Hett' allein auff dich gewandt.

Ach was sol ich ietzund singen?
Werd' ich auch für deinen Preiß,
Dem ich nicht fast gleiches weis,
Thränen wissen zu erzwingen?
Vnser aller Angst vnd Pein
Wird doch hie zu wenig seyn.

Vnrecht rührt man itzund Geigen,
Unrecht Flöhten vnd Gesangk,
Aller Stimm' vnd Seiten-Klangk
Sampt den Orgeln sol ietzt schweigen:
Der vns singen hat gelehrt
Wird anietzt nicht mehr gehört.

Wer im Land Jhn hat geliebet,
Jhn vnd was Er je gesetzt
Vnd sich damit gern ergetzt,
Gehe neben mir betrübet,

Gottesfurcht vnd Heiligheit
Seyn mit Aschen überstrewt.

Was giebt Kirchen sonst gepränge,
Weder Gottes reines Wort,
Dann auch, daß man fort vnd fort
Sie bereichert durch Gesänge,
Die von Künstlern sind gemacht
Nur zu Gottes Nahmens-pracht?

Nun dergleichen schöne Lieder
Singst du Hochbegabter Preiß
Auch nur durch Stobeus Fleiß
In den Kirchen hin vnd wieder
Reichlich, daß kein Ort der Welt
Dir hierinnen gleich sich hält.

Lasset Knaben vnd Jungfrawen
Als der Vnschuld liebe Schaar
Gantz vmbringen seine Bahr,
Lasst sie vmb nach Blumen schawen,
Vnd vmb seinen Sarg her ziehn
Lorbeer-Streuch' vnd Rosmarihn.

Was die Zucht pflegt zu verletzen
Vnd die Vnschuld ärgern kan,
Das hat dieser Wehrte Mann
Keines weges wollen setzen,
Sein Werck singt vor Gottes Ohr
Auch der keuschen Engel Chor.

Seelig hab ich mich zu preisen
Mich vnd mein geringes Spiel,
Daß Er meiner Lieder viel
Hat beseelt mit seinen Weisen,
Welches mir die Ehre bringt,
Daß mich gantzes Preussen singt.

Hett ich Armer doch gewachet,
Wie ich mir dann vorgesetzt,
Daß Er mir zu gutter letzt
Mein Begräbnis-Liedt gemachet,
Nein der Todt harrt hierauff nicht,
Eilt mit Jhm aus diesem Liecht.

Die wir nah' Jhm angehören
Vnd vns manche liebe Zeit
Seiner Gegenwart erfrewt,
Lasst vns sein Begräbnis ehren,
Bringt ein jeder etwas mit:
Mein Vermögen ist ein Liedt.

Vnd für allen Weh vnd Zehren,
Weint vmb Jhn den Kindern gleich
Die bey Jhrer Eltern Leich
Aengst- vnd schmertzlich sich gebähren,
Jhm wird doch nach meinem Wahn
Viel zu wenig angethan.

Währ' ich nur so reich von Schätzen,
Meine Güter grieff ich an,
Wolte diesem lieben Mann
Ein gewünschtes Denckmahl setzen,
Dessen Zeug denn soltte seyn
Wo nicht Ertz doch Marmor-Stein.

Gar zu oberst soltu müssen
Mir sein Bildnis seyn erhöht,
Wie es etwa Polyclet
Möcht am allerbesten giessen,
Aber umb den mitteln Ort
Solten stehen diese Wort:

Halt, O Gast! Stobaeus Glieder
Sind in dieser Grufft verhüllt,
Welcher Preussen hat erfüllt
Durch sehr Kunstreich-heilge Lieder,
Welt vnd seines Ruhmes Klangk
Kriegen einen Vntergangk.

Vnterdessen wil ich bawen
Jhm ein Denckmal in mein Hertz,
In dasselbe soll der Schmertz
Sein Gedächtnis tieff hin hawen,
Weil ein Geist sich regt allhier,
Lebt Stobaeus auch in mir.

78

24. Dezember 1647.

Wie offt pflegt, Christe, Bangigkeit
Mein schwaches Hertz zu plagen,
Ich geh herein so manche Zeit
Alß woltt ich nur verzagen,
Ich sinck auß Schwermuth, die mich frist,
Nicht einmahl schier darnieder,
Die Welt sampt allen Frewden ist
Mir gantz vnd gar zuwieder.

Die Weissagung, so du gestellt,
Wil wahr an mir auch werden,
Es sol vor Vntergang der Welt
Nur Schrecken seyn auff Erden.
Bey dir ist Frewd vnd Trost zuhauff,
Komm, steck in meinem Hertzen
Daß schöne Licht der Frewden auff
Anstatt der finstern Schmertzen.

Erquick mit süsser HimmelsLust
Mein ängstiges Gewissen,
Daß ich von Vnmuht, Furcht vnd Wust
Nicht werde mehr gebissen.
Stürtz ab den schwartzen trawer Geist,
Den Satanas zur Hellen,
Der durch Verzweifflung sich befleißt
Vnß deine Schaar zu fällen.

Erweck, du Frewdenmann, in mir
Ein festes Zuvertrawen
Zu deinem klahren Wort vnd dir,
So wird mich nimmer grawen.
Dein Nahme bleibt das feste Schloß,
Die dahin Zuflucht nehmen,
Vermögen alles Kummers loß
Die Hell auch selbst zu zähmen.

Laß mich auß dieser Burg, O Gott,
Getrost vnd frewdig fechten,
Bezwingen Schwermuht, Furcht vnd Tod,
Siehst du nur stets zum rechten,
So werd ich ritterlich allzeit
Mit meinen Feinden ringen
Vnd in die seelig Ewigheit
Auch mitten durch sie dringen.

79

Preussisches Buß vnd BehtLied
welches Meinem hertzlieben Vaterlande bey gegenwertigem Beht Tage des 1647. Jahrs brünstige Andacht zu erwecken, Vnd in die gewöhnliche Weise: Ach GOtt mein HErr, wie groß und schwer, sind meine begangne Sünden etc. Zu singen.

IHr Preußen auff,
Vnd kommt zu hauff
In Dörffern vnd in Städten,
Bringt mit Euch Rew,
Ohn Heucheley
Zu fasten vnd zu behten.

Wer aussen bleibt,
Gespötte treibt,
Vnd vnsern GOtt nicht suchet,
Den straffe man
Auch mit dem Bann
Vnd haltt ihn wie verfluchet.

Was? meinen wir,
Weil Fried vns hier
Enthält im gutten Stande,
GOtt zürne nicht,
Vnd sein Gericht
Sey fern von diesem Lande?

Sein Vater-Sinn
Seh' über hin,

[Nr. 79:] Diese zum jährlichen Bußtag gedichtete Bußpredigt von 35 Strophen, die auch ins Preußische Gesangbuch einging, ist um die 20.–22. und die 27. bis 31. Strophe gekürzt.

Vnd werd' uns nimmer straffen?
  Wir mögen fein
  Ohn Sorgen seyn
Vnd Jhm im Busen schlaffen?

  Indessen hat
  Die Missethat
Gantz überhand genommen,
  Der Bosheit Heer
  Hat wie ein Meer
Vns sämptlich überschwommen.

  Des HErren Wort
  Ist vns ein Mord,
Vnd sticht vns in den Beinen,
  Man zürnet, daß
  Ohn vnterlaß
Die Friedens Bohten weinen.

  Wir sprechen wol
  Frech, trotzig, voll
Von allen schnöden Lüsten:
  Es hat nicht Noht,
  Gefahr vnd Todt
Kömmt weder aus der Wüsten,

  Noch von dem Meer
  Noch sonst woher
Hoch über die Gebirge,
  Nicht Mitternacht
  Hegt für vns Schlacht,
Die plötzlich vns erwürge.

  Vnd damit sind
  Wir taub vnd blind

Dem gutten nach-zu-streben,
Wer Vnschuld liebt
Vnd Demut übt,
Auff den wird nichts gegeben.

Die Frömmigheit
Wird angespeyt,
Wer Tücke kan beweisen,
Der grünt vnd blüht,
So daß man sieht
Den in Gelächen preisen.

Gesöff vnd Frahß
Weis keine Mahß,
Daraus die Vnzucht springet,
Die sich gemein
Zu vns herein
Mit hellem Hauffen dringet.

Mit welcher Macht
Der Hoffart Pracht
Sich schwesterlich verbunden,
Die nie was spahrt,
Der Kleider Art
Wird new fast alle Stunden.

Der Jugend Zwangk
Ist siech vnd kranck,
Das grawe Haar der Alten
Hat wenig Ehr',
Vnd weis nicht mehr
Sein Ansehn zu erhalten.

Was klag' ich viel
Das leichte Spiel

Gelächen: Gelagen.

Der Würffel vnd der Kartten,
Deß manche nicht
Ohn jhrer Pflicht
Vnd Arbeit Nachtheil wartten?

Dabey denn nur
Fluch, Zanck vnd Schwur
Vnd andre Sünden wohnen,
Die Gott gedrewt
Zu seiner Zeit
Mit Hellen-Angst zu lohnen.

Wo bleibet List?
Wo Misgunst, Zwist,
Zorn, Ehrgeitz, drangk der Armen?
Wo Hochmuth, Trutz
Vnd Eigennutz
Der keines hat erbarmen?

Nach vieler Schand
Ist auch im Land
Vnschuldig Blut vergossen,
Das jtzund doch
Dem Thäter noch
Frey außgeht für genossen,

Gerechtigheit,
Das Gold der Zeit,
Ist mang die Stern' entwichen,
Scham, Vnschuld, Rew,
Zucht, Liebe, Trew
Vnd Glaube sind verblichen.

Man prüfe sich
Gleich wie ich mich,

Ich weiß, es wird sich finden,
Da durch das Landt
Ein jeder Standt
Sey überhäufft mit Sünden.

[. . .]

Doch vnser Hertz
Ist Stein vnd Ertz,
Wir schlumern wie auff Pfülen,
GOtt schlägt ohn Rhue
Hart auff vns zu,
Vnd niemand wil es fühlen.

Biß er zuletzt
Auch wird ergrätzt,
Weh vns! wie wird er eilen,
Denn sein Verzug
Ersetzt sich gnug
Mit tausent Donner-Keilen.

Wer jhn nicht kennt,
Wenn er entbrennt,
Der lasse sich es lehren
Das Deutsche Landt,
Da wird er Brandt,
Schwerdt, Pest, Raub, Hunger hören.

Auff, Liebsten, wacht,
Nehmt Euch in acht,
Die Axt liegt an den Bäumen,
Bringt wer nicht Frucht,
Denselben sucht
Sie plötzlich weg zu räumen.

[. . .]

Wir liegen hier,
O HErr, vor dir
Auff deine grosse Güte,
Verdammen schlecht
Nach allem Recht
Vns gäntzlich im Gemühte.

Was sind wir? Staub,
Des Todes Raub,
Rauch, Asche, Wind vnd Schämen
Vnd Nichts dazu,
Gedenck, was du
In deinen Grimm wilst nehmen.

Schaw deinen Sohn
Vnd dessen Lohn,
Den er dir abgetragen,
Da als er todt
Für vnsre Noht
Am Creutze ward geschlagen.

Nicht vns zu gut,
Ehr, HErr, sein Blut,
Vnd hilff durch Jhn vns allen,
So rühmen wir,
Daß jetzt auch dir
Sein Todt, wie stets, gefallen.

80

Christliche Todes-Errinerung
Des Weyland Groß Achtbarn, Hochgelahrten,
auch Hoch- vnd Weitberühmten
Herrn Robert Robertihns,
Churfl. Brandenb. Preussischen
Ober- vnd Regiments Secretarij etc.
Auff dessen Begehren schon vor etzlichen Jahren geschrieben
von
Simon Dachen
Vnd anitzo
Bey seinem recht sehligem wiewol Hochbetrübtem Ableiben
aus schuldigster Pflicht in 5 Stimmen gesetzet von
Heinrich Alberten.
Den 7. Oster-Monats Tag im Jahr 1648.

ICh bin ja, HERR, in deiner Macht,
Du hast mich an dieß Licht gebracht,
Du unterhältst mir auch das Leben,
Du kennest meiner Monden-Zahl,
Weist wenn ich diesem Jammerthal
Auch wieder gutte Nacht mus geben,
Wo, wie und wann ich sterben soll
Das weist du, Vater, mehr als woll.

[Nr. 80:] Dem Druck des Begräbnisliedes in AA 7,12 ist ein Holzschnitt beigegeben: einen Rosenzweig umschlingt ein Band mit der Inschrift INTER RUBOS, dem Anagramm für Robertinus (*rubus* ›Brombeerstrauch‹), ein Freundschaftssymbol, das Dach öfter gebraucht hat: »Inter rubos quae suave promicat rosa / Florere posse ubique virtutem docet« (»Wie sanft schimmert die Rose zwischen den Dornen, überall blühen zu können lehrt sie die Weisheit«); vgl. Z IV,99: »Die Rose muß mang Hecken, / Ein Christ in Trübsahl stecken«.
Außer diesem Lied verfertigte Dach eine »Bittere Klage« auf den Tod seines nächsten Freundes und wichtigsten Förderers (Z III,161). Die letzte der 35 Strophen lautet: »Halt es diesmal mir zu gut. / Schaw wie meiner Thränen Flut, /

Wen hab' ich nun als dich allein,
Der mir in meiner letzten Pein
Mit Trost und Raht weiß zu zu springen?
Wer nimmt sich meiner Seelen an
Wenn nun mein Leben nichts mehr kan,
Vnd ich mus mit dem Tode ringen,
Wenn aller Sinnen Krafft gebricht,
Thust du es GOTT, mein Heiland, nicht?

Mich dünckt, da lieg' ich schon vor mir
In grosser Hitz ohn Krafft, ohn Zier
Mit höchster Hertzens-Angst befallen,
Gehör und Rede nehmen ab,
Die Augen werden mir ein Grab,
Doch kränckt die Sünde mich fur allen:
Des Sathans Anklag' hat nicht Rhu,
Setzt mir auch mit Versuchung zu.

Ich höre der Posaunen Thon
Vnd seh' auch den Gerichts-Tag schon,
Der mir auch wird ein Vrtheil fällen,
Hier weiset mein Gewissens-Buch
Da aber des Gesetzes Fluch
Mich Sünden-Kind hinab zur Hellen,
Da wo man ewig, ewig: Leid!
Mord! Jammer! Angst! vnd Zetter schreyt!

So ich allzeit treibe, / Mit der Tinten sich vermischt, / Vnd mir von der Taffel wischt / Alles was ich schreibe.«
Ferner ist dazu zu vergleichen das lateinische Epitaphium Z IV, 279.59 und die ebenfalls lateinische große Memoria anläßlich der ersten Wiederkehr des Todestages Robertins Z IV,279.67. Auch Kaldenbach schrieb eine Ode »Tumulo Roberti Robertini«.
Theophil Siegfried Bayer bemerkt in seiner Dachbiographie im *Erleuterten Preußen* 1723, S. 191 zum Begräbnislied: »welches der seel. D. Spener alle Sonntage des Mittags zu singen gepfleget«. Spener starb 1705. Das Lied war ins Preußische Gesangbuch aufgenommen worden.

Kein Gold und Gut errettet mich,
Vmbsonst erbeut ein Bruder sich
Den andern hie erst lohß zu machen,
Er mus es ewig lassen stehn,
Wir werden ewig nicht entgehn
Kriegt einmal uns des Todes Rachen,
Wer hilfft mir sonst in solcher Noht,
Wo du nicht GOTT, du Todes-Todt?

Der Teuffel hat nicht Macht an mir,
Ich habe bloß gesündigt dir,
Dir, der du Missethat vergiebest,
Was masst sich Sathan dessen an
Der kein Gesetz mir geben kan,
Nichts hat an dem, was du, HERR, liebest,
Er nehme das, was sein ist, hin,
Ich weis daß ich des HERREN bin.

HERR JEsu, ich dein thewres Gut
Bezeug' es mit selbs deinem Blut,
Daß ich der Sünden nicht gehöre,
Was schont denn Sathan meiner nicht
Vnd schreckt mich durch das Zorn-Gericht?
Komm, rette deines Leidens-Ehre,
Was giebest du mich frembder Handt
Vnd hast so viel an mich gewandt?

Nein, nein, ich weis gewiß, mein Heil,
Du lässest mich dein wahres Theil
Zu tieff in deinen Wunden sitzen,
Hie lach' ich aller Macht und Noht,
Es mag Gesetz, Hell' oder Todt
Auff mich her donnern oder blitzen,
Dieweil ich lebte war ich dein,
Jetzt kan ich keines frembden seyn.

81

Trost-Liedchen.

AM allerbesten ist es zwar
Im HErren seyn verschieden,
Vnd leben bey der Frommen Schar
Vergnüget vnd in Frieden,
Seyn ewig ausser Trug vnd List
Mang Abrahams Geschlechten,
Da Frewd' vnd lieblichs Wesen ist,
O GOtt, zu deiner Rechten.

Vnd hett' ich aller Lust Genieß
So hier erdacht mag werden,
Ja säh' ein rechtes Paradieß
Für mich gebawt auff Erden,
Herscht' herrlich über Leut und Landt,
Groß, mächtig und erhaben,
Vnd wär' in aller Welt bekandt
Durch Kunst Verdienst und Gaben:

Was wär' es denn nun endlich mehr?
Die Zeit-Flucht heisst mich altten,
Vergänglich ist Welt, Lust und Ehr',
Vnd dan mus ich erkaltten,
Bin aus, verrotte ja sogleich
Als hätt' ich unter dessen
Nichts, oder aller Erden Reich
In dieser Welt besessen.

Wer aber lebt so wol alhie
Vnd nur in gutten Tagen?
Ein ander weiß von seiner Müh

Mang: (niederdt.) inmitten, dazwischen.

Von meiner ich zu sagen,
Viel ist der Stern' am Himmels-Sal
Vnd viel der Meeres-Wellen,
Mehr aber ist der Menschen Qual
In mehr als tausent Fällen.

Nein, unser bestes bleibet wol
Von hinnen selig scheiden,
Vnd aller Rhue und Anmuth voll
Bey Christo seyn in Frewden,
Vnd jung zwar, denn aus diesem Licht
Kaum alt erst wollen scheiden,
Ist Lust sich gern, ohn Thorheit nicht,
Im Tode zu verweilen.

Nur daß, die hinterblieben seyn
Sich gar zu hefftig kräncken,
Vnd kaum einmal für grosser Pein
An jhren Gott gedencken,
Der uns doch allen setzt ein Ziel,
Das heut kömpt oder morgen,
Ob wir gleich wenig oder viel
Desselben uns besorgen.

Laß, HErr, des Glaubens Liecht allzeit
In unsern Hertzen brennen,
Daß wir die selig' Ewigheit
Ja mögen recht erkennen,
Vnd klagen dann der Vnsern Todt
Mit Trost-gemäßten Thränen,
Vns aber stets aus dieser Noth
In deinen Himmel sehnen.

82

Vber dem seligen Abschied des Hoch Edlen Herrn Georg von der Gröben. Den 17. Sept. 1648.
Klag-Lied
In der Person der Hochbetrübten Fr. Witwen.

DV hast mich wund geschlagen,
Mich, HErr, für Feind erkandt,
Was soll ich weiter sagen,
Ich fühle deine Hand
Vnd deines Eyfers Brandt.

Du kömmst auff mich gedrungen,
Gleich wie ein Schiff zur See
Wird durch den Sturm besprungen,
Wie man ein schwaches Reh
Fäht auff der Berge Höh.

Seit daß der Witwen Orden
Mich unter sich gebracht,
Bin ich mir gantz entworden,
Mir wild und frembd gemacht,
Ich weine Tag und Nacht.

Mein Hauß, darin ich wohne,
Ist eine Wüsteney,
Es misset seine Krohne
Vnd führet darumb Rew
Vnd grosses Angst-geschrey.

Was hilfft es, daß ich lebe?
Ich komm umb Mann und Kind,
Weil meines Alters Stäbe
Vnd Stecken so geschwind
Gleich mit zerbrochen sind.

Fäht: Fängt.

Wo sind nun meine Frewden?
Wo ist mein' Hoffnung hin?
An ihre stat ist Leiden
Vnd hochbekränckter Sinn
Geworden mein Gewinn.

Ergiesst euch, heisse Zehren,
Durch meiner Augen Strahß,
Vnd wil euch jemand wehren,
Gebeut euch jemand Maß,
Den hasst ohn unterlaß,

In dem ich mich beraube
Der Frewden aller Welt,
Wie eine Turtel-Taube,
Wenn ihr der Gatt' entfällt,
Sich öed und einsam hält.

Nur Du, mein Wunden-schläger,
Wie hart greiffst du mich an!
Komm, sey nun auch mein Pfleger,
Mein Vater, Schutz und Mann,
Vnd trag was ich nicht kan!

Du weist umb meine Stärcke
Bey dieser schweren Last,
Wofern ich, GOtt, nicht mercke,
Das Du sie angefasst,
So weiß ich keine Rast.

Laß mich in meinem Leiden
O liebster Vater, seyn
Gedultig und bescheiden,
Nimm mich nach solcher Pein
In deinen Himmel ein!

83

Sidera sunt voti portio sola mei.
Oder Christliches Sterbelied,
So die Weiland aller Ehren- und Tugendreiche
Fraw Vrsula Vogtinn,
Seiner Grosachtbaren Ehrwürden Herrn Jacobi Bolii, Phil. M.
Vnd der ThumKirchen in Königsberg wolverordneten
getrewen SeelSorgers und PfarrHerrn, wie auch des
Samländischen Consistorii Beysitzers, etc.
Hertzliebe HausFraw,
Welche im 37. Jahr, 22. Tage ihres Alters, 1655. 30. Weinmon. Abends umb 10 Uhr, nach ausgestandenem vielem Creutz und Kranckheit, in beständiger Anruffung ihres Erlösers sanfft und selig eingeschlaffen, Schon lang, nemlich 1649. 3. Brachmon. auff ihren Todesfall zu verfertigen begehret,
geschrieben von Simon Dachen,
und mit 5 Stimmen gesetzet von Heinrich Alberten.

SChöner HimmelsSaal,
Vaterland der Frommen,
Die aus grosser Qual
Dieses Lebens kommen,
Vnd von keiner Lust
In der Welt gewust,

Sey mir hoch gegrüst,
Dich such ich für allen,
Weil ich öd' und wüst
In der Welt muß wallen,
Vnd von Creutz und Pein
Nie befreyt kan seyn.

[Nr. 83:] Das Lied ist um die Str. 5 und 6 gekürzt.
Sidera ... mei: »Die Sterne sind allein mein Ziel.«
Vrsula Vogtinn: Ursula Vogt (1618–55) war in erster Ehe mit Robertin verheiratet; nach dessen Tode heiratete sie 1650 den Professor der griechischen Sprache und Pfarrer Jakob Bohle; vgl. Z I,232.

Deinet wegen bloß
Trag' ich dieß mein Leiden,
Diesen Hertzensstoß
Willig und mit Frewden,
Du versüssest mir
Alle Gall allhier.

Trüg' ich durch den Tod
Nicht nach dir verlangen,
O in meiner Noht
Wär ich längst vergangen,
Du bist einig Du,
Nichts sonst meine Ruh.

[...]

Laß dieß Leben mir
Wol versaltzet werden,
Daß ich mich nach dir
Sehne von der Erden,
Vnd den Tod bequem
In die Arme nehm'.

O wie werd' ich mich
Dort an dir erquicken,
Du wirst mich, und ich
Werde dich anblicken,
Ewig, herrlich, reich,
Vnd den Engeln gleich.

Schöner HimmelsSaal
Vaterland der Frommen,
Ende meine Qual,
Heiß mich zu dir kommen,
Denn ich wünsch' allein
Bald bey dir zu seyn.

84

Trost-Liedchen.

DEin ist, GOtt, der Erden Kreiß
Vnd der Mensch darinnen,
Niemand kömpt von hinnen,
Niemand her ohn dein Geheiß,
Diß ist sein Belieben,
Eh wir sehn der SonnenStral
Steht schon vnsrer Tage Zahl
In sein Buch geschrieben.

Dieser eilt ein Kind von hier,
Der in grawen Haaren,
Der in solchen Jahren,
Die des Lebens beste Zier,
Da er solte Nützen
Seiner lieben Vater-Stad,
Seyn der Eltern Trost vnd Raht
Vnd jhr Alter stützen.

Diesen reißt die Darre fort,
Den die Pestilentze,
Den des Vaters Grentze,
Jenen wo ein frembder Ort:
Daß wir gleich den Blinden
Hierin tappen nach dem Licht,
Vnd durchaus in dein Gericht
Vns nicht können finden.

Aber du, HErr, bist allein
Weißheit, Glantz vnd Stärcke,
Wilst in deinem Wercke
Von vns Vngemeistert seyn,

Hilff es vns erkennen,
Hemm du vnser Angst-geschrey,
Laß vns in Gedult vnd Rew
Stets dich Vater nennen.

Du allein kennst vnsre Zeit,
Niemand den du liebest,
Vnd sein End' jhm giebest,
Wird zur Vnzeit abgemeyt;
Wird er hin genommen,
Ob er jung ist, oder alt
Ey, gefiel dir, also bald
Wird er auch Vollkommen.

85

Trost-Reimchen.

WIr sind in diesem Leben
Der Druckerey fast eben,
Fast den Buchstaben gleich:
Denn Gott hat vns gegossen,
Von jhm sind wir entsprossen
Auff dieser Erden Reich.

Er trägt vns in der Mutter
Gleich wie in einem Futter,
Vnd giebt vns hie Gestalt.
Vnd nachmals vnsre Fächer
Sind Stad- vnd Hauß-gemächer
Vnd Schulen mannigfalt.

Trost-Reimchen: auf den Tod eines Sohnes des Königsberger Buchdruckers Johann Reusner, 1650.

Hie werden wir genommen,
Daß wir zu Aemptern kommen,
Gott setzt vns vmb vnd an:
Der wird ein Herr auff Erden,
Der muß ein Bürger werden,
Vnd der ein Bawers-Mann.

So ist auch hie der Pressen
Imgleichen nicht vergessen,
Die ist des Creutzes Last,
Die eines jeden Rücken
Rechtschaffen pflegt zu drücken
Vnd gönnt vns keine Rast.

Die Farbe, so wir führen,
Ist Schwartz vnd Roht zu spüren,
Schwartz durch Gedult in Noht,
Roht durch des Glaubens Güte,
Der allzeit steht in Blüte
Auff Christi Blut vnd Tod.

Die Hell ist vns der Rämen,
Der vnsern Sinn muß zähmen,
Die Hertzen das Papier,
Die Thränen so es netzen,
So lassen wir vns setzen
Vnd drucken für vnd für.

Wißt Euch in diesem Leyden,
Herr Reusner, zu bescheiden,
Daß jhr ein Drucker seyd,
Durch ewres Fleisses Wercke
Kriegt vnsre Kunst auch Stärcke,
Vnd fleuget fern vnd weit.

Was sind diß Edle Gaben,
Daß wir jetzt Bücher haben
Vmb ein geringes Geld?
Diß, welches man vor Jahren
Pflag herrlich zu verwahren,
Liest jetzund alle Welt.

Wie würden wir jetzt leben?
In welchem Irrthum schweben
Wenn diese Kunst nicht wär'?
Jetzt können Kinder lesen
Des Höchsten Raht vnd Wesen,
Das rührt vom drucken her.

Nun gleich wie jhr es treibet,
Buchstaben Euch verschreibet,
Vnd Bücher druckt ohn Rhu,
So wird der Mensch geübet,
Gedrucket vnd betrübet,
Hie hilfft kein klagen zu.

Wollt jhr die Presse fliehen,
Euch ewrem Creutz entziehen?
Diß häufft mit Schulde Schuld,
Wenn nichts von allen Sachen
Das Böse gut kan machen
So wirckt es die Gedult.

Der Sohn, der Euch verblichen,
Ist aller Angst entwichen,
Wird nicht wie wir gedrückt,
Darff nichts durch Zwang erlernen,
Ist in den Saal der Sternen
Vollkommen schon gerückt.

Gott geb vns aller massen
Daß wir vns drucken lassen
Wie Gott es gut erkiest,
So werden wir bekommen
Das Bild so vns genommen
In Adam worden ist.

Wir können doch auff Erden
Nicht Christo ähnlich werden
Ohn nur durch Noht vnd Pein,
Wer hie Jhm gleich wird leiden
Wird dort Jhm auch in Frewden
Am allergleichsten seyn.

86

HErr, wir wallen sämptlich dir,
Weil der Leib uns hält umbschlossen,
Denn wir sind dir beydes hier
Frembd' und Reichsgenossen,
Vnsers kurtzen Wandels Lauff
Steht hinauff
Da wir her entsprossen.

Sey du beydes Licht und Stab
Durch dein Wort auff unsern Wegen,
Wend der Feinde Bosheit ab,
Die uns Stricke legen,
Laß sich deiner Engel Schar
Immerdar
Trewlich umb uns regen,

Bis wir selig durch den Tod
Vnsre Bürger-Stadt erreichen,

Da uns weder Gram noch Noht
Ewig wird bestreichen,
Da, was hier uns immer irrt,
Alles wird
Von uns müssen weichen.

Vnsre Stadt, die deine Hand
Selbst so herrlich auffgeführet,
Da man keiner Sonnen-Brand
Vnd kein Mond-Licht spüret,
Weil dein Herrlicheit allein,
Sie mit Schein
Vnvergleichlich zieret.

Ihre Gassen sind Cristall,
Ihrer Thöre zwölff erhöhet,
Aber Perlen allzumal,
Ihr Gebäw bestehet
Klar aus Golde, dessen Preiß
Was man weiß
Weit weit übergehet.

HErr, wir sehnen da uns hin,
End uns dieses Pilger-Leben,
Laß von hier sich unsern Sinn
Stets hinauff erheben,
Bis nach unserm Tode wir
Gar bey Dir
Ohn auffhören schweben.

87

[Schlußgedicht aus:]

Carl Malaperten Leidender Christus
ins Deutsche übersetzt von Simon Dachen.

Huc me sidereo descendere jussit olympo &c.

DIe Lieb' hat mich auff Erden
Aus dem Gestirn gebracht,
Sie heisst mich Blut-arm werden,
Sie hat mich Wund gemacht.

Sie kräncket mich im Hertzen,
Wer rahtet meiner Glut?
Nicht Creutz noch Todes-Schmertzen
Bezwingen ihren Muht.

Die Liebe lehrt mich tragen
Die spitze Dornen-Krohn',
Hat also mich zuschlagen,
Sie wircket diesen Hohn.

Ja daß ich Gall genossen
In meinem Durst, ein Speer
Die Seiten mir durchstossen,
Rührt bloß von Liebe her.

Sie kan mich einig zwingen,
Daß diese Nägel mir
Durch Händ und Füsse dringen,
Dies alles danck' ich ihr.

[Nr. 87:] Dach übersetzte in der Passionszeit 1651 neun Elegien (Klaglieder) aus den *Poemata* des Carolus Malapertius (Antwerpen 1616) und widmete sie seinem Freunde Reinhold Langerfeld, Ratsherrn der Altstadt.
Huc ... olympo: »Hierher hieß er mich herabsteigen vom Sternenhimmel«.

Für solche Trew und Schmertzen,
Mensch, wilst du danckbar seyn?
So liebe mich von Hertzen,
Ich wil nur Lieb' allein.

8. Hornung 1651.

88

Sehnliche Klage,
welche bey zwar seligem aber sehr trawrigen Ableiben des weitberühmten Musicerfahren Mannes Hn. Heinrich Alberten etc., meines alten und daher trewesten Freundes, aus hertzlicher Wehmut geführet, ich Simon Dach.

10. Weinmonat 1651.

UNd ich, o Bruder, hab' empfunden
Nun endlich auch noch deinen Tod,
Ach du mit dem ich mich verbunden,
Von Jugend auff in Lieb vnd Noht.

Wie hab' ich mir von meinem Leben
Die rechnung jederzeit gemacht,
Ich würd' es längst vor dir auffgeben?
Nun leb' ich, du wirst hingebracht.

Was muß ich über Ohnmacht klagen?
Was lässt der Durst mir selten Rhu?
Die Freunde werden hingetragen,
Ich leb' halb tod noch jmmer zu.

[Nr. 88:] Als letzten seines engern Freundeskreises verlor Dach den Domorganisten Heinrich Albert, der 1651 siebenundvierzigjährig starb. Seine Kompositionen hatten Dachs Gedichte sowohl angeregt als weithin bekannt gemacht.

Blum, Ribou, Roberthin sampt andern
Wo sind sie? wer kennt jhren Pfad?
Sie haben dahin müssen wandern
Wo Stille stets die Herrschafft hat.

Du warst mir übrig noch von allen,
Mein Hertz war noch auff dich gestellt,
Vnd nun bist du auch umbgefallen,
Was leb' ich länger in der Welt?

Die Freundschafft muß vns vnterhalten,
Der Mensch ist ein gesellisch Thier,
Wenn die beginnet zu erkalten,
Was nützt vns lange seyn allhier.

Kein Glück taug Glantz ohn sie zu haben,
Ohn sie hat Hoheit keinen Pracht,
Sie würtzt vnd kröhnt vns alle Gaben,
Die Sonn ohn sie ist finstre Nacht.

Sol ich mir andre Freund' erwehlen?
Dieß wäre nun für mich zu spät,
So möcht' es mir auch warlich fehlen,
Sie sind zu dünn anjetzt gesät,

Wer würde so zu meinen Sinnen
Sich reumen, Bruder, als zwar du?
Du kantest mich, ich dich, von innen,
Was meine war, war deine Rhu.

Ich hette Thürn' auff dich gebawet
So fest war deiner liebe Grund,
Was deinem Hertzen ward vertrawet
Stieg nie herauff dir in den Mund.

Was sol ich ferner Worte machen
Von deiner werthen Frömmigkeit,
Von Sanfftmuth, Still vnd andern Sachen?
Du warst ein Wildprät vnsrer Zeit.

Kein Kind weiß über dich zu klagen,
Was man dir jmmer zugefügt,
Hast du bescheiden stets ertragen
Vnd blos dich mit Gedult begnügt.

Kein Arbeit war dir je zu wieder,
Die dich nicht wenig umbgebracht,
Zu stellen dem vnd jenem Lieder
Bist du gesessen manche Nacht,

Vnd solches gern vnd vnverdrossen,
Hast dich wildfrembden angewand,
Was aber du davor genossen
Ist Gott vnd dir vnd mir bekant.

Nun wird man allererst dich missen,
Dich gern, es kömpt vielleicht die Zeit,
Im Leben wieder wollen wissen,
Vmbsonst, du liegest abgemeyt.

Der Thum hat schon nach dir verlangen,
Die Orgel ist von Vnmuth schwer,
Wird sie mit solchen Liedern prangen,
Nun du jhr abstirbst, wie bißher?

Du hast gelehrt vns Preussen singen,
Dir schweigte Midas sein Geschrey,
Gebirg vnd Thal muß noch erklingen
Von deiner süssen Melodey.

Du legtest offt dem schnellen Pregel
Durch Stimm vnd Seiten seinen Lauff,
Gieng ohngefehr vorbey ein Segel,
So hieltst es du, ein Orpheus, auff.

Wie klagt hie Echo deinetwegen,
Dieweil dein Spielwerck schweiget, rufft
Sie vns so hell nicht mehr entgegen,
Sie trawret vnd mit jhr die Lufft.

Pan lässt für vnmuth sich nicht hören,
Die Nymphen klagen gleich wie er,
Er weiß nun nichts von seinen Röhren,
Die sind zubrochen aus Beschwer.

Wie wird es stehen vmb die Deinen,
Was Noht wird da seyn überall?
Wie wird Herr Schütz so hertzlich weinen,
Wird er erfahren deinen Fall?

So weit dein Nahm dich hat getragen,
Der Oder-Elb- vnd Schelde Strand
Wird hertzlich deinen Tod beklagen,
Vnd deines Fleisses trewe Hand.

So offt man wird die Lieder hören,
Die deine Kunst vns hat geschenckt,
So offt wird auch dein Lob sich mehren,
Das nie kan werden eingesenckt.

So lang der schnelle Pregel rauschet
Vnd träncket den gelehrten Thum
Vnd reiche Wahren hie vertauschet,
So lang besteht dein werther Ruhm.

Ich aber muß ohn dich nun wallen,
Was nützen nun die Lieder mir?
Kein Verß mag mir ohn dich gefallen,
Du raffest meinen Geist von hier.

Die Adern werden mir gantz Eisen,
Kein Brunn ist der mich tränken kan,
Mein Arbeit zog durch deine Weisen
In Warheit newe Kleider an.

Wer wird mich ferner also zieren?
Wer bringt mich ferner in die Welt?
Mein Nahm wird endlich sich verlieren
Weil niemand jhn mehr vnterhält.

Was ich biß hieher müssen schreiben
Bekleibe wo es kan, wo nicht?
So sterb' es, hiebey wird es bleiben,
Weil Muht vnd Geist mir mehr gebricht.

Doch hab' ich dir noch was zu ehren,
Offt giebt die Trew noch etwas ein,
Ich schreib' es deinen Ruhm zu mehren,
Solt' auch mein Blut die Tinte seyn.

Bekleibe: Klebe, hafte, bestehe.

89

Christliches Klag- und Trost-Liedchen.

VAter, deine Ruth'
Hab ich gnug geschmecket,
Deines Eiffers Glut,
Hat mich stets erschrecket,
Vmb mein Leiden weist
Du erst allermeist.

Nunmehr wil es auch
Mit mir Abend werden,
Wie ein dünner Rauch
Auffsteigt von der Erden,
Wie ein Dampff entsteht,
Aber bald vergeht.

Also nehm' ich ab,
Meine krancke Glieder
Eilen in das Grab,
Alles legt sich nieder:
Ich bin alt und matt
Vnd des Lebens satt.

Aber weist du dich
Mein nicht anzumassen?
Wirst du jetzund mich
Hülff- und Trostloß lassen?
Wird dein Wort allein
Mir nicht Warheit seyn?

[Nr. 89:] Zum Begräbnis der Frau Barbara Bierwolff 1652, vertont von Johann Weichmann; um zwei Schlußstrophen gekürzt.

Ich wil Euch, sprichst du,
Seyn in bösen Tagen,
Auffenthalt und Rhu,
Euch im Alter tragen,
Ewer grawes Haar
Retten aus Gefahr.

Diß vollbring an mir
Die ich mühsam lebe,
Tag und Nacht zu dir
Meine Händ' auffhebe,
Vnd ohn unterlaß
Bin von weinen naß.

Wie ein Wandersmann
Nach der Herberg eilet,
Sieht kein Wetter an,
Nirgends sich verweilet,
Also sehn ich mich
Auch zu schawen dich.

Vnterdessen steh
Hie mir, Herr, zur Seiten,
Hilff mir alles Weh
Fein getrost bestreiten,
Tilge meine Schuld
Vnd verleyh Gedult.

Ist es dann dein Will'
Vnd ich sol verscheiden,
Ey so nimm mich still
Hin aus diesem Leiden,
Stell die wahre Rhu
Mir im Himmel zu.

90

Letzte Ehre.

MIt eusserlichen Dingen
Die grosses Ansehn bringen
Ist's warlich nicht gethan,
Nicht daß ich einen Tadel
Wüst' auff den wahren Adel,
Ich lobe Schild vnd Fahn,

Als welche Zeugnis geben
Vom ritterlichen Leben
Der Ahnen die im Streit
Sich tapffer stets gehalten
Wenn Glimpff nicht können walten
Zu Schutz der Billigheit.

Daß aber hie die Güte
Vnd Rhu die mein Gemüte
Begnügt zu finden sey,
Wil mir, den Pracht vnd prangen
Noch nie hat können fangen,
Nicht allerdinges bey.

Ich pfleg' in vielen Wegen
Bey mir zu überlegen
Den Bürgerlichen Stand,
Wenn er mit Gott vnd Ehren
Sich suchet zu vermehren,
Er kriegt die Oberhand.

[Nr. 90:] Ein Bürgerlied, Lob des bürgerlichen Lebens, beim Tod des kneiphöfischen Kauf- und Handelsmannes Gregor Werner 1652.
Glimpff: Artigkeit, Angemessenheit, Schadlosigkeit.

Er grüßt für allen Sorgen
Vmb einen jeden Morgen
Am ersten Gottes Hauß,
Vnd trägt die besten Sachen
Sich ewig reich zu machen
Im Hertzen da heraus.

Den Vnterhalt zu leben
Mus jhm sein Speicher geben
Sein Laden vnd das Thor
Wie schwer es jhm mag werden,
Gott giebt zwar Brod der Erden
Nimmt aber Fleiß davor.

Vnd wil er von dem Segen
Dann seines Leibes pflegen,
Er wirfft die Sorgen hin,
Der Hoff muß seiner warten,
Ein Wald, ein grüner Garten
Erfrischet seinen Sinn.

Ob in dem Türcken-Kriege
Venedig nochmahls siege,
Was Barcellona thu,
Was die Frantzosen machen
Für allen solchen Sachen
Hat er gewünschte Rhu.

In seiner Todes-Stunden
Fleucht er zu Christi Wunden
Vnd sucht der Seelen Raht,
Mus er die Gott hingeben,
Macht er die Würmer, eben
So als ein König, sat.

Was sol ich mehr hie sagen?
Der jetzt wird hin getragen
Herr Werner seht jhn an,
(Wer kennet nicht sein Wesen?)
Er war ein auserlesen-
Glückhaffter Bürgersman.

Gerecht war stets sein Handel,
Still vnbefleckt sein Wandel,
Er liebte Gottes Wort,
Pflag Glück vnd Lust zu schawen
An allen beyden Frawen,
Die schickt er erstlich fort.

Man sah auch sich den Segen
Vmb seinen HaußStand regen,
Den hat er, wie bekant,
Den Seinen zugemessen
Der Armut vnvergessen
Mit einer freyen Hand.

Er hielte viel vom Frieden
Von allem Streit geschieden,
Er war der Nachbarn Lust
Wie allen Bürgers-Leuten,
Die jhn zu jeden Zeiten
Sehr gern vmb sich gewust.

Hat KindesKind umbfangen
Ist stets gesund gegangen,
Bis gar das Alter kam,
Da er sich Gott ergeben,
Vnd so aus diesem Leben
In Frieden abschied nahm.

Wol jhm, ja wol vns allen
Wenn wir nur Gott gefallen,
Stets in vns selber gehn,
Still vnser Wesen treiben,
Sonst gern vergessen bleiben,
Nach keinen Händeln stehn!

Ein ander mag sich blehen,
Vnd groß seyn angesehen,
Mein Vrtheil vnd Gericht
Mus den erst elend nennen,
Den alle Leute kennen,
Er kennt sich selber nicht.

91

ICH sang vor vielen Jahren:
Laß sterben, laß hinfahren
Was zeitig sterben kan,
Die Zeit ist so beschaffen,
Daß die, so selig schlaffen,
Erst wol sind umb und an.

Ietzt klagen meine Seiten
Gerechter als vorzeiten,
Nun uns die Fluth bezwingt,
Vnd an die Seele steiget,
Nun hie sich alles neiget
Vnd mit dem Tode ringt.

Sing' ich von jung erkalten?
Man möchte selig halten

[Nr. 91:] Trostlied auf den Tod eines Zwanzigjährigen aus dem Jahr 1655. Dach zitiert darin aus seinem Grablied für ein Kind von 1641 (Z III,58).

Allein denselben schier,
Wie Posidippus schreibet,
Der ungesehen bleibet
Von aller Sonnen Zier.

Ietzt müssen wir bekennen,
Wie selig die zu nennen
So hie der Seuchen zwangk
Gebracht in ihre Kammer,
Sie hören keinen Jammer
Vnd keiner Waffen Klangk.

Ich sagte fast die Seinen,
So sterben, itzt beweinen
Sey Vnbesonnenheit,
Ich muß für Freuden lachen
Seh' ich ein Grab wo machen,
So bös' ist diese Zeit.

Wir bawen an den Wällen,
Darauff wir Krieger stellen,
Der Feinde Wiederstand,
Wer suchet nicht zu wachen
Vnd schickt die besten Sachen
Wo in ein sicher Land?

Wann ich ein' Insul wüste
In die kein Feind hin müste,
Da Ruh wär' überall,
Wie gern würd ich ohn weinen
Hie lassen alle Meinen,
Zu fliehen für dem Fall.

Posidippus: wohl der Epigrammatiker Poseidippos von Pella (um 270 v. Chr.).
So bös' ist diese Zeit: Der beginnende schwedisch-polnische Krieg bringt Preußen erneut in Gefahr.

Die Insul ist der Himmel,
Dahin kein Welt-getümmel
Kein Krieges-wetter reicht,
Dahin sich nichts als Leben
Vnd Vnschuld kan begeben,
Da aller Tod verbleicht,

Da aller Streit sich endet,
Daselbst ist angelendet,
Nun, Fraw, auch ewer Sohn,
Ist zu der Ruh gekommen
Vnd trägt sampt allen Frommen
Des Glaubens wehrten Lohn.

Wohnt in des Friedens-Hütten,
Wo keine Feinde wüten,
Dem Vater beygefügt,
Der in den guten Jahren
Bereit dahin gefahren
Vnd unbesorget liegt.

Gebt maß, Fraw, ewrem Leiden,
Mißgönnt ihm nicht die Freuden:
Vnd fährt er jung dahin,
Die Welt-Sirenen werden
Nicht mit dem Gifft der Erden
Entzünden seinen Sinn.

Das Vnglück dieser Zeiten,
Damit wir itzt noch streiten,
Wird nimmer ihn bestehn,
Er darff nicht ängstig schawen,
Wie wir für Furcht und Grawen
Nur nicht gar untergehn.

Vnd wann wir weinen wollen
So lasst uns, was wir sollen,
Beweinen unsre Schuld,
Nur diß kan GOtt gewinnen,
Daß er mit Vater-Sinnen
Vns träget durch Gedult.

Es ist doch allerwegen
Allein an uns gelegen,
Wer sich zu Ihm bekehrt
Der wird der Noht entladen
Vnd endlich seiner Gnaden
Vnd aller Ruh gewehrt.

92

Abend-Lied am Sonntage.

Der Tag hat auch sein Ende,
Die Nacht ist wieder hier.
Drumb heb' ich Hertz und Hände,
O Vatter, auff zu dir,
Vnd dancke deiner Treu
Die mich gantz überschüttet
Vnd für der Tyranney
Der Hellen mich behütet.

Dein Wort hat auch daneben
Mein kranckes Hertz geheilt,
Mir reichlich Trost und Leben
In aller Noht ertheilt.

[Nr. 92:] Aus dem *Preußischen Gesangbuch* von 1657: »Nach der Weise des 107. Psalms im Lobwasser zu singen«.

Für solche Liebes-That
Was sol ich Dir erzeigen?
Was Erd' und Himmel hat
Das ist vorhin dein eigen.

Mein Hertz sey dir geschencket,
Das richt', O GOTT, Dir zu.
Daß, was es nur gedencket,
Sey nichts als einig Du.
Entzeuch es dieser Welt,
Daß es aus diesen Thränen
In deiner Freuden Feld
Sich mög' ohn ablaß sehnen.

Vnd da ich heut verübet
Was wieder Dein Gebot
Vnd deinen Geist betrübet,
Das sey vertilgt und tod
Durch Christi theures Blut,
Das mildiglich geflossen,
Als Er es mir zu gut
Aus Liebe hat vergossen.

Vnd weil ich itzt soll schlaffen,
So laß mich sicher seyn
Durch deiner Auffsicht Waffen,
Schleuß deiner Hut mich ein,
Des Teuffels Mord und List,
Der bösen Menschen Tücke
Vnd was sonst schädlich ist,
Treib, HERR, von mir zurücke.

Laß mich kein böses Ende
Betretten allermeist,
Denn ich in deine Hände
Befehle meinen Geist.

Ich bin zu allerzeit
Dein Eigenthum und Erbe,
Es sey Lieb' oder Leid,
Ich leb', HERR, oder sterbe.

93

Morgen-Lied an der Mittwoche.

Der Nacht Gefahr und Grauen
Ist dießmahl auch vorbey,
Das Tag-Licht läßt sich schauen,
Das wache Hahn-Geschrey
Sagt, daß es Morgen sey.

Die Welt springt aus dem Bette
Zur Arbeit die sie kan,
Es legt sich umb die Wette
Zugleich ein jederman
Mit Kleid und Sorgen an.

Ich wil für allen Dingen,
GOtt, deiner Liebe Macht
Auff meinem Psalter singen,
Daß Du mich diese Nacht
So väterlich bewacht.

Ich hab' als tod geschlaffen
Ohn Sinn und ohn Verstand,
Beschirmt durch keine Waffen
Für Sathans starcken Hand,
Für Dieberey und Brand,

[Nr. 93:] Aus dem *Preußischen Gesangbuch* von 1657: »Im Thon: O Christe Morgenstern«. Gekürzt um die letzten sechs Strophen.

Ohn daß Du mich verborgen
In deiner Gunst Gezelt
Und hast aus treuen Sorgen
Dein Hut umb mich gestellt,
Die uns stets schadloß hält.

Kein Vater deckt die Kinder
So treu des Abends zu,
Daß jedes ihr nicht minder
Denn er gewünschet ruh
Als, treue GOtt, mich Du.

So wil ich auch erhöhen
Dich, weil ich leb allhier,
Jetzt laß ich mit auffstehen
Die Seiten, meine Zier,
Dir dancken einig Dir.

94

MIt was Gefahr bistu, O Mensch, umbgeben!
Kein Augenblick hält dich vom Tode frey,
Noch sorgest du so wenig für dein Leben,
Und daß dein Ziel dir auff dem Nacken sey.
Ein blosser Dampff, ein ungewisser Tritt,
Wer gläubt es wol, kan unser Letztes seyn,
Der Todt dringt sich bey allen Sachen ein,
Du nimbst ihn stets zu Tisch und Bette mit.

Ein Kriegsmann meynt, er muß im Streit erliegen,
Ein Schiffer wo durch Sturm auff wildem Meer,
Ein Wandersmann, der Mörder werd' ihn kriegen,
Ein andrer scheut das Ende sonst woher.

[Nr. 94:] Aus dem *Preußischen Gesangbuch* von 1675.

Ich meide Gift, Empörung, Schiffbruch, Schlacht,
Pest, Hunger, Brandt, Verräterey und Mord,
Und was ich kan, und endlich muß ich fort
Durch einen Tod, auff den ich nie gedacht.

Der fromme Storch kennt seine Zeit gar eben,
Die Sonne weiß, wenn nun ihr klares Licht
Umb Abendzeit uns gute Nacht sol geben,
Der arme Mensch weiß umb sein Ende nicht;
Wie in dem Netz' ein Vogel sich verstrickt,
Und wie ein Fisch ins Garn kömmt ohn gefehr,
So werden wir (ach Jammer!) hin und her
Gantz unverhofft zur bösen Zeit bedrückt.

Kein einigs Ding kan auff der weiten Erden
Gewisser seyn als unser aller Tod.
So ungewiß kan nichts gefunden werden
Als zwar die Zeit und Stunde solcher Noht,
Bloß daß wir stets zu sterben fertig seyn,
(Erkenn auch hie des Höchsten Lieb und Rath)
Und Sicherheit nicht finde bey uns statt,
Die auff uns bringt des andern Todes Pein.

Ach HErr, lehr uns diß alles wol bedencken,
Bring uns die Flucht des Lebens gründlich bey,
Damit wir uns zur rechten Klugheit lencken
Durch steten Haß der Welt und wahre Reu,
Tödt unser Fleisch und laß uns aufferstehn
In Christo, leit uns auff der Warheit Bahn,
Wer solcher Art wird täglich abgethan,
Wird durch den Tod in jenes Leben gehn.

Der Freundeskreis

Heinrich Albert

95

Morgen-Lied.

GOtt des Himmels vnd der Erden,
Vater, Sohn, vnd Heilger Geist,
Der es Tag vnd Nacht lässt werden,
Sonn' vnd Mond vns scheinen heist,
Dessen starcke Hand die Welt,
Vnd was drinnen ist, erhält.

Gott, ich dancke Dir von Hertzen
Daß Du mich in dieser Nacht
Für Gefahr, Angst, Noht vnd Schmertzen
Hast behütet vnd bewacht,
Daß des bösen Feindes List
Mein nicht mächtig worden ist.

Laß die Nacht auch meiner Sünden
Jetzt mit dieser Nacht vergehn!
O, Herr Jesu, Laß mich finden
Deine Wunden offen stehn,
Da alleine Hülff' vnd Raht
Ist für meine Missethat!

Hilff, daß ich mit diesem Morgen
Geistlich aufferstehen mag
Vnd für meine Seele sorgen!
Daß, wenn nun dein grosser Tag
Vns erscheint, vnd dein Gericht,
Ich davor erschrecke nicht!

Füre mich, O HERR vnd leite
Meinen Gang nach deinem Wort,
Sey vnd bleibe Du auch heüte
Mein Beschützer vnd mein Hort!
Nirgends als von Dir allein
Kan ich recht bewahret seyn.

Meinen Leib vnd meine Seele
Sampt den Sinnen vnd Verstand
Grosser Gott, ich Dir befehle
Vnter deine starcke Hand,
Herr, mein' Ehre vnd mein Ruhm,
Nimm mich auff, dein Eigenthum!

Deinen Engel zu mir sende,
Der des bösen Feindes Macht
List vnd Anschlag von mir wende,
Vnd mich halt' in gutter Acht,
Der auch endlich mich zur Ruh
Trage nach dem Himmel zu!

96

Dominus mea sola voluptas.

Auff mein Geist! Vnd nun erhebe
Gottes Gütt' vnd Vatter Trew,
Er ist, der so lang ich lebe
Mich macht aller Sorgen frey
Drumb auch jhm allein zu Ehren
Sich mein Spiel soll lassen hören.

Dominus … voluptas: »Der Herr allein ist mein Verlangen.«

Seine Huld vnd Liebe machet
Daß ich also frölich bin,
Daß mein Mund nur singt vnd lachet
Vnd wirfft alles Trawren hin;
Alles Trawren, alles Leiden
Wendet Er in lauter Frewden.

Grosser GOtt, laß dir gefallen
Was mein Mund auß Einfalt singt,
Dein Lob müsse weit erschallen
Biß es durch die Wolcken dringt,
Dich zu rühmen vnd zu preisen
Soll man einig sich befleissen.

97

Cras serum est discere, disce hodie.

ICh empfinde gar ein Grawen,
Bachus, daß ich für vnd für
Bin gesessen neben dir;
Es ist zeit zu rück zuschawen,
Vnd von deinen Zechgesellen
Von der tollen Bursch zugehn,
Von den Humpen abzustehn
Vnd den Büchern nach zustellen;

Besser nützet vns Studiren,
Als bey lauter Vngemach

Cras ... hodie: In AA 1,19 vertont Albert Opitz' bekanntes Gedicht »Ich empfinde fast ein Grawen, / Daß ich, Plato, für vnd für / Bin gesessen vber dir« unter dem Motto »Cras serum est vivere, vive hodie« (»Morgen ist's zu spät zum Leben, lebe heute«); als 1,20 läßt er diese »Nachöhmung vorhergehnder Oden« folgen: »Morgen ist's zum Lernen zu spät, lerne heut'«.

Vnsre kurtze Lebens-Bach
Von der Tugend ab-zuführen;
Wollen wir nicht inne werden,
Wann der Tod vns reisst dahinn,
Daß auch vnser kluger Sinn
Wie ein Vieh liegt in der Erden.

Keiner hört daß ich mehr frage:
Wo der beste Trunck mag seyn?
Ich scheid ab von allem Wein,
Vnd sampt andern mich beklage
Daß die tummen Lüste haben
Vnsre Zeit so hinngerafft,
Vnd sie in den süssen Safft
Den die Traube giebt, vergraben:

Weg mit Zucker vnd Melonen!
Ich acht' ewres Schmackes nicht,
Nun ich seh was mir gebricht:
Meiner Heller kan ich schonen
Vnd bey andern schönen Schätzen
Die ein Buch zubringen pflegt
Da mein Sinn sich drüber legt,
Besser, als bey Euch, ergetzen!

Gute Nacht, jhr vollen Brüder!
Ewer Plarren, ewer Glaß
Ist, ich weiß schier selbst nicht was
Gegen guter Köpffe Lieder.
Hiedurch hoff ich zu ererben,
Weil die Bücher für dem Wein
Meine Zeit-vertreiber seyn,
Daß mein Lob wird nimmer sterben.

98

An Heinrich Schütz.

Ihr, hochberühmter Schütz, habt zwar durch eure Lieder,
Die Ihr zu Gottes Lob laßt schallen hin und wieder,
Euch solche Lieb' und Gunst bei aller Welt erregt,
Daß jedermann sie gleich den schönen Schätzen hegt:
Mein werter Walter Roy (der Musik schönste Zierde
Beim Hause Brandenburg, das noch ihm mit Begierde
Gibt gnädigstes Gehör, dieweil sein gutes Spiel
Des Orpheus Saiten selbst nicht weichen darf zu viel)
Wollt' auch dem Namen nur besondre Ehr' erweisen
Und sagt', Ihr sollet Schatz und nicht mehr Schütze heißen,
Von andern schweig ich still. Doch gleichet alles nicht
Der Huld und Liebe, die Gott selbst auf Euch gericht,
Auf Euch, sein teures Pfand, das gleich den Cherubinen
Er zubereitet hat ihm auf der Welt zu dienen,
Zu singen seinen Preis. Und ob aus Übermut
Das grimme Märtis Volk euch jetzt gleich Leid antut,
Soll dieses Euren Sinn, der himmlisch ist, verletzen?
O nein, an Gottes Huld könnt Ihr Euch baß ergötzen,
Die Ihr auch jetzt mit Lust an eurer Tochter schaut,
Als sie Herr Pinckerten wird ehlich anvertraut
Nach Gottes weisem Rat. Er will auch seinen Segen
Mit gnadenreicher Hand auf Eure Kinder legen.
Was werdet Ihr für Freud' empfinden doch davon
Wann Euch umhalsen wird der liebsten Tochter Sohn?
Ich hoff', es wird Euch Gott noch diese Gnad' erweisen,
Daß Ihr sein' Ehr' auch sollt an euren Feinden preisen.

[Nr. 98:] Zur Hochzeit von Heinrich Schützens einziger Tochter Euphrosyne mit dem Juristen Christoph Pinckert im Dezember 1647 gratulierten neben Simon Dach (vgl. Nr. 35) und Christoph Kaldenbach (»Mars, du Störer süßer Freuden«) auch sein Vetter Heinrich Albert mit dieser Epistel.
Walter Roy: wohl der bei Albert gelegentlich als »berühmter Musicant« genannte Walter Rowe (vgl. AA, S. 181).
Märtis: des Mars.

99

Lob der Könige.
Nach erhaltenem Friede in Preüssen.

O Jhr Götter dieser Erden,
Die Jhr Kron vnd Scepter führt,
Die Jhr must gefürchtet werden,
Weil eüch Ehr vnd Macht gebührt,
Die Jhr mit so starcker Hand
Herrschet vber Leüt vnd Land.

Jhr seydt die berümbten Helden;
Nur von ewrer Dapfferkeit
Hette man genug zu melden,
Sie zu preisen weit vnd breit:
Wie Jhr offt gantz vnverzagt
Ewer Leib vnd Leben wagt!

Doch wir lassen dieses fahren,
Vnd gedencken nur allein
Wie von so viel hundert Jahren
Wir von Euch geschützet seyn;
Wie Jhr dessen euch nicht schämt
Vnd vns in die Arme nehmt.

Da sich Mars ietzt wolt' erregen,
Vnd mit Schrecken vor vnß stund',
Eben, alß er seinen Degen
Auß-zu-wetzen schon begunt,
Sagt Jhr vns nur lauter Ruh,
Gnade, Lieb' vnd Friede zu.

[Nr. 99:] Veröffentl. in AA 5,10 (1642).

Daß wir können sicher schreiben
Was zu schreiben würdig ist;
Daß man kan die Tugend treiben;
Vnd der Künste nicht vergisst;
Daß sich vnser Menschen-Geist
Des, was Himlisch ist, befleist;

Daß wir mit gelehrtem Singen,
Mit geschickter Melodey
Können vnsre Zeit zu bringen;
Vnd ein jeder sich dabey
Frewet vnd von Hertzen lacht,
Habt Jhr Könige gemacht.

Vnser Phebus sol hinwieder
Danckbar also vmb Euch stehn,
Vnd Eüch, krafft gelehrter Lieder,
Hievor zu erheben gehn,
Vnser Phebus, der allein
Menschen heist vnsterblich seyn.

100

Bey seeligem Abschied Anna Katharinen, Herrn Andreas Holländers, Rahtsverwandten und Voigts der löbl. Stadt Kneiphoff, geliebten Töchterleins, den 2. Septembr. 1648.

DEr rauhe Herbst kömpt wieder!
Jetzt stimm' ich meine Lieder
In jhren Trawer-Thon:
Die Sommer-Luft vergehet,
Nichts auff der Welt bestehet,
Der Mensch mus selbst davon.

Du, GOtt und HErr der Zeiten,
Wilst, daß wir uns bereiten
Zu unsrer wahren Ruh;
Stets zeigst Du dein Gemüte,
Schickst uns aus milder Güte
Auch stumme Lehrer zu:

Ein Gräschen wil uns sagen,
Ein Blat uns vor wil tragen
Was unsre Pflicht sol seyn;
Wir sollen GOtt dem HErren
Stets Thür und Thor auffsperren
Wenn Er kehrt bey uns ein.

Die Rose lässt sich brechen,
Wird niemals wiedersprechen
Des Garten-HErren Hand:
Der Apffel, zu geniessen,
Fällt selbs zu deinen Füssen,
Lässt willig seinen Standt;

Töchterleins: 1646 hatte Dach Holländer zum Tod eines Sohnes ein »Christliches Mitleiden« in Form eines Sonetts geschrieben (Z III,125).

Vnd du, Mensch, wolst nicht eben
Dich deinem GOtt' ergeben!
Was ist dein gröster Ruhm?
Daß Er dich hat erschaffen
Geziehrt mit Glaubens-Waffen
Zu seinem Eigenthum.

Schickt Er dann Creutz und Schmertzen
Nimmt, was uns kömpt vom Hertzen,
Er meint's doch allzeit gut;
Vnd sind wir Gottes eigen,
So laßt uns stille schweigen
Zu allem was Er thut!

Wer mag der Welt Getümmel
Erwehlen für den Himmel?
Hilff, Christe, GOttes Sohn,
Daß wir uns stets gewehnen
Nach Dir allein zu sehnen,
Vnd deinem Gnaden-Thron!

Laß auch mein seeligs Ende
Sich nahen mir behende!
Die Welt ist mir Beschwehr:
Was Sie hat außerlesen
Ist trieglich-Thun und Wesen
Vnd Sünden-volles Meer;

Hie schwimm' auch ich mit Sorgen.
Komm, so Du wilst, vor Morgen,
Bring mich an sichern Port,
Da mit der Engel Weysen
Ich Ewig könne preisen
Dich, meinen Gnaden-Hort!

101

MUß dann mein Trawer-Thon nun abermal erklingen?
O weh, daß Gottes Raht in so gar kurtzer Zeit
So Edle Seelen, gleich den Blumen, abgemeyht!
Von welcher wahrem Ruhm fast keiner gnug kan singen.

Wer wolte dessen nicht auch solch' ein Vrsach bringen:
Weil diese böse Welt nicht ihrer würdig war;
Die Oberhand behält, da denen muß gelingen

Die nur aus übermuth die Vnschuld gerne plagen
Vnd mit vergiffter Zung', als böse Thiere, nagen.
Du Welt, du Vngehewr, du Wohn-Hauß aller Pein,

Wie solt' ein Frommer nicht dich gerne wollen meiden,
Vnd stets bereitet stehn, wann GOtt wil, abzuscheiden?
Ach möchte dieses auch mein Schwan-Gesang nur seyn!

[Nr. 101:] Ein Druck des Leichencarmens Dachs für Barbara Bierwolff vom 13. September 1651 (Z III,265), welches Albert komponierte, hat in der Quinta vox zusätzlich dieses sein letztes Gedicht; er starb wenige Wochen danach, es war sein »Schwan-Gesang«. Der fehlende V. 7 im zweiten Quartett dürfte einem Versehen zum Opfer gefallen sein, er fehlte schon bei Fischer (S. VII f.); mögliche Ergänzung: »Wie denn der arge Feind in ihr doch immerdar«.

102

Musicalische Kürbs-Hütte,
Welche vns erinnert Menschlicher Hinfälligkeit,
geschrieben vnd In 3 Stimmen gesetzt
von Heinrich Alberten.

1641.

An den Kunst-liebhabenden Leser.

ES würde sonder Zweiffel jedwederm Musicanten gar annehmlichen seyn, wann ein Componist seinem Musicalischen Wercke die Partituram stracks beylegete; in Anmerckung des grossen Nutzes, welcher, so wol in Anstellung eines Stückes, als auch im Spielen vnd Mit-einstimmung eines Positifs, Clavicimbels, etc. in Erlernung guter Musicalischer Griffe, darauß zu gewarten; Allein, solches wird etwa theils wegen der Weitläufftigkeit, theils wegen Bespahrung der Vnkosten von denen meisten vnterlassen: Dennoch aber von etlichen so viel hinzugethan, daß sie einen Bassum Generalem jhren Sachen beyfügen, worauß denn auch ein Director Chori, viel mehr aber der Organist seinen Vortheil haben vnd nehmen kan, als welcher dadurch der Mühe des Absetzens (da es dann offtermals nicht so wol an gutem Willen, als an der Zeit vnd Gelegenheit mangelt) überhoben wird. Welches aber nicht dahin zu verstehen, daß man aus selbigem Basso ein Musicalisches Stück eben so richtig mit seinen Mittel-Stimmen, wie es gesetzet, spielen vnd hören lassen könte, Nein! denn auff solchem fall nothwendig die Partitura oder das Absetzen erfordert wird; Sondern nur so fern, wann die Singer bey jhrem Musiciren ein Corpus gebrauchen wolten, auch offte vmb des Stückes willen gebrauchen müssen, daß man alßdann nicht dürffte warten, bis es abgesetzet were, sondern der Organist alsobald solcher Music mit-ein-stimmen vnd

[Nr. 102:] Vgl. Nachwort, S. 364–367.

Titelkupfer zu Heinrich Alberts
»Musicalischer Kürbs-Hütte«, 1641.

selbige aus mehr ermeltem Basso mit guten Accorden stärcken vnd so viel desto besser zieren könne. Zwar in diesen meinen Liederchen möchte es vielen als vnnötig vorkommen, daß ich die Partituram vnd in derselben einen Bassum Generalem beygefüget, weil solche an sich selbsten sehr kurtz, vnd da man sie zu musiciren kaum angefangen, stracks wiederumb auffhören, daher sie dann auch geschwinde könten abgesetzet werden. Doch hoffe ich, daß auch solcher Vberfluß keinen Schaden bringen wird: Zum wenigsten können die vnwissenden des General-Basses eine feine Anleitung zum Spielen darauß schöpffen, da offt jhrer viel durch die langwehrende Lieder abgeschreckt, jhren Fleiß vnd Nach-dencken drüber sincken lassen.

Ermelde Liederlein aber kommen her durch diese Gelegenheit: Ich ware bedacht meinen Wolthätern vnd Freunden, die mein geringes, nicht ohn spöttliches Bereden vieler Leute new-angelegtes Gärtlein bißweilen zu ersuchen, mich würdigten, eine Ergetzung zu machen, in dem ich jhre Namen, nebenst etlichen Reymen, an sonderliche Kürbse anschriebe. Als sie solches sahen, liessen sie sich diese meine kurtze vnd Sommerliche Erjnnerung jhrer Namen nicht mißgefallen, ohn daß Robertihn weiter erwehnte: Es würde in vnserer Gesellschafft noch anmuhtiger vnd zuvorauß dem Garten rühmlich seyn, wenn wir solche Reyme vnter der Kürbs-Hütten singen könten. Dieses meines guten Freundes vngefehrliches Erjnnern ließ ich mir so fern angelegen seyn, daß ich mehr-berührte Reyme nicht allein auf die Art, als ich vermeynete meinen Freunden annehmlich zu seyn, nach meinem Vermögen setzete, sondern auch hiemit an den offentlichen Tag gebe. Vnd bitte Euch, dafern meine geringe Worte vnd Weisen euch verachtbar düncken, Jhr wollet euch auffs wenigste die Besinnung der Menschlichen Hinfälligkeit nicht zuwider seyn lassen, sondern vielmehr dieselbe zu ewrem grossen Nutz überall mit mir behertzigen. Womit ich euch GOtt befehle.

Heinrich Albert.

1. Mit der Zeit ich kommen bin,
Fall' auch mit der Zeit dahin!
2. Mensch, hierinnen sind wir gleich,
Du magst Schön seyn, Jung vnd Reich:
Vnser Pracht kan nicht bestehn,
Beyde müssen wir vergehn.
3. Nun ich jung noch bin vnd grüne,
O, so hält man mich im Wehrt!
Bin ich welck vnd nicht mehr diene,
Wer ist dann der mein begehrt?
4. Mensch, ich kan es leichtlich gläuben
Daß du wünschst, ich möchte bleiben;
Nicht dein Will', auch meiner nicht,
GOttes Wille nur geschicht.
5. Wenn der rauhe Herbst nun kömpt,
Fall' ich ab, vnd muß verderben.
Wenn dein Ziel dir ist bestimmt,
Armer Mensch, so mustu sterben.
6. Sieh mich an,
Vnd dencke dran:
Ich muß fort
Von diesem Ort!
Mit dir helt auch
GOtt solchen Brauch.
7. DEm Herbst verlangt nach mir,
Mich zu verderben;
Dem Tod', O Mensch, nach dir,
Auch Du must sterben!
8. Wer wird nach kurtzen Tagen
  Mich beklagen,
Wenn ich verwelckt nun bin?
Auch Dir wirds widerfahren
  Nach wenig Jahren,
Wenn Dich der Tod nimpt hin.
9. Die Zeit vnd wir vergehn!
Was wir hie sehen stehn

In diesem grünen Garten,
Verwelckt in kurtzer Zeit,
Weil schon des Herbstes Neid
Scheint drauff zu warten.
10. Ich, vnd meine Blätter, wissen
Daß wir dann erst fallen müssen
Wenn der rauhe Herbst nun kömpt:
Aber Du, Mensch, weist ja nicht
Ob's nicht heute noch geschicht
Daß dir GOtt das Leben nimpt?
11. Ob ich gleich muß bald von hier,
Kriegstu dennoch Frucht von mir;
Wenn man Dich, Mensch, wird begraben,
Was wirst Du für Früchte haben?
12. O ich habe schon vernommen
Daß mein Feind, der Herbst, wird kommen,
Dessen Raub ich werden sol!
Lieber Mensch, gehab dich wol!

ENDE.

WEr hofft', aus ewrem kleinen Garten,
So liebe Früchte zu erwarten,
Als Jhr, mein ALBERT, vns bereitt?
Jhr lasst der Kürbse Schrifft vns lehren
Die schnelle Wegflucht dieser Zeit,
Vnd in den Stimmen macht jhr hören,
Den Vorschmack süsser Ewigkeit.

Robertihn.

HOrtulus ALBERTI bacchantibus occinit Euris,
Nec timet in saevos Musicus ire Notos.
Auctumni veniant hyemali frigore turpes,
Et vtridem late depopulentur humum.

HOrtulus ... tuo: »Alberts musikalisches Gärtchen läßt auch bei rasenden Winden seine Stimme hören und fürchtet sich nicht, den wilden Stürmen zu begeg-

Omnia cum fuerint squalenti tristia vultu,
  Exeret hic vernum laetus ovansque caput.
Felices quorum tam largo munere surgit,
  Sic juvat Aonias emeruisse Deas!
Improbe surgentis cur insidiaris honori,
  Florentemque paras urere, Livor? abi.
Majores meditatur opes, tu rumpere! crescit,
  Crescit, et interitu pascitur ecce tuo.

SIMON DACHIUS.

Gedruckt zu Königsberg bey Pasche Mensen, im Jahr 1645.

nen. Mögen die Schrecken des Herbstes kommen mit winterlicher Kälte und weit und breit die Erde verwüsten. Wenn alles grau und traurig aussieht, wird dieses Gärtchen fröhlich sein frühlingshaftes Haupt triumphierend erheben. Glücklich jene, durch deren reiche Gabe es gedeiht, ihr Verdienst um die aonischen Göttinnen [die Musen] erfreut es. Du aber, böser Neid! warum stellst du dem wachsenden Ruhm heimtückisch nach und willst den blühenden Garten zerstören? Verschwinde! Er will seine Schätze noch vermehren, du aber platze! Er wächst und wächst und nährt sich – siehe! – noch aus deinem Untergang.« (Übers.: Andreas Fritsch.)

Robert Robertin

103

Vivam dum mihi vita datur.

MEin liebstes Seelchen lasst vns leben
So lang wir noch im Leben seyn!
Bald bricht der schlimme Tod herein,
So müssen wir das vbergeben
Was vns so sanfft vnd linde that,
Was vns so offt ergetzet hat!

Der Augen vmbgewechselt Schertzen,
Die Seufftzer, die so mancherhand
Durch abgeredeten Verstand
Die Botschafft brachten von den Hertzen,
Vergehn, vnd werden gleich zu nicht
So bald der Athem vns gebricht.

Drumb, weil die Brust sich noch kan heben,
Eh' vns der warme Geist entweicht,
Eh' ewer purpur-Mund verbleicht,
Mein liebstes Seelchen, lasst vns leben!
Geniesset was die Zeit beschert,
Wer sichert vns wie lang es wehrt?

Vivam ... datur: »Leben will ich, solang ich Leben hab.« Eine geistliche Kontrafaktur Dachs dazu ist AA 1,1: »Ach lasst vns GOtt doch einig leben«.

104

Auctumni tollit taedia longa Venus.

DIe Sonn ist abgegangen
Von jhrer hohen Bahn
Vnd schielet das Verlangen
Der Welt nur seitwerts an.

Die Lufft entzieht der Erden
Das warme Himmel-Naß,
Davon entgeht den Heerden
Die Weid' an Laub vnd Graß.

Der Nordwind lesst sich hören
Daß allen Thieren grawt,
Mit frieren zu versehren,
Der Felder Laub vnd Kraut.

Der Wald gleicht einer Wüsten
Von Thier vnd Vögeln leer;
Mars stellet ein sein Rüsten,
Der Kauffmann schewt das Meer;

Der Schäfer lässt sein Singen
Vnd heitzt den Ofen an,
Die Kälte zu bezwingen
Verkreucht sich was nur kan.

Drumb wer anjetzt zum Lieben
Ein ziemlich Mittel hat,
Der woll' es nicht verschieben
Vnd löffle sich nur satt!

Auctumni ... Venus: »Des Herbstes Verdrießlichkeit vertreibt die Liebe.« Herbstliche Kontrafaktur zu Dachs Frühlingslied Nr. 3.
löffle: lieble, poussiere.

Denn, wer es recht erweget,
Sieht, wie sich alles übt,
Daß es sich dichte leget
Vnd so die Wärme liebt.

105

Tristitiam pelle et venient tibi gaudia vera.
Winter-Lied.

SEelchen, habt jhr nicht gesehen
Wie der Wald vnd alles Feld
Sich so trawrig hat verstellt?
Habt jhr nicht das kalte Wähen,
Das die gantze Welt erfrört
Sausen vmb euch her gehört?

Dort, da sonst der Sinne Frewde
Bey des schönen Sommers Zeit
Sich erzeigte weit vnd breit,
Da die bund-geblühmte Heyde
Von den Bächen durchgenetzt,
Aller Nymfen Aug' ergetzt,

Ist doch jetzund nichts zu finden
Als ein' eitle Wüsteney;
Alle Bäume stehen frey
Vnd ohn Laub, ja schier ohn Rinden,
Daß man auch nichts sehen kan
Als Betrübnüs vmb vnd an.

Tristitiam ... vera: »Vertreib die Traurigkeit und die wahren Freuden werden dir zuteil.« In AA 6,13 datiert auf 1638.

Vnd dieß darumb: weil die Sonne
Die zuvor des Lebens Krafft
Trieb' in aller Dinge Safft,
Ist gewichen, vnd die Wonne
Die vns sonst die Seel' erquickt
Nun sich hat hinweg gerückt.

Vnsre Sonne, die vns stärcket,
Ist ein frisch vnd frey Gemüht,
Dieß erquicket vnsre Blüht;
Wo man dessen Abgang mercket,
Da verlieget Frewd' vnd Trost
Todt, als in des Winters Frost.

Solches soltet Jhr bedencken,
Jhr, bey deren Tugend-Schein
Sommers Zieraht nichts muß seyn,
Wenn jhr ewer Hertz nur kräncken
Vnd auch weiter, als jhr solt,
In den Gram ergeben wolt!

Wird aus den so zarten Augen
Immerfort ein Thränen-Fluß
Quellen, so wird der Verdruß
Ewre beste Krafft außsaugen,
Vnd denn ewer lieber Schein
Gar zu bald verdunckelt seyn.

Ewres Sommers frisches Blühen
Wird noch vor der rechten Zeit
(Leider!) werden abgemeyht,
Damit werdet Jhr entziehen
Alle Hoffnung, die die Welt
Hat auff Ewer Thun gestellt.

Macht euch nicht zu frühe Sorgen,
Eh als jhr sie haben müsst,
Weil jhr gleichwol auch nicht wisst
Ob euch GOtt nicht noch vor Morgen
Aller sonst besorgten Plag'
Vngehofft entschütten mag!

Denckt auch, daß den schönen Gaben
Damit GOtt Euch hat geziert
Vnrecht angesinnet wird;
Schätzet Jhr sie nicht erhaben
Vber alles Thun der Zeit
Vnd von deren Macht befreyt.

Auch des härtsten Vnglücks wüten
Thut Euch, Seelchen, keinen Trutz
Ewrer Tugend hoher Schutz
Wird euch nach als vor behüten;
Was dem Pöbel schaden kan
Rührt den Himmel gar nicht an!

Lasst sich schlechte Sinne grämen
Trifft sie wo ein Vngemach,
Eyfert jhr der Tugend nach,
Denn wird sich der Vnfall schämen,
Wenn er ewer fest Gemüht
Ausser seinen Klauen sieht.

106

Mors matura venit quando beata venit.

DAß alle Menschen sterben müssen
Befrembdet vnser keinen mehr,
Weil wir es neben Gottes Lehr
Auß aller Tag Erfahrung schliessen.
Was einmal seinen Anfang nimbt,
Dem ist sein Ende gleich bestimmt.

Nur dieses scheinet zu beklagen:
Wenn man gantz wider Hoffen sieht
Daß einer aus der besten Blüeht'
Ins finstre Grab wird hingetragen,
Eh' er des lieben Lebens-Tag
Biß an die helffte bringen mag.

Der Vnmuth aber muß sich stillen,
Vnd eintzig seyn an dem begnügt
Was sich mit vnserm Leben füegt,
Nach dem (ohn zweifel) weisen Willen
Deß, der vns seinen Athem giebt
Vnd wegnimbt, wenn es Jhm geliebt.

Als, wenn in vnsern Sommer-Tagen
Die Jungfraw eine Rose bricht,
Vnd achtet andrer Blumen nicht;
Die Rose sich nicht kan beklagen
Als sey jhr Leid daran geschehn
Daß sie für andern ward ersehn:

Sie hat mehr Vrsach hoch zu prangen
Daß sie in jhrer schönsten Arth

Mors ... venit: »Der Tod kommt zur rechten Zeit, wenn er als Beglücker kommt.«

Von lieber Hand geraubet wardt,
Da andre, die noch blieben hangen
Der Sonnen- oder Regens Neid
Verzehrt ohn alle Nutzbarkeit.

So, wenn GOtt einen, den Er liebet
Auß seinem besten Stande nimbt,
Vnd seinen Tod jhm früe bestimt;
Seyn wir mit vnrecht drumb betrüebet:
Er weiß die rechte Zeit gar wol
Wann vnser Tod vns nützen soll.

107

Vorjahrs-Liedchen.

Exuperat Veris bella ROSETTA decus.

JHr Vater aller Lieblicheit,
O Früling, Kleinod vnsrer Jahre,
Bekrahmt die Erde weit vnd breit
Mit ewrer schönsten Blumen Wahre.

Lasst ewrer bunten Vögel-schaar
Die Welt mit tausent Liedern grüssen;
Lasst ewre Sonne noch so klar
Die angenehme Stralen schiessen.

Jhr seyd darumb das Schönste nicht!
All ewer Glantz ist hie verduncklet:
In dem Rosetchens Angesicht
Weit vber ewre Sonne funcklet.

Exuperat ... decus: »Die schöne Rosetta übertrifft die Reize des Frühlings.« Herder nahm das Gedicht u. d. T. »Wettstreit des Frühlings« ohne die letzte Strophe in seine Volkslieder auf.

Vnd wenn sich jhrer Stimme Schall
Zu einem Liedchen wil bequemen,
So schweiget ewre Nachtigal
Vnd muß sich aller Künste schämen.

Die Ros', auff derer Zierlicheit
Jhr doch am meisten pflegt zu prangen,
Ist bleich vnd welck, vnd stehet weit
Vom frischen Leben jhrer Wangen.

Jhr habt kein Bild, das zeigen kan
Was mich zu jhrer Liebe treibet,
Weil alles bey euch vmb vnd an
Nur jrrdisch ist, vnd Geist-loß bleibet.

Jhr Geist, der lauter Tugend-schein
In allem Thun vnd reden weiset,
Bezeüget, daß an jhr allein
Der Himmel seine Gaben preiset.

Drumb sag' ich noch: wenn jhr Gesicht
Mir einen Gnaden-blick verleyhet,
Bin ich begnügt, vnd achte nicht
Was sonst die gantze Welt erfrewet.

108

Lobgesang der Liebe,
verdeutschet.

DAß die Welt annoch besteht,
Vnd so wechsel-richtig geht,
Daß so vieler Samen zwist
Ewig treu-verbunden ist,
Daß der Sonnen güldner Pracht
Vns das traute Tag-liecht macht,
Vnd des bleichen Monden Schein
Mag der Nächte FeldHerr seyn:
Daß die See der Fluten Guß
An dem Strande hemmen muß,
Vnd nicht außer jhrem Bann'
In die Felder schwimmen kan:
Dieser Ordnung festes Werck
Ist der *Liebe* groß Gemerck,
Die den *Reichsstab* führt vmbher
Vber Himmel, Erd' vnd Meer.
Liesse *die* den Zügel gehn,
So würd alles wiedrig stehn,
Was sich jetzund friedlich helt:
Was so treulich sich gesellt
Vnd den Welt-baw schön bewegt,
Würd' in einem huy zerlegt.
Liebe knüpffet Leut vnd Land
In ein heilig Friedens Band.
Liebe füget keusche Brunst
In des treuen Ehbetts Gunst.
Lieb' ertheilet auch Bericht
Von der wahren Freundschafft Pflicht.

[Nr. 108:] Unter den Gratulationsgedichten zu Dachs Hochzeit am 29. Juli 1641 findet sich auch dieser von Stobaeus vertonte »Lobgesang der Liebe«, (vielleicht aus dem Holländischen) verdeutscht von Robertin (Z II, S. 362 f.).

Könt' ein Mensch nicht seelig seyn,
Wenn er sich die *Lieb'* allein
Leiten liesse Sinn vnd Muth',
Wie der Himmel selber thut.

109

Rede einer verstorbenen Jungfraw aus dem Grabe.
Heu! ubi noster honos, laus, decus atque nitor?

WIe lieg ich hie! wie muß ich starren,
Ohn leben, ohn Verstandt, ohn Sinn!
Ach daß doch, die der Welt nach-narren
Jetzt lernten, was ich nuhmehr bin!
Die, so nur hie in eiteln Lüsten
Jhr wüstes Leben mehr verwüsten.

Der See-Syrenen glattes Singen
Bethört des Schiffers Muth vnd Handt
Biß es jhn an die Noht kan bringen,
Da sein verführtes Schifflein strandt:
So geht es, wenn die Eitelheiten
Der Menschen Sinn vnd Hertz verleiten.

Was thewrer Zeit hab ich verschwendet
Auff meines schnöden Leibes Zier!
Nun ist der schöne Schmuck geschändet,
Vnd nichts als Heßlichkeit an mir;
Doch darff kein ander mich verspotten,
Ein jeder muß einmal verrotten.

[Nr. 109:] Nach AA 2,7 Übersetzung aus dem Holländischen.
Heu ... nitor: »Weh! wo ist nun Ehr und Lob, Zier und Glanz?«

Mein Leib (ach daß man mit mir weine!)
Der sich vorhin so prächtig trug,
Ist nun ein Sack voll dürrer Beine,
Ohn Rühren, ohn Geschick, ohn Fug;
Das Fleisch, das manches Aug' ergetzet
Ist von den Würmen abgefretzet.

Die kraus' vnd auffgebogne Flechten
Sind nun hinweg von meinem Häupt,
Vnd ist nicht mehr in meinen Mächten
Daß nur ein Haar am Schädel bleibt;
Der Wangen Farb ist außgestrichen
Die frische Röth ist gantz verblichen.

Mein' Augen, derer freundlich wincken
Gar manchem war ein Sonnen-schein,
Sieht niemand hie im finstern blincken,
Wer suchen will, was sie jetzt seyn,
Der findet zwo schändliche Hülen,
Darinn ein vnzahl Würme wühlen.

Der Purpur-Mund, die Perlen-Reyen
Der Zähne, sind zu Staub gemacht,
Deß wolgesetzten Busens Fleihen
Hat jetzt für seinem doppel-Pracht
Nichts anders, als bequehme Neste
Da sich ein Kröten-Heer drinn meste.

Mit schönen Reden vnd mit Singen
That ich im Leben was ich wolt',
Jetzt lesst die Kähle sich nicht zwingen
Daß sie nur einmal hauchen solt',
Hie klingt nichts mehr, ohn was dazwischen
Die greüsel-Schlangen etwa tzischen.

Fleihen: fleien: ordentlich aufschichten, stapeln; auch: sich in seinem Staat oder Putz sehen lassen, sich zur Schau stellen.

Palläste, Häuser, Schätz' vnd Tittel
Sampt aller Pracht vnd Höflichkeit
Sind hie in einem leinen Kittel;
Hie fault die Müh so langer Zeit,
Hie ist der stoltze Muth geendet
Vnd in ein tunckel Grab verwendet.

Was mein leb-tag von mir geschehen
Böß oder Gut, kömpt mir zu hauß,
Wenn GOtt die Rechnung wird durchsehen
Vnd ſchliessen Lohn vnd Straffe drauß:
Was kan mir aller Welt Besitzen
Vor Gottes strengen Richt-Stul nützen?

110

Salomo im Prediger am 1. v. 9.
Nichts newes vnter der Sonne. etc.

MEnsch wie kömpt es, daß dein Sinn
    Immerhin
Sich auff Newheit lässet treiben?
Was die Welt erdencken kan,
    Sieh es an!
Das ist Welt vnd wird Welt bleiben.

Was wir gegenwärtig sehn,
    Ist geschehn,
Was die Nach-Zeit auff-kan bringen,
Ist jetzt oder war ja schon;
    Ein Patron
Zeiget sich in allen Dingen.

[Nr. 110:] Nach AA 5,11 »Aus dem Holländischen des Dirck Camphuysens«.

Bawen, brechen; Fried' vnd Streit;
    Gunst vnd Neidt;
Heben, Stürtzen; Fluchen, Segnen;
Was man höret, list vnd sieht,
    Was geschieht,
Pflag auch ehmals zu begegnen.

Newer Menschen kommen viel
    In das Spiel,
Doch darumb kein new begehren:
Was zuvorhin ward begunt,
    Vnd jetzundt,
Wird sich noch gar offt verkehren.

Cyrus bahnte seinen Pfadt;
    Nach Ihm trat'
In die Herrsch-sucht Alexander,
Diesem folgte Caesar nach,
    Caesars Sach'
Hat zu dieser Zeit ein ander.

Witz vnd Falschheit, Raub vnd Mordt
    Hie vnd dort,
Bald besonders, bald im Hauffen,
Vor vnd nach, vnd auff vnd ab
    Ist der Trab
Den die Welt wil immer lauffen.

Sie betreibet einerley
    Mummerey,
So in Inflen alß in Kronen:
Wer geruhig, still vnd wol
    Leben soll,
Muß des Gäuckel-Wercks gewohnen.

Inflen: Inful, Mitra, Bischofsmütze.

Woran sich der Fürst ergetzt,
Wird zu letst
Von den Bauren nach-gemachet;
Vnd was (wie man etwan meynt,)
Höfisch scheint,
Wird im Dorff hernach verlachet.

Siehstu nicht wie alles Tuhn
Dann als nun,
Nun alß dann, sich wechsel-schichtet?
Hörstu nicht was so jetzt war
Vbers Jahr
Ander-weise zugerichtet?

Was bey einem pflag zu seyn,
Wird gemein;
Auß dem großen wird das schlechte:
Ehre, Reichtumb, Standt, Gewalt,
Rollet bald
Von dem Herren zu dem Knechte.

Hie durch Fündchen, List vnd Kunst,
Dort durch Gunst;
Hie zu Vortheil, dort zu Schaden:
Hie mit Vnmuht vnd Verdruß,
Dort mit Muß';
Hie auß Zorn, vnd dort auß Gnaden.

So lang Menschen Menschen seyn
Wird auch Pein,
Angst, Gefahr vnd Vnlust stehen.
Mercke doch den Grund-Betrug!
Bistu klug:
Alles gehet zum vergehen.

Fündchen: von »Finte«.

Weltlich Glück vnd Vngefall
    Ist ein Ball,
Damit vnsre Lüste spielen;
Vnd der Ober-HERR setzt frey
    Die Partey,
Nach dem Er sie wil bezielen.

Christoph Kaldenbach

111

– tenet sensus unica Flora meos.

FLora meine Frewde,
Meiner Seelen Weide,
Meine gantze Ruh,
Was mich so verzücket
Vnd den Geist bestricket,
Flora, das bist Du,
Deine Pracht
Gläntzt Tag vnd Nacht
Mir für Augen vnd im Hertzen
Zwischen Trost vnd Schmertzen.

Deine liebe Wangen
Halten mich gefangen,
Dieß dein Augen-liecht
Vnd dein Ruhm der Sitten
Hatt mein Hertz bestritten,
Daß es fast zerbricht;
Dieser Mund
Macht mich so wund
Daß mich nichts, ohn deine Gaben,
Sonsten weiß zu laben.

Die begabten Sinnen
Vnsrer Schäferinnen
Rühmen selbst die Pracht,
Singen von den Plagen

tenet ... meos: »Einzig Flora hält meine Sinne gefangen.«

Die ich muß ertragen,
Die mir Amor macht;
Hertz vnd Sinn
Vnd was ich bin
Hat sich dir bey solchen Wunden
Gantz vnd gar verbunden.

Nun du wirst es zeügen,
Ich bin schon dein eigen,
Du hast mich gestillt:
Du solt mich erhalten
Biß ich werd' erkalten
Himmel-werthes Bild;
Du bist mir
Schon für vnd für
Ob ich noch so hefftig leide,
Flora meine Frewde.

112

AVff vnd springet,
Tantzt vnd singet
Ihr geliebten Gäst',
An diesem Hochzeit-Fest!
Macht eüch fertig vnd bereit
Zu der süssen Fröligkeit:
Spahrt die Sorgen
Biß auff Morgen,
Vnd nembt war der Zeit!

Thuts für allen
Zu gefallen
Vnsrer schönen Braut
Die ewrer Lust zu schawt!

Die ein solch Gemüth begehrt,
Welches allem Trawren wehrt,
Vnd mit Frewden
Ausser Leiden
Sich zum Schertzen kehrt.

Alle Leüte
Sollen heute
Gutes muttes seyn
Befreyt von Sorg vnd Pein.
Vnser Breütgam geht vns für,
Fängt mit hertzlicher Begier
An zu hertzen
Vnd zu schertzen,
Kummer ist von hier.

Last vns eilen
Ohn verweilen
Zu den Nymphen hin,
Erfrischen Hertz vnd Sinn!
Jeder thu ietzt seinen Fleiß,
Daß er bester massen weis
Seinem Hauffen
Nach-zu-lauffen
Durch des Tantzes Kreyß.

Mond vnd Sterne
Sind noch ferne,
Luna vnd Ihr Liecht
Bescheinet vns noch nicht:
Diesen Tag vnd gantze Nacht
Haben wir zur Lust bedacht,
Doch Ihr beiden,
Wolt ihr scheiden.
Steht's in ewrer Macht.

113

Tu requies, tu pax animis placidissima nostris.
Vida.

WOhin ich außer dir, mein Gott,
Pfleg' irgend Hertz und Sinn zu wenden:
Ist nur Bedrengniß aller Enden;
Ist Vnruh, und besorgte Noth.

Der Satan setzt mir grimmig zu;
Hat schon die Helle mir bescheiden.
Mich lockt die Welt zu eiteln Frewden
Weit ausser dir, du wahre Ruh.

Mein eigen Fleisch kämpft wider mich,
Vnd sucht mich trotzig zu bestreiten.
Ihm steht der Sünden Macht zur seiten:
Der Tod empöret gleichsfalls sich.

O Gnad', O Lust, O schönes Licht,
O heller Glantz, O süsses Leben,
O edler Weinstock deinem Reben,
Schaw, was mir ausser dir gebricht.

Du sichre Freystadt, gib mir Schutz:
Du werthe Krone, las mich siegen.
Komm, O du ewiges Genügen,
Mit Heyl und Segen mir zu nutz.

[Nr. 113:] Wie auch das folgende Gedicht aus Kaldenbachs *Deutscher Sappho oder Musicalische Getichte*, Königsberg 1651.
Tu requies ... nostris: »Du Ruh, du tiefster Friede unsrer Seelen.«
Vida: Marco Girolamo V. (um 1485–1566), neulateinischer Dichter und Poetiker.

114

Vireis amicis perdit in auribus;
Minorque semper dividitur dolor.
Sarb.

IM fall dich wo geheime Schmertzen
Beängsten mit betrübtem Hertzen:
So schone die bemühte Pein
Selbst bey dir zu vergraben ein.

Geh hin zum Freunde, der dich liebet,
Vnd melde, was dich so betrübet.
Laß irgend ausser deinem Hauß
Dich in Gesellschafft frölich aus.

Offt ist wo durch verborgne Funcken
Ein hoher Eichbaum noch gesuncken,
Der lang' auff umb begrüntem Rund
Für seinem Eisen sicher stund.

Manch Kummer hat in Freundes Ohren
Die Schärffe seiner Krafft verlohren:
Vnd kam, ins Feld geschicket aus,
Je minder wiederumb zu Hauß.

Durch Klagen hört man auff zu klagen.
Fleuch selbst im Winckel dich zu nagen:
Vnd streck' hier wo dich ohngefähr
Schau so ins grüne Graß daher.

Vireis ... dolor: »Seine Kräfte verliert in des Freundes Ohr und wird immer schwächer der Schmerz.«
Sarb.: Maciej Kazimierz Sarbiewski/Sarbievius (1595–1640), polnischer neulateinischer Dichter.

115

Tod der Frommen ein Schlaff.
Dem Hoch-Edlen, Gestrengen, Vesten, vnd Hochbenamten
Hn. Fabian von Ostaw, Churfl. Brand. Preuss.
Ober-Regiments-Rath: vnd Cantzlern, Erbsassen auff
Kleeschowen, etc.

I. Thess. 4, 13. 14.
Wir wollen euch aber, lieben Brüder, nicht verhalten von
denen die da schlaffen, etc.

DEs bemühten Lebens Tag
Endlich hier sich endet,
Meiner Sterbligkeit Vertrag
Wird an mir vollendet:
Vnd ich lege müd' vnd matt,
Der vergönnten Jahre satt,
Die geneigten Glieder
Sanfft zu schlaffen nieder.

Du so offt gewündschte Nacht,
Sey, o sey willkommen.
Ach wie hoch vnd werth geachtt
Wirstu angenommen!
Keinem Tagelöhner ward
Je so lieb die Abend-Fahrt,
Als dein süsses weiden
Mir bringt Trost vnd Frewden.

Wer ist vber mich bestürtzt?
Steht bey sich entpöret,
Das sich meine Plage kürtzt,
Vnd mein Leid auff höret?

[Nr. 115:] Dieses wie das folgende Leichencarmen aus Kaldenbachs *Deutscher Grab-Getichte Anderes Theil*, Elbing 1648.

Fand auch jemand je bißher
Vber meiner Ruh Beschwer,
Die ich Leib vnd Sinnen
Muste täglich gönnen?

Vnd jtzt ruht die Mißgunst nicht?
Was mein klagen scheidet,
Vnd mir stete Lust verspricht,
Wird noch angeneidet.
Wer dann bricht diß harte Band,
Des gesetzten Wechsels Stand?
Oder mag vom sterben
Freyheit jhm erwerben?

Wie in steter Wachsamkeit
Keine zeit mag stehen:
So gibt sie vns den Bescheid,
Wir, vnd sie vergehen.
Der mich vorhin täglich traff,
Rieß mir ab den letzten Schlaff.
Nun folgt seinem Bilde
Er selbst sanfft vnd milde.

Ach des thewren Apffels Biß,
Der den Tod gefunden!
Wie der Speisen jhr genieß
Sucht die trägen Stunden:
So zog auff vns Edens Kost
Deß beruhten Grabes Frost.
O wie hartes Quälen
Bringt die Lust der Kehlen!

Doch wie raw der Anblick ist,
Darff mir jtzt nicht grawen.
Mein Durchbrecher JEsus Christ
Lest mich Tröstung schawen.

Seit jhn einschloß Salems Grufft,
Ward mir diese finstre Klufft,
Fern von allem Jammer
Nur zur Schlaffekammer.

Hier schöpff' ich beliebte Ruh
Vieler Müh vnd Plagen;
Druck' im Fried die Augen zu;
Weis von keinen Klagen.
Aller Sorgen Angst vnd Streit
Ist von diesem Lager weit.
Furcht vnd schnödes hoffen
Wird hier nicht getroffen.

Neid, Verleumbdung, Haß, vnd List,
Geitz, vnd eitles Blehen,
Deß die gantze Welt voll ist,
Darff ich mehr nicht sehen,
Irrthumb, Zweiffel, Zorn, vnd Lust
Kräncken nicht mehr diese Brust.
Trutz, Gewalt, vnd Triegen
Müssen hier erligen.

Meiner Schwellen Hut vnd Wacht
Ist nichts mehr empfinden.
Selbst die Ruhstat nimmt in acht
Sieg vnd Vberwinden.
Freyheit, Stille, Muß, vnd Rast
Helt zur Lincken sich gefast:
Trost vnd süsses Gnügen
Mus zur Rechten ligen.

O wie sanfft bin ich verhüllt!
GOttes Huld vnd Liebe
Hat den zarten Grund gefüllt.
Warheit, die stets bliebe,

Stützet das entsorgte Häupt.
Christi Vnschuld, mir gegläubt,
Mus für Furcht vnd Schrecken
Oben zu mich decken.

So war vormals still vnd froh
Mose eingeschlaffen.
David legte sich also,
Sicher für den Straffen.
Jacob schlieff nie baß zu Lus;
Noch der fromme Lazarus,
Dessen Ruh im Grabe
Christus Zeugniß gabe.

O die jhr den harten Schlaff
Zu vermeiden dencket,
Der eh Holofernes traff,
Vnd so tieff versencket,
Seid bey zeit hierauff bedacht:
Lebt, vnd haltet gute Wacht.
Hier einmahl versehen
Ist fort stets geschehen.

Wachet auff, wie Paulus euch
Gibet zu erkennen:
Seid den klugen Jungfrawn gleich,
Derer Lampen brennen.
Liebt des Lebens rechte Maaß,
GOTT geübt ohn vnterlaß.
Lasset euch von Sünden
Bloß vnd ledig finden.

Lus: älterer Name der Stadt Bet-El (1. Mose 28,18), wo Jakob von der Himmelsleiter träumte.
Holofernes: assyrischer Oberfeldherr, den Judith im trunknen Schlaf erschlug.

Keiner Zeiten Sorg' vnd Müh
Euch das Hertz' erfülle;
Sucht mit Beten spat vnd früh
Dieser Heimfahrt stille.
Dann schlafft ohne Quaal vnd Pein,
Mit mir, froh vnd frewdig ein;
Froh auff Christi Wunden,
Da ich Ruh gefunden.

Schawt, das güldne Sonnen-Licht
Folgt der Nächte Schrecken:
Auch vns wird bald (zweiffelt nicht)
Christus aufferwecken.
O zu welchem Morgen-Gruß
Fordert vns sein thewrer Schluß,
Da fort vnsre Tage
Keine Nacht verjage!

116

Triumph des Todes
vber den Gebeinen
Hn. Licentiat Johan Bartholomaeen Crügers,
Vornemen Artztes, vnd P. P.

DEnnoch hat der Tod gesieget,
Vnd der vormals starcken Hand,
Die hier stirbt vnd vnterliget,
Wird jtzt Glück' vnd Kunst gewandt;
Vnd wir sehen, wer das Feld
Mit gewündschtem Ruhm erhelt.

P.P.: Professoris Publici.

Wie die Helden, die vor zeiten
Bey den Römern triumphirt,
Vnd die Feinde mit den Beuten
Nach dem Siege schaw geführt:
So mus jtzund diß Gebein
Ein Triumph des Todes seyn.

Alles wachen, alles kämpffen,
Aller Sorgen Zweck vnd Ziel
War des Todes Macht zu dempffen.
Das jhm auch offt glücklich fiel;
Biß jhn selbst die grimme Krafft
Hin von vnsern Augen rafft.

Wir erschrecken, das die Stütze
Vnsers Lebens selber bricht.
Wer ist, der vns forthin schütze,
Weil wir vnsre Zuversicht
Für die tödtliche Gefahr
Sehen auff der Todtenbahr?

Aber, schawt die wilde Rache!
So viel Kräuter brach er ab,
So viel laß er an dem Bache:
Jtzund mus er selbst ins Grab.
Weil er suchet vnser Heil,
Trifft jhn der vergiffte Pfeil.

Wenn wir offtmals vmb jhn stunden,
Wie erhitzet war der Mut,
Seinen Groll mit tausend Wunden
Aus zu vben in ein Gut,
Das der Feind durch seine Macht
Newlich in sein Reich gebracht!

Jtzund mus er dieses büssen:
Vnd der wüsten Glieder Raub
Wird zum Schawspiel hingerissen;
Wird zu lauter Sand vnd Staub.
Kein Machaon vnd Galen
Kan für dieses wüten stehn.

Auch der Rüstzeug seiner Waffen,
Messer, Bücher, Glaß, vnd Kraut,
Wird geführt zu gleichen Straffen;
Wird in gleichem Hohn geschawt.
Nichts nicht kan sich machen frey
Von der harten Tyranney.

Was für Hoffnung habt jhr Krancken,
Weil man so dem Artzte lohnt?
Keiner mach' jhm die Gedancken,
Daß er werde seyn verschont.
Was jhr jrgend sehet blühn,
Reisset dieser Auffzug hin.

Machaon vnd Galen: berühmte Ärzte des Altertums.

117

Preussisches Valet,
oder Abschied von Königsberg nach Tübingen.

SO sey dann, werthes Land, sey GOttes Schutz empfolen,
Weil doch ich scheiden mus. Das Vnglück, so dir dreut,
Müß' andere bestehn. Die Wonne seiner Zeit,
Dein Churfürst wachs' und grün'. Auch euch, ihr tapffern Polen,

Werd' ewr Verhengniß mild. Seyd glückhafft einzuholen
Den Nachtheil, der euch traff. Der Himmel weis bescheid
Für solcher Trübeln Grimm, und ewre Sicherheit,
Der allem Witz bisher noch bleibet je verholen.

Du dann vorab, ô Stadt, die mich so lang ernehrt;
O edler Pregel-Strom, samt deinen grossen Leuten,
Die hier so manche Gunst und Ehre mir gewehrt,

Gehab dich forthin wol zu lang' erwündschten Zeiten.
Vnd, weil je mehr und mehr ich denck' im besten dein,
Las mein Gedächtnüß auch bey dir im Segen seyn.

Abschied von Königsberg nach Tübingen: 1656 verließ Kaldenbach Königsberg und folgte dem Ruf auf eine Professur an der Universität Tübingen, wo er durch vier Jahrzehnte eine fruchtbare Lehrtätigkeit entfaltete.

Christoph Wilkow

118

Coelum possessio nostra.

WIe ist der Mensch doch so bethört,
Daß er das Sterben schewet.
Vnd wenn er von dem Leben hört,
So inniglich sich frewet?
Er liebet was man hassen soll,
Er fürchtet Fried, sucht Leiden,
Vnd was jhn drückt, gefellt jhm wol,
Wil von der Welt nicht scheiden.

Ein solcher Wahn, ist Heyden-tand
Die keinen Himmel gläuben;
Vns ist aus Gottes Wort bekandt
Wo vnser Stadt vnd Bleiben:
Die Welt ist nur ein Hospital
Darin wir krancken müssen,
An Leibes vnd der Seelen Quahl
Vnd vnsre Sünden büssen.

Da Sorgen, Widerwill vnd Noht,
Verfolgung, Haß vnd Klagen
Sind täglich vnser Morgen-brot
Die alle Menschen plagen:
Hie drawet vns die Pestilentz
Mit vnverhofftem Sterben;
Dort schleicht der Krieg nach vnsrer Gräntz'
Vnd wil das Land verderben.

Coelum possessio nostra: »Der Himmel ist unser Besitz.«

Der Himmel nunmehr sehnet sich
Zum Vntergang: Die Erde
Erwartet gleichfals ängstiglich
Daß sie entbunden werde
Von schwerer Sünd, daher sie fast
Auff schwachen Füssen stehet
Vnd mit der Zeit für grosser Last
Zu grund vnd boden gehet.

Wer wolte nicht die Sterbligkeit
Verwechseln in dem Leben
Mit vnendlicher Seeligkeit,
Vnd seinen Geist auffgeben?
Da Kranckheit, Creutz, ja selbst der Tod
Zur Hellen sind verjaget,
Vnd keinen Frommen Angst vnd Noht
In Ewigkeit mehr plaget.

Wol dem, den GOtt bey früer Zeit
Entlediget der Sünden,
Versetzet in die Ewigkeit!
Da seine Freunde finden
Die wahre Ruh, das helle Licht
Das Christus durch sein Sterben
Den Ausserwehlten zugericht
Sein Vaters Reich zu erben.

119

Vorjahrs-Lied.

Auff Hn. Bernhard Schönen vnd Jungfr. Catharina Behrings Hochzeit, den 28. Aprill 1643.

Jetzund liebet was nur lebet,
Was in Lufft vnd Wasser schwebet,
Jetzund singet lacht vnd tantzt
Was den Erdenkreiß vmbschantzt:
Höret wie die lerche singet,
Wie sie sich verbulet schwinget,
Eins den andern durch die luft
Seines gleichen zu sich ruft!

Auch die Sonn das Erdreich liebet,
Weil sie durch die Strahlen giebet
In der grünen Meyen-Zeit
Feld-vnd Wäldern Fruchtbarkeit,
Daß auff dieser weiten Erden
Alle Thier vermählet werden,
Vnd sich, wie der Tauben Schaar
Zwey vnd zwey zusammen paar.

Schawet dort kömpt hergeflogen
Vnd zur Heyraht angezogen
In der Reigen an der Wolck
Das verliebte Storchen-Volck!
Die vermählte Turteltaube
Bawet vnter jenem Laube
In dem schönen Meyen-Fest
Jhr verbuhltes Heyrahts-Nest.

Hochzeit: Auch Dach schrieb zu dieser Hochzeit ein Gedicht (Z I,117).

Weil dann alles Lieben fühlet,
Himmel, Erd, zur Liebe zielet,
Was sich reget in dem Meer
Vnd zu lieben hat Begehr.
Solte dann der Mensch nicht lieben
Vnd sich in dem Meyen üben,
Seiner Jugend schönsten Zeit
Suchen seine Frölichkeit!

Wann das Alter da wird stehnen
Vnd vns kranck zum Grabe sehnen,
Kommet Schritt bey Schritt heran
Der verseelte Todes-mann,
Raffet von vns was wir haben
Aller Jugend, Schönheit Gaben
Tantzet mit vns nach der Ruh
Schleusset vnser Augen zu.

Darumb tantzet weil jhr könnet,
Vnd euch GOtt das Leben gönnet,
Brauchet euch der besten Lust
Die der Jugend ist bewust,
Geb euch GOtt viel tausent Seegen
Als im Meyen Tropffen Regen,
Lebet jhr verliebtes Paar
Zweymal fünff vnd funfftzig Jahr!

Georg Mylius

120

Torqueri quovis tempore, vita tua est.

WEinen in den ersten Stunden,
Aller Schwachheit, aller Pein
Immer vnterworffen seyn,
Immer tieffe Hertzens-Wunden,
Reitzungen zu bösen Sünden,
Vnd verderbte Lust empfinden:

In so schweren Sorgen stecken,
So viel Falschheit, so viel Neid
Dieser gantz verbossten Zeit
Schmach, Verfolgung, Noht vnd Schrecken,
Vnsrer Freunde herbes Klagen
Vnd jhr stetes Leid ertragen:

Wünschen, vnd doch nicht geniessen,
Glauben, vnd doch mit Betrug,
Reisen, vnd doch mit Verzug;
Lachen, vnd doch mit Verdriessen,
Streiten vnd doch selten siegen,
Hoch seyn, vnd doch vnten liegen:

Mehr vnd mehr die Kräfft' ablegen
Wenn vns Kranckheit vberfällt,
Die hie jhre Zeiten helt,
Vnd des schnellen Todes wegen
Stets in Furcht vnd Hoffnung schweben
Dieß ist vnser gantzes Leben.

Torqueri ... est: »Sich quälen zu aller Zeit, das ist dein Leben.«

Sag nun, der du dich so sehnest,
Der du so viel Wünsche thust
Nach der eitlen Lebens-Lust
Vnd dich gar zu sehr gewehnest
Deine Jahre lang zu zehlen,
Ist es nicht ein lauter Quehlen?

121

Gedächtnus
Von zweyen lieben Freünden, auff meinem zu Königsberg in Preussen gehaltenen Hochzeitlichen Ehren-Tag, auffgerichtet den 9. Februarij Anno 1638.

DAmon war mit Brunst beeilet,
War so schmertztlich sehr verwundt,
Daß er kaum noch leben kunt:
Alles was sonst Kranckheit heilet,
Was den stärcksten Kräutern gleicht
Ward jm nur vmbsonst gereicht.

Er bezeügte Mond vnd Sonne,
Allen Hirten rieff er zu,
Daß Jhm seine liebste Ruh,
Seine beste Frewd vnd Wonne,
Die er sattsam vor empfand,
Wer in lauter Leid verwand.

O, der gar verkehrten weise!
(Sang er), Heerde, Feld vnd Wald,
Vieh vnd alles ist nun kalt,
Kalt von Frost, von Schnee vnd Eise:

[Nr. 121:] Gedicht zu Heinrich Alberts Hochzeit.
zweyen lieben Freunden: Der andere Freund ist Simon Dach, vgl. Nr. 9.

Ich vnd mein erbranter Mut
Fühlen lauter heisse Glut!

Ich verirre mit den Schaffen,
Vnd mein sehr geplagter Sinn
Siehet auff kein Spiel mehr hin,
Mund vnd Leyer wil mir schlaffen:
Liebe hat mich träg gemacht
Vnd von aller Lust gebracht.

Wo sind nun die Liebligkeiten
Die ich an-zustimmen pflag
Dem, der kranck an Liebe lag,
Daß sie jhn der Pein befreyten?
Aber jetzt nimbt selbst dich ein
Armer Damon, diese Pein!

Rühr nur du dein süsses Spielen
Trew-geliebter Celadon,
Ob ich möchte noch hievon
Trost vnd Hertzens-Labung fühlen?
Lieb vnd Kranckheit lässt nicht zu
Daß ich singe gleich wie du.

Celadon sprach: keine Seiten
Keiner süssen Lieder Kunst
Mindert, Damon, deine Brunst,
Wann der Orpheüs vnsrer Zeiten
Dein berümbter Meister schon
Her ließ hören seinen Thon.

Hat mein Daffnis nicht gesungen,
Daffnis, meiner Leyer Preiß,
Der so schön zu spielen weiß,
Daß auch offt die Elb' erklungen?
Aber Liebe bleibt wol fest
Die sich nicht versingen lässt.

Phebus ist ein Fürst im singen,
Dem sich alles Spiel ergiebt,
Dennoch hat er selbst geliebt,
Dennoch liess er sich bezwingen:
Daffne bracht jhn bald daran
Daß er sie so lieb gewan.

Damon lass nur weg die Lieder!
Philosetten Zucker-Mund
Machet einig dich gesund;
Dann komt erst dein Leben wieder,
Wann du deiner Seelen Rast
Mitten in den Armen hast.

Sie, dein Sinnen-Trost, dein Leben,
Sie dein gantzes, Jhres Du,
Auch die Seele selbst dazu,
Wil dich aller Noht entheben:
Alles süsse beüt sie an
Was dich nur betreffen kan.

Hitz vnd Frost wird dich nicht hindern:
Wer sein Lieb in Armen helt,
Den berühret keine Kält;
Auch die Hitze muß sich mindern,
Denn der Liebsten Schoß vnd Arm
Macht jetzt kalt, jetzt wieder warm.

Schöne Nacht, gewünschte Sternen,
Eillt doch, eillt doch zu vns her
Vnd verkürtzt der Brunst Beschwer!
Damon sol von euch erlernen,
Daß die Gütte solcher Zeit
Buhler aller Pein befreyt.

Damon ward hierauff vol Frewden,
Ward an Hertz vnd Geist erquickt,
Vnd macht einig sich geschickt
Philosetten Mund zu weiden:
Aller Hirten Lob-Gethön
Muste da viel heller gehn.

Vnser Mond sol heisser scheinen,
Heisser, als die Sonne thut,
Wasser geben Fewers-Glut,
Fewer nasse Thränen weinen,
Ehe Damons Lieb' entgeht
Die auff Philosetten steht.

Wir, mit vnsern lieben Heerden
Wollen weiden auff der See,
Vnd von diesem weissen Schnee
Sollen schwartze Kohlen werden,
Ehe Sie der Lieb entgeht
Die auff jhren Damon steht.

C. V. M.

122

An quia quotquot amant ipsi sibi somnia fingunt.

KEine Nacht kein Tag vergehet,
Keine Stunde läufft dahin,
Daß mir nicht in meinem Sinn
Meine Philosette stehet,
Philosette dein Gesicht
Kömpt mir aus dem Hertzen nicht.

Ehe frühe auß jhrem Bette
Noch die güldne Sonn auffsteht,
Gleich' ich mit der Morgen-Röht
Meine schöne Philosette,
Philosette dein Gesicht
Kömpt mir auß dem Hertzen nicht.

Wenn die Sonne will vergehen
Wünscht der Erden gute Nacht,
Vnd der klare Mond erwacht,
Muß sie bey den Sternen stehen.
Philosette dein Gesicht
Kömpt mir auß dem Hertzen nicht.

[Nr. 122:] Nach AA 1,11 (1638) vom nicht entschlüsselten Monogrammisten C.V.M. Da Philosette der poetische Name von Heinrich Alberts Braut, bzw. Frau war (vgl. das vorige Gedicht), dürfte der Verfasser im engsten Freundeskreis zu suchen sein; der Vorschlag, es sei Chasmindo (Dach) *v*on *M*emel gewesen, ist wohl so ungeschickt wie das Gedicht selbst.
An quia ... fingunt: »Erdichten sich doch alle Liebenden selbst ihre Traumbilder.«

Jhre Lippen wie Corallen,
Jhrer Wangen Milch vnd Blut
Soll vor alles Geld vnd Gut
Mir zu jederzeit gefallen,
Philosette dein Gesicht
Kömpt mir auß dem Hertzen nicht.

Jhrer Haare Gold vnd Prangen,
Jhrer Augen Firmament,
Der Schnee jhrer weissen Händ'
Halten meinen Sinn gefangen.
Philosette dein Gesicht
Kömpt mir auß dem Hertzen nicht.

Schönheit ist in jhrem Gehen,
Schönheit wenn sie schläfft vnd wacht,
Wann sie trawret oder Lacht;
Schönheit leucht in jhrem Stehen.
Philosette dein Gesicht
Kömpt mir auß dem Hertzen nicht.

Wann sie auff vnd nieder schläget
Jhrer klaren Augen Licht,
Wird mein Geist jhr gantz verpflicht
Vnd zu newer Krafft erreget,
Philosette dein Gesicht
Kömpt mir auß dem Hertzen nicht.

Ob wol jhre hohe Gaben
Meinen Sinn weit vbergehn;
Will ich doch mich vnterstehn
Durch jhr hohes Lob zu traben,
Vnd sol nimmer jhr Gesicht
Krafft der Feder, sterben nicht.

123

Ward von lieber Gesellschafft gesungen, in der Melodey im dritten Theil des 15. Liedes: So ist es denn des Himmels will, etc.

Wir fahren auff der Lust Geheiß
Nach Brandenburg hin, über Eiß,
Die Bahn ist gut und aus der massen,
Drumb haben wir der Sorgen Streit
Vnd allen Gram daheim gelassen,
Vnd führen mit uns was erfrewt.

Der Geigen angenehmer Klang,
Der Lauten und Pandor Gesang
Sind mit uns hie auff einem Schlitten,
Der kalte Nord legt seine Stärck'
Vnd lässet seinen Sinn erbitten
Durch unser süsses Seiten-Werck.

Jhr Herren, haltet eüch nur wol,
Seid beydes Frewd' und Freyheit voll
Vnd legt die Kunst-Gedancken nieder
Den Plato und Justinian,
Liebt dafür Tranck und gute Lieder,
Es ist nicht blos mit Kunst gethan.

Des rauhen Winters Leid und Wust
Vertauschet sich mit Frülings Lust,
Nicht Welt noch Zeit wird lang bestehen;
Solt' alles unverendert seyn,
Wir sehn in stetem Wexel gehen
Jetzt Sturmwind, nachmals Sonnenschein.

[Nr. 123:] Um so erstaunlicher, unter dem gleichen Monogramm dieses fröhliche Schlußlied in Alberts letztem Arienheft von 1650 (AA 8,20) zu finden: eine winterliche Lustfahrt übers Frische Haff zu dem Städtchen Brandenburg.
Pandor: Pandura: Tanbur, Langhalslaute.

Durchschifft mit uns das Freüden-Meer,
Seht, diese Kanne geht ümbher
Auff die Gesundheit unser allen!
Was andre thun, wer fragt darnach,
Trägt Jemand nicht an uns gefallen,
Der meide, raht' ich, dies Gelach.

Gelach: Gelage.

M. B.

124

Herbst-Lied.

Auctumni calidus frigora mollit Amor.

PHebus jagt mit seinen Pferden
Durch den rauhen Scorpion
Vnd entreisset vnsrer Erden
Jhre grüne Sommerkron
Alle Wald vnd Felder Zier
Führt er mit sich weg von hier.

Für das sanffte Sommer-sausen
Hört man jetzund weit vnd breit
Durch die welcken Matten brausen
Aller kalten Winde Streit,
Die, so viel man mercken kan,
Sagen vns den Winter an.

Das Gevögel in den Lüfften
Fleücht nach seinen Löchern zu,
Vnd das Thier sucht in den Grüfften
Für der grimmen Kälte Ruh,
Graß vnd Kraut wird zugedeckt
Vnd in Reiff vnd Schnee versteckt.

M. B.: Vielleicht *M*ichael *B*ehm (1612–50), Professor der Theologie; zu seiner Hochzeit dichtete Dach Z I,123; vgl. auch das in der Anm. zu AA 5,8 mitgeteilte Gedicht von ihm.
Auctumni ... Amor: »Des Herbstes Kälte mildert der wärmende Amor.«
Scorpion: Sternbild.

Was die Mutter aller Sachen
Auff dem Erdenkreiß erhelt,
Alles weiß sich frey zu machen
Für der Herbst- vnd Winter Kält;
Aber ich! wo zieh' ich hin
Da ich auch bewahret bin?

Ich weiß keinen Orth zu finden
Da ich für dem Reiff vnd Schnee
Frey kan seyn, vnd für den Winden,
Als bey dir, O Galathee,
Galathee bey dir allein
Kan ich dießfals sicher seyn.

Lass den Phebus immer ziehen
Wo jhm hin zu ziehn geliebt,
Auch sein Licht vnd Hitze fliehen
Das er vns bißhero giebt!
Dein verklährtes Angesicht
Dieses ist mein Sonnen-Licht.

Keinen Süden wil ich sehen,
Wenn mir, Liebste, nur beginnt
Vmb die Lippen her zu wehen
Deines Mundes süsser Wind;
Keine Sommer Lufft hat je
Mir so wol gethan, als die.

Wil der grimme Frost mich binden,
So kan ich in deinem Schoß
Vnd den zarten Armen finden
Was davon mich machet loß.
Lieb, in deinem Schoß vnd Arm
Ist es auch im Winter warm.

Jonas Daniel Koschwitz

125

Abschieds-Liedchen.

LIebe lässt von Liebe nicht,
Ob sie schon mus weichen.
Selten daß Ihr Trost gebricht
Hülffe zu erreichen;
Muß sie aus der Welt schon gehn,
Liebe bleibt bey Liebe stehn.

Liebste, muß ich mich mit dir
Jetzt schon trawrig scheiden,
Wil ich dich doch, meine Zier
Wieder sehn mit Frewden,
Scheiden bringet Hertzeleid,
Wiederkommen Trost vnd Frewd.

Wolten uns dann Neid vnd Qual,
Feind' vnd Freunde trennen,
Vnd wir solten uns kein mal
Braut vnd Bräutgam nennen,
Sol mein Trost doch dieser seyn
Daß ich sterben werd' allein.

Keine, wer sie immer sey,
Darff wol nicht gedencken
Daß sie mich in Lieb' vnd Trew
Wolle zu sich lencken.
Nein: Ich sterbe schon allein
Sol ich ohn dich, Liebste, seyn.

[Nr. 125:] Der einzige Beitrag dieses Schlesiers (1614–64) zu Alberts Arien (7,18). Er war mit Titz befreundet.

Eine, daß bist du, mein Lieb,
Die hab' ich erkohren,
Ob der Neid mich von dir trieb,
So ist je gebohren
Keine hie noch sonst wo nicht,
Der ich leiste meine Pflicht.

Vnter dessen wil ich dir
Leiden, sterben, leben,
Alles Leid, so über mir
Wird auff Erden schweben,
Sol mir Creütz ohn Creütze seyn,
Eine Pein ohn alle Pein.

Thymioge, wie du heisst,
Edler Muth der Erden
Hiemit, hoff' ich, wird mein Geist
Dier bekandt nun werden,
Nimm doch an dies Vnterpfand,
Meine Trew' vnd meine Hand.

Liebste, dencke diesem nach
Was du siehst geschrieben:
Wisse, daß kein Vngemach
Trenne wahres Lieben;
Liebe, die nicht ist ertìcht,
Sieht, noch hört, noch gläubet nicht.

Johann Peter Titz

126

Christliche Stille Music.

Non Clamor, sed amor psallit in aure DEI.

WIlstu in der Stille singen,
Vnd ein Lied dem Höchsten bringen,
Lerne, wie du kanst allein
Sänger, Buch vnd Tempel seyn.

Ist der Geist in dir beysammen
Voller Eifer, voller Flammen,
Dieser Sänger ohne Mund
Thut GOtt dein Begehren kund.

Ist dein Hertz, als sichs gebühret,
Recht mit Andacht außgezieret,
Dieses Buch dann bringet dir
Wort' vnd Weisen gnug herfür.

Wo dein Leib vom Wust der Sünden
Rein vnd sauber ist zu finden,
Diesen Wohn-Platz, dieses Hauß
Sieht jhm GOtt zum Tempel aus.

Kanstu so in Stille singen,
Kanstu dieß dem Höchsten bringen,
Dann wirst du dir selbst allein
Sänger, Buch vnd Tempel seyn.

Non ... DEI: »Nicht Lärm, sondern Liebe singt in Gottes Ohr.«

127

Wald-Gesang.

Amarunt DI quoque sylvas.

HIer, wo die dicken Bäume stehn,
In derer Schatten man kan gehn,
Wil ich verlassen alles Leid,
Vnd meine lange Trawrigkeit
Beyseite thun auf eine Zeit.

Wie hat doch die Natur den Thal
So schön gezieret überal!
Wer hier nicht loß wird seiner Pein,
Wer hier nicht Frewd vnd Lust nimbt ein
Muß ja gar vnempfindlich seyn.

Was Hertz vnd Augen weiden kan,
Das trifft man hier ja alles an.
Wilstu die Sonne? Sie ist hier.
Begehrest du den Schatten dir?
Du kanst jhn haben nach Begier.

Der Vögel heller Hauffe singt
So, daß der gantze Wald erklingt:
Die Nachtigal für allen macht,
Daß man die andern fast verlacht,
Vnd nur allein auf Sie giebt acht.

Wo Götter in den Wäldern sind,
So gläub' ich, daß man hier sie findt.
Apollo führt die Musen ein:
Die Nymfen gleichfals in gemein
Begehren alle hier zu seyn.

Amarunt ... sylvas: »Auch die Götter liebten die Wälder.«

Hier hört man jhrer Seiten Klang,
Vnd machen schönen Wald-Gesang.
Auf der Schalmeyen spielet Pan,
Mercur stimmt seine Leyer an,
Vnd singt aufs lieblichst', als er kan.

Wir wollen nicht die letzten seyn:
Lasst vns mit jhnen stimmen ein:
Rührt ewre Seiten, daß es klingt:
Weg alles, was Betrübnüß bringt
Vnd vnsern Sinn zu Vnmuth zwingt!

Was nützt es, daß man allezeit
Ergeben ist der Trawrigkeit,
Vnd nur allein auf das giebt acht,
Was die Gedancken müde macht,
Vnd vielen hat den Tod gebracht?

Die Sorgen mindern vnsre Jahr',
Vnd zeugen zeitlich grawes Haar.
Wer sich zu seiner Zeit ergetzt,
Vnd alle Müh bey seite setzt
Wird recht vnd wol für klug geschetzt.

Kömpt eine gute Stunde für,
Nimb sie in acht, vnd halt sie dir:
Scheub deine Fröligkeit nicht auf;
Die Jahre kommen bald zu hauff,
Vnd enden vnsern kurtzen Lauff.

Wer schencket ein vom Weine hier?
Dieß Glaß, mein Bruder, bring ich dir.
Sol das Gemühte werden frey
Vnd ohnig der Melancholey,
So muß ein Trunck auch seyn dabey.

Denck aber, wie dieß Glaß bald bricht,
So bald wirdst du vnd ich zu nicht,
Auch alles, was du siehest hier,
Wie schön es jetzt vns kommet für,
Ist nichts vnd eitel, gleich wie wir.

128

Academisches Jubel-Lied
Vorauß GOtt, vnd dann auch den Herren Professoren zu Ehren gestellet, Im Jahr 1644.

O Das hoch-erwünschte Jahr!
O die angenehme Zeiten!
Da der Pregelinnen Schar
Hören lässt jhr Spiel vnd Seiten,
Da sie sich bey Tag vnd Nacht
Durch jhr singen frölich macht.

Hundert Jahr', aus GOttes Gunst,
Sind numehr vorbey gegangen,
Als der Wohn-Platz aller Kunst
Hier zu blühen angefangen,
Als Apollo diese Stadt
Jhm zum Sitz erwehlet hat.

Billich sollen wir jetzund
GOttes grosse Güte preisen,
Billich sol Jhm Hertz vnd Mund
Schuldig' Ehr' vnd Danck erweisen,
Daß Er dieses Jubel-Fest
Vns in Ruh begehen lässt.

Academisches Jubel-Lied: Titz studierte 1644 gerade in Königsberg, als die Universität, »unseres Helicons Zier«, die Jahrhundertfeier beging, wozu Dach das Schauspiel *Sorbuisa* verfaßte (vgl. Z II,161).

Vnser keiner hat vorhin
Diese Zeit jemals gesehen,
Keiner macht jhm auch den Sinn,
Daß es künfftig wird geschehen,
Daß er diesen Frewden-Tag
Wiederumb erreichen mag.

Auf, Apollo, vnsre Zier,
Auf, jhr dreymal drey Göttinnen,
Bringet alles das herfür,
Was jhr lieblichs könnt ersinnen!
Jetzt ist Vrsach', jetzt ist Zeit
Zu vergönnter Fröligkeit.

Stimmet ewre Seiten an
Lasset ewer Spiel erklingen,
Thut, was Kunst vnd Eifer kan,
Fanget frölich an zu singen
Rühmt des Höchsten Gnad' vnd Trew
Durch die süsse Melodey!

Seyd darneben auch bemüht,
Daß ein jeder möge hören,
Wie jhr offentlich ein Lied
Denen singt zu Dienst vnd Ehren
Die durch hohen Witz vnd Fleiß
Hier erhalten ewren Preiß:

Derer Weißheit vnd Verstand,
Derer viel vnd grosse Gaben
Ewren Ruhm, wie gnug bekant,
Hier bißher geschützet haben,
So daß ewres Pindus Zier
Herrlich blühet für vnd für.

dreymal drey Göttinnen: die neun Musen.

Solten sie dann nicht davon
Dieses jetzt gewarten können?
Woltet jhr nicht diesen Lohn
Jhnen gern vnd willig gönnen?
Ja: wer sich den Musen giebt,
Wird geehret vnd geliebt.

Wunsch:

SO lebe, du vnseres Helicons Zier,
Gott lasse dich allezeit wachsen vnd grünen!
Was Gutes zu nennen ist, wünschen wir Dir,
Vnd bleiben Dir ewig verpflichtet zu dienen.

Anonymus

129

Quid non ebrietas designat?

WEr fragt darnach,
Auß dem Gelach
Hab ich mir vorgenommen
Den gantzen Tag,
So lang ich mag,
Auch Morgen nicht zukommen!
Herr Wirt, gebt Jhr
Die Freyheit mir
Mich lustig zu erzeigen
So seht nur an
Wie wol ich kan
Die frischen Gläser neigen!

Dieß ist der Tranck
Der Vnmuths Zwang
Durch den wir lustig werden,
Der vnsern Geist
Der Pein entreisst
Giebt frewdige Geberden;
Er thut vns kunt
Des Hertzens Grund,
Macht Bettler gar zu Fürsten,
Wir werden kühn

Quid ... designat: »Was bringt der Rausch nicht alles zuwege?« Herder nahm das temperamentvolle Lied (aus AA 1,25) ohne die 1. und 5. Strophe unter dem Titel »Lob des Weins. Ein deutscher Dithyrambus« in die *Volkslieder* auf; er schrieb es Dach zu, womit er wohl dessen Trinkfestigkeit weit überschätzte. *Gelach:* Gelage.

Vnd frisch durch jhn
Daß vns nach Blut muß dürsten.

Sein süsser Safft
Gibt denen Krafft
Zu reden, die sonst schweigen,
Macht vns bereit
Barmhertzigkeit
Dem Armut zuerzeigen,
Wie auch behertzt,
Das, was vns schmertzt
Zu eiffern vnd zu lästern,
Ertheilt die Kunst
Vnd alle Gunst
Der dreymal dreyen Schwestern.

Daher man sieht
Wann wir hiemit
Die Nase schon begossen,
Wie dann der Fluß
Des Pegasus
Kompt auff vns zugeschossen:
Der wil denn ein
Poete seyn,
Der kan viel Streitens machen
Von der Natur:
Der redet nur
Von Gottes hohen Sachen.

Dort hat ein Paar
Sich bey dem Haar:
Der greifft nach seinem Degen;
Der steht vnd speyt:
Der jauchtzt vnd schreyt
Vnd kan sich kaum, kaum regen:
Der säufft dem zu
Auff einem Du:

Der schwätzt von seinem Kriegen
Der sitzt vnd weist
Wo er gereist
Vnd schewt sich nicht zu lügen.

Auch mir wird jetzt
Der Kopff erhitzt
O Wein, von deinen Gaben,
Die Zunge singt
Die Seele springt,
Die Füsse wollen traben
Wolan! noch baß
Durch dieses Glaß
Wil ich auff dich jetzt zielen
Du Teutsches Blut,
Lasst mir ein gut
Rundadinella spielen!

Johann Röling

130

Adalbert von Bergen und Regina Dach.

24. November 1664.

Weitberühmter, seel'ger Dach,
Kommt dir aus dem Ungemach
Unsrer Erden was zu Ohren,
So vernimm mit Freuden heut,
Daß dein Kind sich wol befreyt
Und zur Ehe wird erkoren.

Herr vom Berge wird ihr Man,
Den man nicht gnug loben kan
Seines guten Wandels wegen,
Der unschuldig, fromm und rein
Und in treu- und redlich-sein
Suchet seines Gottes Segen.

Keine Welt, kein eitler Schein
Kehret jemals bei ihm ein,
Keine fremde Kleidertrachten,
Keine Lust, der Unlust Port,
Keine schön geschmückte Wort
Hört und siehet man ihn achten.

[Nr. 130:] Gedicht auf die Hochzeit von Dachs Tochter Regina mit Adalbert von Bergen (nach *Simon Dach, seine Freunde und Johann Röling*, S. 236–238). Röling aus Holstein wurde 1661 Simon Dachs Nachfolger als Professor der Poesie.

Sie auch hat bisher die Frucht
Deines Stammes, deiner Zucht
Gnug an sich erblicken lassen;
Amor hat den Mund zwar ein,
Und der bunten Wangen Schein
Könt ihr Venus woll anmaßen.

Aber ihr Gemüth und Sin
Steigt den Schmuck weit überhin.
Dein beliebtes sanfftes Wesen,
Deine hohe Gotts-Begier,
Deine Demuth kan man ihr
Gleichsam aus den Augen lesen.

Ach wenn du gelebt bißher,
Mit wie großer Lust und Ehr
Wäre dieses Werk verrichtet!
Was für einen schönen Reim,
Der bei dir recht war daheim,
Hättest du dazu getichtet!

Ich zwar folge dir hie nach,
Aber ich bin viel zu schwach,
Deinem Pfade nach zu reiten,
Die Gemüther sind auch nicht
Mehr zum guten Werk gericht,
Wie sie woll zu deinen Zeiten.

Damals war die Tichterei
Noch fast unbekand und neu
Und ernehret' ihre Meister;
Nun hat diese süße Kunst,
Gleich wie andre, wenig Gunst,
Dies erstickt die besten Geister.

Hiezu hülfft der schwere Stand,
Der dies vor-beglückte Land
Fast gebracht um seinen Segen,
Wobey man noch so verkehrt,
Daß, was Gott dennoch bescheert,
Man nur auf den Pracht sieht legen.

Doch dieß Alles ungeacht
Mach' ich, was du hast gemacht,
Schreibe, wie du hast geschrieben;
Freu mich mit den Frölichen,
Traure mit den Traurenden
Und beehre, die mich lieben.

Sonderlich ergetzt mich sehr,
Wenn ich deines Namens Ehr
Seh' in meinen Liedern gleißen,
Denn rührt mich dein sanffter Geist
Und ich halt' mich gnug gepreyst,
Daß ich dir gefolgt in Preußen.

Hierauff nehmt, belobten Zwey,
Diesen Dienst zu eurer Frey,
Eures theuren Vaters wegen;
Wär' auch eure Tugend nicht,
Müst' ich dieses Lust-Gedicht
Gern bey eurem Fest ablegen.

Was ich euch nur wünschen kan,
Drum spricht er Gott mündlich an
Und erbittet euch den Segen,
Der in Friede, Lust und Freud'
Weil ihr auff der Erden seyd,
Sich bey euch wird reichlich regen.

Überdem muß jederman
Euch allhie seyn zugethan
Wegen seiner großen Gaben;
Denn wen hat in diesem Land
Nicht des Dachen süße Hand
Müssen paaren und begraben!

Anhang

Zur Textgestalt

Die vorliegende Edition fußt auf folgenden Ausgaben:

- Simon Dach: Gedichte. Hrsg. von Walther Ziesemer. 4 Bde. Halle: Niemeyer, 1936–38. (Schriften der Königsberger Gelehrten Gesellschaft. Sonderreihe. 4–7.) – Text Nr. 1 und 3–94.
- Gedichte des Königsberger Dichterkreises aus Heinrich Alberts Arien und musicalischer Kürbshütte (1638–1650). Hrsg. von Leopold Hermann Fischer. Halle: Niemeyer, 1883. (Neudrucke deutscher Literaturwerke des 16. und 17. Jahrhunderts. 44–47.) – Text Nr. 95–97, 99–112 und 118–129.
- Gedichte von Simon Dach und seinen Freunden. Ausgew. und hrsg. von Walther Ziesemer. Halle: Niemeyer, 1938. – Text Nr. 98.
- Christoph Kaldenbach: Auswahl aus dem Werk. Hrsg. und eingel. von Wilfried Barner. Tübingen: Niemeyer, 1977. (Neudrucke deutscher Literaturwerke des 16. und 17. Jahrhunderts. N.F. Sonderreihe. 2.) – Text Nr. 113–117.
- Simon Dach, seine Freunde und Johann Röling. Hrsg. von Hermann Oesterley. Berlin/Stuttgart: Spemann [1883]. (Deutsche National-Litteratur. 30.) – Text Nr. 130.
- Johann Gottfried Herder: »Stimmen der Völker in Liedern.« Volkslieder. 2 Tle. 1778/79. Hrsg. von Heinz Rölleke. Stuttgart: Reclam, 1975. (Universal-Bibliothek. 1371 [6].) – Text Nr. 2.

Die Texte folgen in Orthographie und Interpunktion genau den Vorlagen. Textänderungen sind nachfolgend einzeln verzeichnet. Wenige Kürzungen umfangreicher Gedichte oder einzelner Partien aus größerem Zusammenhang sind an Ort und Stelle gekennzeichnet oder in den Anmerkungen nachgewiesen. Fraktur-I/J wurde nach Maßgabe der Kleinschreibung des Kontextes in I oder J aufgelöst. In Zweifelsfällen entschied die moderne Schreibung. In den Texten 113–117 wurde die Virgel wie in den übrigen Druckvorlagen in Komma geändert. Die Interpunktion der Texte 59–66 wurde nach dem Erstdruck in *Churbrandenburgische Rose, Adler, Löw und Scepter* von 1680 revidiert. Sperrungen in den Ausgaben erscheinen kursiv.

Bei den Überschriften zu den Texten Simon Dachs handelt es sich meist um Kurztitel des Herausgebers Walther Ziesemer. Sie wurden gelegentlich ergänzt durch die von Ziesemer in den Anmerkungen genannten vielzeiligen Überschriften der Originaldrucke. Selbständige Gedichttitel beginnen in jener Zeit erst allmählich in Gebrauch zu kommen; gelegentlich gelten die lateinischen Motti als Überschriften.

Textänderungen: 8,32: Vorüber] Vorber 13,35: Winde] Wind 23,133: schlaff] chlaff 23,134: Seele] Sseee 23,135: thut] thlut 26,90: Die] Dir 31,219: dasselbe] dassebe 40, *Überschrift:* Melhorn] Mellhorn 79,88: Die] die 85,73: geb] geh 100,14: vor wil] vor-wil 102, *Vorrede:* überhoben] überhaben 129,57: seinem] seinen

Zeittafel

1600	Robert Robertin in Saalfeld (Ostpr.) geb.
1604	Heinrich Albert in Lobenstein (Thür.) geb.
1605	Am 29. Juli Simon Dach in Memel als Sohn eines Gerichtstolken geb.
1617	Stiftung der Fruchtbringenden Gesellschaft.
1618–48	Dreißigjähriger Krieg.
1619–40	Regierungszeit von Kurfürst Georg Wilhelm, Herzog in Preußen.
1619	Dach auf der Domschule in Königsberg.
1620	Pestepidemie in der Stadt. Weitere Pestjahre: 1629 (August–Dezember über 4000 Tote), 1639, 1653 (6000 Tote), 1656.
1621–26	Dach besucht die Stadtschule in Wittenberg und das Gymnasium in Magdeburg.
1624	*Martini Opitii Buch von der Deutschen Poeterey*.
1626	Am 6. Juli landet Gustav Adolf in Pillau, verschont Königsberg, besetzt das Ermland und Elbing und belagert Danzig vergeblich.
1626–34	Befestigungsarbeiten an der Umwallung Königsbergs.
1630	Albert Domorganist.
1631	Am 20. Mai Zerstörung Magdeburgs durch Tilly.
1632	Am 16. November fällt Gustav Adolf bei Lützen.
1633	Dach wird Kollaborator an der Domschule.
1634	Albert mit Heinrich Schütz am Hof in Kopenhagen.
1635	Im Juli anläßlich der Anwesenheit des polnischen Königs Wladislaw IV. Aufführung des Festspiels *Cleomedes* von Dach und Albert.
	Der Friede von Stuhmsdorf beendet den schwedisch-polnischen Krieg.
1636	Robertin kehrt nach langjähriger Abwesenheit auf Dauer nach Königsberg zurück.
	Dach wird Konrektor an der Domschule.
	Hochzeit des Pastors Johannes Partatius (oder Portatius, gest. 1646) mit Anna Neander (1619 [?]–89), zu der »Anke van Tharaw« gedichtet wurde.

1638	Am 9. Februar Hochzeit Alberts mit Elisabeth Starck.
	Der erste Teil der *Arien* Alberts erscheint (8 Teile bis 1650).
	Am 29. Juli Opitz in Königsberg.
1639	Am 8. März Hochzeit Robertins mit Ursula Vogt.
	Am 20. August stirbt Opitz in Danzig an der Pest.
	Dach wird Professor poëseos an der Universität.
1640	Kurfürst Friedrich Wilhelm übernimmt zwanzigjährig die Regierung (bis 1688).
1641	Am 29. Juli Dachs Hochzeit mit Regina Pohl.
	Alberts »Musicalische Kürbs-Hütte« (gedruckt 1645).
1642–44	J. Eccard / J. Stobaeus, *Preußische Festlieder*.
1644	August–Oktober Feiern zum hundertjährigen Bestehen der Universität; Aufführung von Dachs *Prussiarchus* (*Sorbusia*); Wiederholungen 1645 und 1656.
	Gründung des Löblichen Hirten- und Blumen Ordens an der Pegnitz, der Pegnitz-Schäfer.
1646	Tod des Komponisten Johannes Stobaeus (geb. 1580 in Graudenz).
1648	Am 7. April stirbt Robertin.
1651	Am 6. Oktober stirbt Heinrich Albert.
1655–60	Erneuter schwedisch-polnischer Krieg.
1656	Im Herbst Tatareneinfall in Ostpreußen; Königsberg voller Flüchtlinge aus Polen und Litauen.
	Im Wintersemester Dach Rektor der Universität.
1657	Am 19. September anerkennt Polen im Vertrag von Wehlau die Souveränität Preußens (ohne Ermland).
1658	Am 3. September schenkt der Kurfürst Dach das kleine Gut Kuykeim im Samland.
1659	Am 15. April stirbt Dach.
1660	Im Frieden von Oliva wird Preußens Souveränität international bestätigt.

Biographien

Adersbach, Andreas: geb. 1610 in Königsberg, gest. 1660 ebenda.

Mitglied des Dichterkreises (»Barchedas«). Nach Reisen nach Italien (mit Robertin), Holland, England, Frankreich Sekretär in kurfürstlichen Diensten in Königsberg und Warschau. Im gastfreien Haus des Vaters, des kurfürstlichen Rats Michael Adersbach, traf man sich, seinem Garten und »Lust-Hauß« am Pregel gilt ein Gedicht Dachs (Nr. 8). Z I,56 besingt einen Namenstag des Nestors, Z III,50 dessen Begräbnis.

Lit.: ADB I (Erdmannsdörffer). – NDB I (Forstreuter). – Deutsches Literatur-Lexikon I.*

Albert, Heinrich (auch: Alberti): geb. 8. Juli 1604 in Lobenstein (Reuß), gest. 6. Oktober 1651 in Königsberg.

Komponist und Dichter, mit Dach die Hauptfigur des Königsberger Kreises (»Damon«). Ohne seine Vertonungen Dachscher Texte (120) in den von 1638–50 erscheinenden acht Teilen der *Arien*, die weiteste und andauernde Verbreitung fanden, wäre dieser vielleicht ein Königsberger Gelegenheitsdichter und darüber hinaus unbekannt geblieben.
Vetter (nicht Neffe) von Heinrich Schütz, der ihn 1622 in Dresden unterrichtete; 1623 Jurastudium in Leipzig, dort wahrscheinlich vom Thomaskantor Johann Hermann Schein beeinflußt. Am 15. August 1626 in Königsberg immatrikuliert. Ende 1630 probeweise, 1631 fest als Domorganist angestellt. Kompositionslehre bei Johann Stobaeus, dem kneiphöfischen Kantor und Leiter der Hofkapelle. Seit 1638 gibt er seine *Arien oder Melodeyen Etlicher theils Geistlicher theils Weltlicher [. . .] Lieder* auf Texte des Königsberger Dichterkreises heraus. Den zweiten Teil widmet er 1640 »Dem Fürtrefflichen vnd Weltberümten Musica Hn. Heinrich Schützen«, mit dem er 1634 Kopenhagen besuchte. Mit Scheins *Waldliederlein* (1621) sind die *Arien* »unbesteitbar das repräsentativste deutsche Liederwerk des 17. Jahrhunderts« (Osthoff): durchkomponierte monodische Stücke, aber

* Da alle Angehörigen des Königsberger Dichterkreises bei Pisanski, im Goedeke, in Fischers Ausgabe der Arien Alberts (S. III–XXX) und in der Altpreußischen Biographie verzeichnet sind, werden diese hier nicht eigens genannt.

auch schlichte Strophenlieder; mit ihnen »ebnete er dem neuen deutschen Lied die Bahn zu seiner vollen Ausprägung« (ders.). Viele Melodien Alberts fanden auch Eingang ins evangelische Gesangbuch. Als Einzeldruck erschien 1641 (1645) die »Musicalische Kürbs-Hütte, Welche vns erinnert Menschlicher Hinfälligkeit« (Nr. 102), ein kleiner Kantatenkreis, das seelenvollste, rührendste Zeugnis dieses Kreises. Eine frühe Blüte – nämlich die ersten Königsberger Opern – sind die beiden Festspiele *Cleomedes* (1635) und *Sorbuisa* (1644), die Albert auf Dachs Texte komponierte; vom ersten sind nur wenige Teile in den *Arien* erhalten, die Musik des andern ganz verloren.

Lit.: ADB I (v. Dommer). – NDB I (v. Dadelsen). – MGG I (Osthoff). – RL I (Art. Königsberger Dichterkreis). – Deutsches Literatur-Lexikon I. – Pyritz. Nr. 45–58. – von Winterfeld. S. 136–150. – Hermann Kretzschmar: Einleitung. In: H. A.: Arien. Hrsg. von Eduard Bernoulli. – Joseph Müller-Blattau: H. A. und das deutsche Barocklied. – Festschrift zur Ehrung von H. A.

Albrecht, Markgraf von Brandenburg-Ansbach: geb. 1490 in Ansbach, gest. 1568 in Tapiau.

Letzter Hochmeister des Deutschen Ritterordens, erster Herzog von Preußen, der 1525 im Vertrag von Krakau das unter polnischer Lehnshoheit stehende Land in ein erbliches Herzogtum umwandelte. Über seine politischen Leistungen hinaus, die hier nicht anzudeuten sind, gestattete ihm seine Bildung und sein Kunstverständnis, den Grund für die neuzeitliche geistige und künstlerische Entwicklung des Landes zu legen. Er zog Musiker, Maler, Baumeister und Kunsthandwerker an seinen Hof; 1544 gründete er die Universität, die Albertina; durch eigne Dichtungen förderte er das Kirchenlied, sorgte für Bibel-, Katechismus- und Gesangbuchdrucke.

Lit.: ADB I (Lohmeyer). – NDB I (Hubatsch). – MGG I (Albrecht). – P. G. Thielen: Die Kultur am Hofe Herzog Albrechts von Preußen (1525–1568). Göttingen 1953. – Albrecht von Brandenburg-Ansbach und die Kultur seiner Zeit. Ausstellungskatalog. Bearb. von Iselin Gundermann. Düsseldorf 1968. – Luther und die Reformation im Herzogtum Preußen. Ausstellungskatalog. Bearb. von W. Hubatsch und I. Gundermann. Berlin 1983.

Behm, Michael: geb. 1612 in Königsberg, gest. 1650 ebenda.

Sohn des Theologen Johannes Behm. Studierte in Königsberg, Greifswald und Rostock; 1635 Doktor der Theologie in Wittenberg; danach in Königsberg, 1639 an der Universität; ein streitbarer Theologe. Gehörte zum weitern Freundeskreis. Dach schrieb Gedichte zum Tod seiner ersten Frau (Z III,53), auf den Tod eines Kindes (Z III,113), zur zweiten Eheschließung (Z I,123) und auf Behms Tod (Z III,227). Gedichte Behms in Stobaeus' *Preußischen Festliedern* und in Kaldenbachs *Poetice Germanica* (1674).

Lit.: NDB II (Schumacher).

DACH, SIMON: geb. 29. Juli 1605 in Memel, gest. 15. April 1659 in Königsberg.

Schulbesuch in Memel, 1619 Domschule in Königsberg, 1620–23 in Wittenberg, bis 1626 in Magdeburg. Flucht vor Pest und Krieg nach Königsberg, wo er am 21. August 1626 immatrikuliert wurde. 1633 Kollaborator an der Domschule, 1636 Konrektor, 1639 Professor der Poesie an der Universität.

Mit Heinrich Albert wichtigste Gestalt eines Freundeskreises, der sich, wohl durch Robertin angeregt, nach Art barocker Sprach- und Dichtergesellschaften zu Sitzungen in Bürgerhäusern und Gärten vereinigte. Zehn Jahre lang war Alberts Gärtchen am Pregel der beliebte und viel besungene Versammlungsort. Dachs und seiner Freunde Dichtung schmückte vornehmlich die festlichen Gelegenheiten des bürgerlichen und akademischen Lebens, Hochzeiten und Begräbnisse, Geburtstage, Jubiläen und Gedenktage mit Liedern und Gedichten. Etwa 1250 Gedichte Dachs sind erhalten. Sein Schäfername im Kreis war Chasmindo, auch Sichamond oder Ischmando (Anagramme von »Simon Dach«). Da der Kurfürst Dachs Gedichte schätzte, fühlte er sich dem fürstlichen Hause nah verbunden; ein Teil seiner Dichtungen galt dem Hofe. Dieser wurde als einziger 1680 (zum vierzigsten Regierungsjubiläum des Kurfürsten) von der Witwe Dachs in einem Sammelband u. d. T. *Chur-Brandenburgische Rose, Adler, Löw und Scepter* veröffentlicht. Alles übrige blieb in den Einzeldrucken der Hochzeits- und Leichencarmina, im Evangelischen Gesangbuch und vor allem in Alberts *Arien* (1638–50) verstreut, bis es im neunzehnten Jahrhundert durch Oesterley, im zwanzigsten durch Ziesemer gesammelt und publiziert wurde.

Lit.: ADB IV (Oesterley). – NDB III (Flemming). – MGG XV (Trunz). – RL I (Art. Königsberger Dichterkreis). – Deutsches Literatur-Lexikon II. – Pyritz. Nr. 1429–1482.

Eccard, Johannes: geb. 1553 in Mühlhausen (Thüringen), gest. 1611 in Berlin.

Sängerknabe in Weimar, München (Orlando di Lasso) und bei Fugger in Augsburg. Kam mit Georg Friedrich 1578 nach Preußen; seit 1580 Vicekapellmeister, 1604 Kapellmeister; ging 1608 in gleicher Eigenschaft nach Berlin. Schuf Motetten und Lieder, seine fünfstimmigen *Geistlichen Lieder auf den Choral oder gemeinen Kirchengesang* (1597), deren Oberstimme die Gemeinde mitsang, förderten den Kirchengesang in Preußen. Die zweite große Sammlung sind die *Preußischen Festlieder* (1598), die sein Schüler Stobaeus 1642 und 1644 in neuer vermehrter Auflage wiederholte.

Lit.: ADB V (v. Dommer). – NDB IV (Gerstenberg). – MGG IV (Adrio). – Pyritz. Nr. 1587–1593.

Friedrich Wilhelm, Kurfürst von Brandenburg, Herzog in Preußen (der Große Kurfürst): geb. 1620 in Berlin, gest. 1688 in Potsdam.

Friedrich Wilhelm hatte den frühen Tod seines Vaters Georg Wilhelm 1640 in Königsberg erlebt, der den Zwanzigjährigen wenig vorbereitet in mißlicher politischer Lage an die Regierung brachte; von Königsberg aus, wo er bis 1643 blieb, versuchte er die Dinge in die Hand zu bekommen; 1645 hielt er sich abermals ein Jahr lang in der Stadt auf. Zu Dachs Dichtung hatte der junge Herrscher offenbar ein unmittelbar persönliches Verhältnis, was den bescheidenen Poeten beglückte. Er besang viele familiäre Ereignisse des fürstlichen Hauses und versäumte keine Geburtstagsgratulation. Es sind Gedichte, die das barocke Fürstenlob zuweilen in naiv-vertrauliche Töne transponieren. Erst kurz vor dem Lebensende beschenkte ihn der hohe Gönner mit einem kleinen Landbesitz im östlichen Samland.
Die größte und dauerhafteste politische Leistung des Kurfürsten für Preußen war die durch seine diplomatisch-militärische Schaukelpolitik gelungene Lösung aus der polnischen Lehnsabhängigkeit (ohne das Ermland), die er im Vertrag von Wehlau 1657 erreichte und im Frieden von Oliva 1660 durch die großen Mächte bestätigt bekam. »Hier ist der Grund der Schaffung des preußischen Gesamtstaats und seine Stellung als Großmacht gelegt worden« (Schumacher, S. 173).

Lit.: ADB VII (Erdmannsdörffer). – NDB V (Oestreich). – Gerhard Oestreich: Friedrich Wilhelm, der Große Kurfürst. Göttingen / Zürich / Frankfurt a. M. 1971.

Friedrich Wilhelm I., der Große Kurfürst.
Kupferstich von Cornelius Vischer nach dem Gemälde
von Gerrit van Honthorst, 1649.

KALDENBACH, CHRISTOPH: geb. 1613 in Schwiebus in Schlesien, gest. 1698 in Tübingen.

Schulzeit zu Hause und in Frankfurt an der Oder mit viel musikalischer Betätigung. Kommt 1631 nach Königsberg; 1639 Konrektor in der Altstadt, 1645 Prorektor, 1651 Professor der griechischen Sprache an der Universität. Unter dem Schäfernamen Celadon dichtend und musizierend Dachs Freundeskreis verbunden. Schrieb in deutscher, lateinischer, griechischer, hebräischer und polnischer Sprache. 1648 erschienen in Königsberg die *Deutschen Eclogen* (diese Ausgabe ist Robertin und Dach gewidmet und hat auch ein lateinisches Widmungsgedicht Dachs; s. Ch. K., Auswahl aus dem Werk, S. 62 f.), im selben Jahr in Elbing *Deutsche Grab-Getichte*, 1651 *Deutsche Sappho / Oder / Musicalische Getichte / So wol mit lebendiger Stimme, als unter allerhand Instrumenten, auch wol von einer Person allein zugleich zu spielen und singen, gesetzt.* 1656 wurde Kaldenbach als Professor Eloquentiae, Poeseos et Historiarum nach Tübingen berufen, wo der vielseitige Gelehrte auch als Schulmann mit großem Erfolg wirkte, besonders durch sein *Compendium rhetorices* (1682).

Lit.: ADB XV (Kl.). – NDB XI (Ukena). – MGG VII (Reichert). – RL I (Art. Königsberger Dichterkreis). – Deutsches Literatur-Lexikon VIII. – Pyritz. Nr. 103–106. – Wilfried Barner: Einleitung. In: Chr. K.: Auswahl aus dem Werk. S. XI–LII.

KOSCHWITZ, JONAS DANIEL: geb. 1614 in Liegnitz, gest. in Konitz 1664.

Lediglich mit einem Gedicht (Nr. 125) an Alberts Arien beteiligt. Mediziner; lebte als Leibmedicus Johann Casimirs von Polen in Konitz; befreundet mit Titz.

MYLIUS, GEORG: geb. 1613 in Königsberg, gest. 1640 in Brandenburg am Frischen Haff.

Pfarrerssohn. 1630 Beginn des Studiums; geht 1635 nach Wittenberg; nach Rückkehr in die Heimat 1639 Pfarrer in Brandenburg am Frischen Haff. Schrieb lateinische, griechische und deutsche Gedichte. Dach gratulierte ihm mit zwanzig Freunden zur Hochzeit (Z II,183.27), Kaldenbach schrieb ihm ein Grabgedicht, Stobaeus komponierte ihm das Sterbelied.

Opitz, Martin: geb. 1597 in Bunzlau am Bober (daher als »von Boberfeld« 1627 vom Kaiser geadelt; der »Boberschwan«), gest. 1639 in Danzig (an der Pest).

Barock bewegter Lebenslauf durch Europa: Studium in Frankfurt an der Oder, Heidelberg; dann in Holland, Jütland, Siebenbürgen, Schlesien. 1625 Dichterkrönung in Wien, 1629 als »der Gekrönte« Mitglied der Fruchtbringenden Gesellschaft. Seit 1635 in Danzig, Hofhistoriograph des polnischen Königs Wladislaw IV.; besuchte 1638 Königsberg.
Bewunderter Musterdichter und Poetiklehrer, vor allem durch sein *Buch von der deutschen Poeterey*, in dem er die regelmäßige Alternation und die wortgerechter Betonung im Vers zum Grundprinzip machte. Vorbild aller Dichter seiner Zeit; öffnete der deutschen Literatur den Anschluß an die Weltliteratur durch zahlreiche Editionen und Übersetzungen holländischer, französischer, italienischer, antiker und altdeutscher Texte und des Psalters.
Robertin kannte Opitz von seinen Reisen her und stand mit ihm in Briefwechsel; er verband ihn auch mit dem Königsberger Dichterkreis. Opitz war auch für Dach das nachstrebenswerte Vorbild.

Lit.: ADB XXIV (Muncker). – Pyritz. Nr. 5736–5950. – Marian Szyrocki: M. O. Berlin [Ost] 1956. 2., überarb. Aufl. München 1974. – Klaus Garber: M. O. – »der Vater der deutschen Dichtung«. Eine kritische Studie zur Wissenschaftsgeschichte der Germanistik. Stuttgart 1976.

Robertin, Robert (auch: Roberthin; Anagramm »Berrintho«): geb. 1600 in Saalfeld, gest. 7. April 1648 in Königsberg.

Dachs nächster Freund und Helfer, der geistige Führer des Dichterbundes. Der Sohn eines Pfarrers (später am Löbenicht) kam 1617 zur Universität; eine früh erkennbare Begabung ermöglichte ihm mit fürstlicher Empfehlung das Studium in Leipzig und Straßburg, wo er die Freundschaft des Historikers und Philologen Matthias Bernegger gewann und unter seiner Anleitung arbeitete. Nach dem Tod des Vaters (1620) ist er einige Jahre Hofmeister in Preußen und Kurland, geht aber 1625–30 wieder auf Reisen; hält sich in den Niederlanden, England, Paris und abermals in Straßburg auf, steht in verschiedenen Diensten und überall in Verbindung mit der Gelehrtenwelt. Nach einer kurzen Zeit in Königsberg tritt er 1633 eine dritte Reise nach Italien, Frankreich und Holland an, wo er mit Hugo Grotius befreundet war. Nach Haus zurückgekehrt ist er zunächst Sekretär des Johanniterordens und übersiedelt in die Mark, bis ihn 1636 Kurfürst

Georg Wilhelm zum Sekretär beim Hofgericht in Königsberg ernennt; 1645 steigt er zum kurfürstlichen Rat auf. 1639 heiratet er Ursula Vogt; Dach feiert das Fest mit einem großen episch-lyrischen Gedicht (Z I,54). Besonders das biographische Bekenntnis- und Dankgedicht von 1647 (Nr. 31) und die »Bittere Klage« anläßlich des plötzlichen Todes (Z III,161) beweisen seine Freundschaft.

Lit.: ADB XXVIII (Oesterley). – RL I (Art. Königsberger Dichterkreis). – Pyritz. Nr. 6416–6420. – Hermann Oesterley: R. R. In: Simon Dach, seine Freunde und Johann Röling. S. 197–210. – Hermann Oesterley: R. R. In: Altpreußische Monatsschrift 12 (1875) S. 27–50. [Gedichte.] – Caspar Stein: Das Alte Königsberg. Eine ausführliche Beschreibung der drei Städte Königsberg samt ihrer Vorstädte und Freiheiten wie sie anno 1644 beschaffen waren. Nach dessen lateinischem Peregrinator zum ersten Male ins Deutsche übertragen von Arnold Charisius. Königsberg 1911. [S. 73–75 und Anm. S. 131: Beschreibung des Grabsteins Robertins auf dem löbenichtschen Kirchhof mit Gedichten Simon Dachs.]

RÖLING, JOHANN: geb. 1634 in Lütjenburg/Holstein, gest. 1679 in Königsberg.

Nach Schulen in Lübeck und Stettin Theologiestudium in Rostock. 1660 vom Kurfürsten als unmittelbarer Nachfolger Dachs auf dessen Lehrstuhl berufen. Trat auch als Dichter ganz in dessen Fußtapfen; die Königsberger Bibliothek besaß über 700 Einzeldrucke von Gelegenheitsgedichten von ihm. 1669 wurde er von den Pegnitzschäfern zum Dichter gekrönt. 1672 *Teutscher Oden sonderbares Buch von Geistlichen Sachen*. Als »Ende und Schlußstein« der Königsberger Gruppe bezeichnet (Oesterley). Vgl. sein Gedicht zur Hochzeit von Dachs Tochter Regina 1664 (Nr. 130).

Lit.: ADB XXIX (E. S.). – Pyritz. Nr. 6422–6424. – Hermann Oesterley: J. R. In: Simon Dach, seine Freunde und J. R. S. 231–345. – Hermann Oesterley: J. R. In: Archiv für Litteraturgeschichte 8 (1879) S. 173–200. [Mit 20 weltlichen Gedichten.] – Paul-Gerhard Schultze: J. R., ein ostpreußischer Lyriker des 17. Jahrhunderts. Diss. Königsberg 1926. [Masch.]

SCHÜTZ, HEINRICH: geb. 1585 in Köstritz bei Gera (Reuß), gest. 1672 in Dresden.

Erste Ausbildung in Weißenfels und als Kapellknabe in Kassel; Jurastudium in Marburg; 1609–13 bei Gabrieli in Venedig; seit 1617 bis ans Lebensende Hofkapellmeister des Kurfürsten von Sachsen in Dresden. 1628 noch einmal für ein Jahr in Venedig, wo Monteverdi Gabrielis Nachfolger an San Marco geworden ist. Als die Bedräng-

nisse des Dreißigjährigen Krieges die Musikausübung in Dresden zeitweilig zum Erliegen brachten, war Schütz häufig bei andern Höfen und Städten zu Gast, wie in Wolfenbüttel, Zeitz, Halle, Hamburg, mehrfach in Kopenhagen, wo 1634 auch Heinrich Albert an höfischen Festlichkeiten mitwirkte. Einer Einladung, die die Königsberger 1647 an ihn richteten, ist der Meister allerdings nicht gefolgt.
Schütz brachte aus Venedig die Kenntnis des modernen einstimmigen Sologesangs mit Generalbaß und selbständig geführten Soloinstrumenten sowie die prächtige Mehrchörigkeit der venezianischen Schule mit, die er mit der niederländisch-deutschen Choralpolyphonie verband. Das Ziel seiner protestantischen Kirchenmusik war die explicatio textus, die Sinnauslegung des Bibelworts im höchst expressiven Stil einer lebendigen musikalischen Deklamation. So wurden seine *Cantiones sacrae* (1625), *Sinfoniae sacrae* (1629), die *Geistliche Chormusik* von 1648, die Passionen und biblischen Historien, die *Psalmen Davids* zum höchsten Gipfel der vorbachischen Barockmusik. Die Komposition einer *Dafne* auf den Text von Opitz, der ersten deutschen Oper, die 1627 aufgeführt wurde, ist verloren, wie Schütz ohnehin seine weltlichen Werke eher als Nebensache achtete. Als »seculi sui Musicus excellentissimus« rühmte ihn seine Grabplatte.
Heinrich Albert, ein früher Schüler Schützens 1622 in Dresden, der auch zahlreiche Kompositionen seines Vetters besessen haben soll, hat jedenfalls Züge dieser modernen Kompositionsweise in die älteren Königsberger Traditionen von Eccard und Stobaeus eingebracht, ohne dessen unvergleichliche Höhe erreichen zu können.

Lit.: ADB XXXIII (Spitta). – MGG XII (Gudewill/Bittinger). – Pyritz. Nr. 6919–6932. – Otto Brodde: H. S. Weg und Werk. Kassel 1972.

STOBAEUS, JOHANN: geb. 1580 in Graudenz, gest. 1646 in Königsberg.

Kam 1595 zur Schule nach Königsberg, seit 1599 Eccards Schüler; 1602–22 Kantor des Kneiphofs, dem er lebenslang verbunden blieb; von 1626 bis zum Tode Hofkapellmeister. Stobaeus vermehrte den Reichtum geistlicher Lieder; 1624 die *Cantiones sacrae*, 1634 die Neuauflage der *Geistlichen Lieder* seines Lehrers Eccard; in den *Preußischen Festliedern* (1642 und 1644) verband er dessen Kompositionen mit seinen eigenen. In der Fülle der Gelegenheitskompositionen finden sich viele auf Texte Dachs, wie das frühe Sterbelied »O Wie Seelig seydt jhr doch, Jhr Frommen« (Nr. 68) von 1635; ferner

Kompositionen zur Promotion Dachs 1640, zum Frieden von 1635, das »Wanderlied« für Robertin 1641 u. v. a. Dach widmete ihm zum Begräbnis »Wer wird in der Engel Chor« und das »Klag-lied« (Nr. 76 f.).

Lit.: ADB XXXVI (Eitner). – MGG XII (Härtwig). – von Winterfeld. S. 103–136. – Preußische Festlieder.

THILO, VALENTIN: geb. 1607 in Königsberg, gest. 1662 ebd.

Sohn des gleichnamigen Predigers. 1624 auf der Universität, 1632–34 in Leiden, nach der Rückkehr in die Heimat Professor der Beredsamkeit. Schrieb verschiedene Werke über die Redekunst und gab mehrere Bände mit Reden heraus: *Secularia Borussa, Secularia Regiomontana, Panegyrici academici* usw. Verfasser vieler Choräle, die von denen seines Vaters bisher nicht klar unterschieden sind, wie »Mit Ernst ihr Menschenkinder«. Mit den Freunden des Dachkreises tauschte er zahlreiche Gedichte: wie er Dach zur Promotion gratulierte, so entgegnete dieser (Z I,16 und 17); Gedichte Dachs zu Todesfällen in der Familie Z IV,226,231,232,297(104), wie ein neuaufgefundenes Widmungsgedicht in Thilos *Pathologia Oratoria* von 1647.

Lit.: ADB XXXVIII. – Joachim Dyck: »Lob der Rhetorik und des Redners«.

TITZ, JOHANN PETER: geb. 1619 in Liegnitz, gest. 1689 in Danzig.

Seit 1636 in Danzig; hier und hinfort Bewunderer Opitzens; verfaßte 1642 eine Poetik. Mit Dach früher schon bekannt, kam er 1644 nach Königsberg; schrieb Gedichte auf das Universitätsjubiläum, auf Dachs Hochzeit und Robertins Tod. In Alberts *Arien* sind 5 Texte vertont. Seit 1645 wieder in Danzig; zuletzt Professor der Beredsamkeit und der Poesie.

Lit.: ADB XXXVIII (Markgraf). – Wilfried Barner: Einleitung. In: Christoph Kaldenbach: Auswahl aus dem Werk. S. XXV f.

WILKOW, CHRISTOPH: geb. 1598 in Königsberg, gest. 1647 ebd.

Archivar, Prorektor der löbenichtschen Schule und polnischer Notar. Beteiligte sich an verschiedenen poetischen Gratulationscouren der Freunde. Dach widmete ihm 1643 das bedenkliche Epithalamion »Wird es nicht zu späte sein, Bruder mein« (Z I,115) und das an Fauljoch gerichtete Trauercarmen (Z III,141). In Alberts Arien finden sich zwei seiner Gedichte, auch Stobaeus hat mehrere seiner Texte vertont.

Bibliographie

Nachschlagewerke

Allgemeine Deutsche Biographie (ADB). Hrsg. durch die Historische Commission bei der Königlichen Akademie der Wissenschaften. 56 Bde. Leipzig 1875–1912.

Neue Deutsche Biographie (NDB). Hrsg. von der Historischen Kommission bei der Bayerischen Akademie der Wissenschaften. [Bisher ersch.:] Bd. 1–13. Berlin 1953–82.

Die Musik in Geschichte und Gegenwart (MGG). Allgemeine Enzyklopädie der Musik. Hrsg. von Friedrich Blume. 16 Bde. Kassel [u. a.] 1949–79.

Reallexikon der deutschen Literaturgeschichte (RL) 2. Aufl. Bd. 1. Hrsg. von Werner Kohlschmidt und Wolfgang Mohr. Berlin 1958. [Art. Königsberger Dichterkreis (W. Ziesemer / R. Haller).]

Altpreußische Biographie. Bd. 1. Hrsg. von Christian Krollmann. Königsberg 1941. Bd. 2. Hrsg. von Christian Krollmann, fortges. von Kurt Forstreuter und Fritz Gause. Marburg 1967. Bd. 3. Hrsg. von Kurt Forstreuter und Fritz Gause. Marburg 1975. Bd. 4,1. Hrsg. von Ernst Bahr und Gerd Brausch. Marburg 1984.

Bibliographien

Georg Christoph Pisanski: Entwurf der Preussischen Litterärgeschichte während des 17. Jahrhunderts. Hrsg. von Friedrich Adolf Meckelburg. Königsberg 1853. §§ 250–256 und 259.

Karl Goedeke: Grundriß zur Geschichte der deutschen Dichtung aus den Quellen. 2. Aufl. Bd. 3. Dresden 1887. §§ 184–185. [Königsberger Dichterkreis.]

Curt von Faber du Faur: German Baroque Literature. A Catalogue of the Collection in the Yale University Library. New Haven 1958. S. 95–99: The Königsberg Circle.

Deutsches Literatur-Lexikon. Biographisch-bibliographisches Handbuch. Begr. von Wilhelm Kosch. 3., völlig neu bearb. Aufl. [Bisher ersch.:] Bd. 1–9. Bern/München 1968–84.

Bibliographie zur deutschen Literaturgeschichte des Barockzeitalters. Begr. von Hans Pyritz. Fortgef. und hrsg. von Ilse Pyritz. [Bisher ersch.:] Tl. 2. Fasz. 1–4. Bern/München 1980–81. [Zit. als: Pyritz.]

Ausgaben

Simon Dach: Poetische Wercke, Bestehend in Heroischen Gedichten, Denen beygefüget zwey seiner verfertigten Poetischen Schau-Spiele. Königsberg: Boyen, 1696. Nachdr. Hildesheim / New York: Olms, 1970. – Die Königsberger Ausgabe war eine erweiterte Titelauflage von *Churbrandenburgische Rose, Adler, Löw und Scepter*, 1680.

Auserlesene Gedichte von Simon Dach, Robert Roberthin und Heinrich Albert. Hrsg. von Wilhelm Müller. Leipzig: Brockhaus, 1823. (Bibliothek deutscher Dichter des 17. Jahrhunderts. 5.)

Simon Dach und seine Freunde als Kirchenliederdichter. Hrsg. von August Gebauer. Tübingen: Osiander, 1828.

Simon Dach: Hrsg. von Hermann Oesterley. Tübingen: Litterarischer Verein Stuttgart, 1876. (Bibliothek des Litterarischen Vereins in Stuttgart. 130.) Nachdr. Hildesheim / New York: Olms, 1977. – Druckt 413 Gedichte. Register von 1202 Gedichten in deutscher, 259 in lateinischer Sprache nach den Anfangszeilen.
[Einl. zit. als: Oesterley.]

Gedichte von Simon Dach. Hrsg. von Hermann Oesterley. Leipzig: Brockhaus, 1876. (Deutsche Dichter des 17. Jahrhunderts. 9.)

Gedichte des Königsberger Dichterkreises aus Heinrich Alberts Arien und musicalischer Kürbshütte (1638–1650). Hrsg. von Leopold Hermann Fischer. Halle: Niemeyer, 1883. (Neudrucke deutscher Literaturwerke des 16. und 17. Jahrhunderts. 44–47.) – Texte der 8 Teile der *Arien* von 1638–50 und der *Musicalischen Kürbshütte* von 1641 (1645).
[Texte zit. als: AA Tl.,Nr.; Einl. zit. als: Fischer.]

Simon Dach, seine Freunde und Johann Röling. Hrsg. von Hermann Oesterley. Berlin/Stuttgart: Spemann, [1883]. (Deutsche National-Litteratur. 30.) Nachdr. Tübingen: Niemeyer, 1974.

Simon Dach. Sein Leben und seine ausgewählten Dichtungen fürs deutsche Volk. Hrsg. von Heinrich Stieler. Königsberg: Hartung, 1898.

Simon Dach: Gedichte. Hrsg. von Walther Ziesemer. 4 Bde. Halle: Niemeyer, 1936–38. (Schriften der Königsberger Gelehrten Gesellschaft. Sonderreihe. 4–7.) – Bd. 1: Weltliche Lieder. Hochzeitsgedichte. Bd. 2: Weltliche Lieder. Gedichte an das kurfürstliche Haus. Dramatisches. Bd. 3: Geistliche Lieder. Trostgedichte 1. Bd. 4: Geistliche Lieder. Trostgedichte 2.
[Texte zit. als: Z Bd.,Nr.]
Wichtige Rez. von Erich Trunz in: Deutsche Literaturzeitung 57

(1936) Sp. 2176–2180 und 58 (1937) Sp. 1954–1958, 60 (1939) Sp. 154–160.
Gedichte von Simon Dach und seinen Freunden. Ausgew. und hrsg. von Walther Ziesemer. Halle: Niemeyer, 1938.
Simon Dach. Der Mensch hat Nichts so eigen ... Sieben Gedichte. Ausgew. von Walter Ehlers. In: Das Gedicht. Blätter für die Dichtung. Hrsg. von Heinrich Ellermann. Jg. 7. F. 8. Mai 1941.
Simon Dach: Fließt mir ihr güldnen Reime. [Auswahl.] Königsberg: Gräfe und Unzer, 1941.
Simon Dach: Christliche Weihnachtsfreude, welche über der fröhlichen und gnadenreichen Geburt unseres Erlösers Jesu Christi empfunden [...] zum Druck verfertiget [...] am Ende des 1648. Jahres. Durch verschiedene Weihnachtslieder ergänzt [...]. Hrsg. von Karl Vötterle. 2. Aufl. Kassel: Stauda, 1948.
Christoph Kaldenbach: Auswahl aus dem Werk. Hrsg. und eingel. von Wilfried Barner. Tübingen: Niemeyer, 1977. (Neudrucke deutscher Literaturwerke des 16. und 17. Jahrhunderts. N. F. Sonderreihe. 2.)

Allgemeines

H. Jacoby: Das geistige Leben Königsbergs in der Zeit des dreißigjährigen Krieges. In: Die Grenzboten 36 (1877) S. 121–139.
Deutsche Staatenbildung und deutsche Kultur im Preußenlande. Hrsg. vom Landeshauptmann der Provinz Ostpreußen [Paul Blunk]. Königsberg 1931. S. 205–220: Geistiges Leben im 16. und 17. Jahrhundert (Walther Ziesemer).
Erich Trunz: Der deutsche Späthumanismus um 1600 als Standeskultur. In: Zeitschrift für Geschichte der Erziehung und des Unterrichts 21 (1931) S. 17–35. Wiederabgedr. in [und zit. nach]: Richard Alewyn (Hrsg.): Deutsche Barockforschung. Dokumentation einer Epoche. Köln/Berlin 1965. S. 147–181.
Bruno Schumacher: Geschichte Ost- und Westpreußens. Königsberg 1937. 2., erw. Aufl. Würzburg 1957. [6]1972. [Zit. nach der 4. Aufl. 1959.]
Alfred Rohde: Königsberger Maler im Zeitalter Simon Dachs. Berlin 1938.
Götz von Selle: Geschichte der Albertus-Universität zu Königsberg in Preußen. Königsberg 1944. 2. Aufl. Würzburg 1956.
Fritz Gause: Die Geschichte der Stadt Königsberg in Preußen. Bd. 1: Von der Gründung der Stadt bis zum letzten Kurfürsten. Köln 1965. [2]1972.

Herbert Meinhard Mühlpfordt: Königsberg von A bis Z. Ein Stadtlexikon. München 1972. ²1976.
Helmut Motekat: Ostpreußische Literaturgeschichte mit Danzig und Westpreußen. München 1977. Bes. S. 67–79.

Zur Biographie

[Theophil Siegfried] Bayer: Das Leben Simonis Dachii eines Preußischen Poeten. In: Erleutertes Preußen. Bd. 1. St. 3. Königsberg 1723. S. 159–195 und 855–857.
[Johann Christoph Gottsched] (Hrsg.): Neuer Büchersaal der schönen Wissenschaften und freyen Künste. Bd. 4. St. 4. Leipzig 1747. S. 371–384: Kurzgefaßte historische Nachricht von den bekanntesten preußischen Poeten voriger Zeiten. S. 374–376: Robert Robertin. S. 376–383: Simon Dach.
Johann Friedrich Lauson: Das Lorbeerwürdige Andenken eines vor hundert Jahren verstorbenen großen Preußischen Dichters, M. Simon Dach [. . .]. Königsberg 1759.
Karl Heinrich Jördens (Hrsg.): Lexikon deutscher Dichter und Prosaisten. Bd. 1. Leipzig 1806. Nachdruck Hildesheim / New York 1970. S. 366–373.
C. J. Cosack / H. Jacoby: Simon Dach. In: Realencyklopädie für protestantische Theologie und Kirche. 3. Aufl. Bd. 4. Leipzig 1898. (Neudruck Graz 1969.) S. 395–401.
Hedwig von Lölhöffel: Simon Dach. Zu seinem 350. Geburtstag am 29. Juli 1955. Hrsg. von der Landsmannschaft Ostpreußen. Hamburg-Bergedorf 1955.
[Verschiedene Beiträge zu Simon Dach anläßlich seines 300. Todestages in:] Das Ostpreußenblatt 10 (1959) F. 15. (11. April.)
Kurt Quecke: Der Dichter Simon Dach (1605–1659). Eine medizinhistorische Studie zu seinem 300. Todestage. In: Medizinische Monatsschrift 13 (1959) S. 592–596.
Geschichte der deutschen Literatur. Bd. 5. 1600 bis 1700. Hrsg. von Joachim G. Boeckh u. a. Berlin [Ost] 1962. S. 155–164: Simon Dach und der Königsberger Kreis.
Lotte Bartsch: Simon Dach. Leben, Familie, Zeit und Wirkung. In: Jahrbuch der Albertus-Universität zu Königsberg Pr. 17 (1967) S. 305–333.
Walter Schlusnus: Simon Dach. 1605–1659. In: Große Deutsche aus Ostpreußen. Hrsg. von Wilhelm Matull. München [1970]. S. 28 bis 38.

Harald Edel: Simon Dach. Das Leben des Dichters, sein Verhältnis zum kurfürstlichen Haus und seine finanzielle und materielle Situation. In: Nordost-Archiv, Lüneburg 14 (1981) H. 61/62, S. 13–30, H. 63/64. S. 5–20.

Wulf Segebrecht: Simon Dach und die Königsberger. In: Deutsche Dichter des 17. Jahrhunderts. Ihr Leben und Werk. Hrsg. von Harald Steinhagen und Benno von Wiese. Berlin 1984. S. 242–269.

Zum Werk

Hans Böhm, Studien über Simon Dachs Lyrik. Diss. Bonn 1910. [Handschr.] Teildr. u. d. T.: Stil und Persönlichkeit Simon Dachs. Bonn 1910.

Bruno Nick: Das Naturgefühl bei Simon Dach. Diss. Greifswald 1911.

Robert Priebsch: »Grethke, war umb heffstu mi« etc., das »Bauer-Lied« Simon Dachs. In: O. Bergin / C. Marstrander (Hrsg.): Miscellany presented to Kuno Meyer. Halle 1912. S. 65–78.

Herbert Bretzke: Simon Dachs dramatische Spiele. Ein Beitrag zur Literaturgeschichte des 17. Jahrhunderts. Diss. Königsberg 1922. [Masch.] – Auszug in: Jahrbuch der Philosophischen Fakultät in Königsberg Pr. 1921. S. 64.

Günther Müller: Geschichte des deutschen Liedes vom Zeitalter des Barock bis zur Gegenwart. München 1923. (Geschichte der deutschen Literatur nach Gattungen. 3.) Nachdr. Darmstadt 1959. S. 77–79 und Liederanhang S. 8–13.

Walther Ziesemer: Simon Dach. Altpreußische Forschungen 1 (1924) S. 23–56.

– Neues zu Simon Dach. Euphorion 25 (1924) S. 591–608. – Enthält den Erstdruck »Klage über den endlichen Vntergang [...]« und »Danckbarliche Auffrichtigkeit an Herrn Robert Roberthinen [...]«.

Ivar Ljungerud: Anke van Tharau. In: Niederdeutsche Mitteilungen 5 (1949) S. 113–135.

Walther Ziesemer: Der Anteil des deutschen Ostens an der niederdeutschen Literatur. [Vortrag Celle 1949.] In: Jahrbuch des Vereins für niederdeutsche Sprachforschung 71/73 (1948/50) S. 147–157. – Über Simon Dachs Grethke- und Anke-Lied.

Rudolf Alexander Schröder: Simon Dach. [Vortrag September 1947.] In: R. A. S.: Gesammelte Werke in 5 Bänden. Berlin / Frankfurt a. M. 1952. Bd. 3 S. 685–722.

Christiane Ruckensteiner: Simon Dachs Freundschafts- und Gelegenheitsdichtung. Diss. Innsbruck 1958. [Masch.]

Franz Dostal: Studien zur weltlichen Lyrik Simon Dachs. Diss. Wien 1959 [Masch.]

Erhard Riemann: Ännchen von Tharau. Königsberger Dichtung und Musik aus der Zeit des Barock. Kiel 1963. (Schriftenreihe zur Förderung der ostdeutschen Kulturarbeit. 6.)

Ivar Ljungerud: Ehren-Rettung M. Simonis Dachii. In: Euphorion 61 (1967) S. 36–83. – Zur Verfasserfrage des »Anke von Tharaw«.

[Ernst Johow]: »Treue Lieb' ist jederzeit / zu gehorsamen bereit.« In: Mitteilungsblatt des Berg- und Hüttenmännischen Vereins. April 1970. S. 18–23. [Damenrede beim Winterfest 1969.]

– Noch einmal »Ännchen von Tharau«. Ebd. April 1972. S. 23–26. – Vgl. dazu: Das Ostpreußenblatt 20 (1977) F. 27. S. 13.

Matilde de Pasquale: Alcuni interrogativi su: Simon Dach, »Klage über den endlichen Untergang und Ruinirung der musicalischen Kürbs-Hütte und Gärtchens. 13. Jan. 1641.« In: Studi Germanici N. S. 9 (1971) S. 208–222.

Elida Maria Szarota: Dichter des 17. Jahrhunderts über Polen. (Opitz, Vondel, Dach u. a.) In: Neophilologus 55 (1971) 359 bis 374. – S. 362 f. über Dachs »Cleomedes«.

Hans-Henrik Krummacher: Das barocke Epicedium. Rhetorische Tradition und deutsche Gelegenheitsdichtung im 17. Jahrhundert. In: Jahrbuch der Deutschen Schillergesellschaft 18 (1974) S. 89 bis 147.

Albrecht Schöne: Kürbishütte und Königsberg. In: Stadt – Schule – Universität – Buchwesen und die deutsche Literatur im 17. Jahrhundert. Vorlagen und Diskussionen eines Barock-Symposions der Deutschen Forschungsgemeinschaft 1974 in Wolfenbüttel. Hrsg. von A. S. München 1976. S. 599–660. – Einzeln gedr. u. d. T. [und zit. nach]: A. S.: Kürbishütte und Königsberg. Modellversuch einer sozialgeschichtlichen Entzifferung poetischer Texte. Am Beispiel Simon Dach. München 1975. ²1982.

Dieter Lohmeier: Simon-Dach-Drucke in der Predigerbibliothek des Klosters Preetz. In: Wolfenbütteler Barock-Nachrichten 3 (1976) S. 172–174.

David L. Paisey: A hitherto unattributed German elegy on the death of Simon Dach 1659. In: The British Library Journal 2 (1976) S. 177 f.

Wulf Segebrecht: Das Gelegenheitsgedicht. Ein Beitrag zur Geschichte und Poetik der deutschen Lyrik. Stuttgart 1977.

Wulf Segebrecht: Steh, Leser, still! Prolegomena zu einer situationsbezogenen Poetik der Lyrik, entwickelt am Beispiel von poetischen Grabschriften und Grabschriftenvorschlägen in Leichencarmina des 17. und 18. Jahrhunderts. In: Deutsche Vierteljahrsschrift für Literaturwissenschaft und Geistesgeschichte 52 (1978) S. 430–468.

– Die Dialektik des rhetorischen Herrscherlobs. Simon Dachs »Letzte Fleh-Schrifft«. In: Gedichte und Interpretationen. Bd. 1: Renaissance und Barock. Hrsg. von Volker Meid. Stuttgart 1982. (Reclams Universal-Bibliothek. 7890 [5].) S. 200–209.

Joachim Dyck: »Lob der Rhetorik und des Redners« als Thema eines Casualcarmens von Simon Dach für Valentin Thilo. In: Wolfenbütteler Barock-Nachrichten 5 (1978) S. 133–140.

Irmgard Scheitler: Das geistliche Lied im deutschen Barock. Berlin 1982. (Schriften zur Literaturwissenschaft. 3.) S. 199–229: Simon Dach.

Eberhard Mannack: Barocke Lyrik als Medium der »Redekunst«. Simon Dach: Perpetui coelum tempora veris habet. In: Der Deutschunterricht 37 (1985) H. 5, S. 15–24.

Musik

Carl von Winterfeld: Der evangelische Kirchengesang in seinem Verhältniß zur Kunst des Tonsatzes. Tl. 2: Der evangelische Kirchengesang im 17. Jahrhunderte. Leipzig 1845. S. 102–158: Die preußische Tonschule.

Otto Nicolai: Über das alte Lied »Annchen von Tharau« nebst einer abschweifenden Bemerkung über lyrische Texte. In: Wiener Allgemeine Musik-Zeitung 1847. Nr. 23. Wiederabgedr. in: O. N.: Musikalische Aufsätze. Hrsg. von G. R. Kruse. Regensburg [o. J.], S. 93–103.

Joseph Müller: Die musikalischen Schätze der Königlichen und Universitäts-Bibliothek Königsberg i. Pr. [...]. Bonn 1870. Nachdruck Hildesheim / New York 1971. S. 83–86: Heinrich Albert. S. 155–162: Eccard. S. 225: Kaldenbach. S. 345–374: Stobaeus. S. 400–403: Weichmann.

Heinrich Albert: [15] Musikbeilagen zu den Gedichten des Königsberger Dichterkreises. Hrsg. von Robert Eitner. Halle 1884. (Neudrucke deutscher Literaturwerke des 16. und 17. Jahrhunderts. 48.)

– Arien. Hrsg. von Eduard Bernoulli. 2 Abt. Leipzig 1903–04.

(Denkmäler deutscher Tonkunst. 12. 13.) Neu hrsg. von Hans Joachim Moser. Wiesbaden/Graz 1958. – Einl. von Hermann Kretzschmar. Abt. 1. S. V–XX.

Heinrich Albert: [11] ausgewählte Arien [...]. Hrsg. von Max Seiffert. Leipzig [1929]. (Organum. R. 2. Nr. 6.) Neudr. Lippstadt [o. J.]

Joseph Müller-Blattau: Geschichte der Musik in Ost- und Westpreußen. Königsberg 1931. 2., erg. Aufl. Wolfenbüttel/Zürich 1968. S. 21–74: Die Musik im Zeitalter der Reformation und des Barock.

Heinrich Albert: Musicalische Kürbs-Hütte [...]. Hrsg. von Joseph Müller-Blattau. Kassel 1932. (Bärenreiter-Ausgabe. 609.) Neudr. 1959.

– [11] Lieder [...]. Hrsg. von Fritz Dietrich. Kassel 1932. (Bärenreiter-Ausgabe. 569.) Neudr. 1954.

Joseph Müller-Blattau: Ännchen von Tharau. In: Die Musik 26 (1933/1934) S. 490–497.

Preußische Festlieder. [20] Zeitgenössische Kompositionen zu Dichtungen Simon Dachs. In Auswahl hrsg. von Josef Müller-Blattau. Kassel 1939. (Landschaftsdenkmale der Musik. Ostpreußen und Danzig. 1.) – Mit einem Verzeichnis aller erhaltenen Vertonungen von Dachs Dichtungen.

Joseph Müller-Blattau: Heinrich Albert und das deutsche Barocklied. In: Deutsche Vierteljahrsschrift für Literaturwissenschaft und Geistesgeschichte 25 (1951) S. 401–414. Wiederabgedr. in: J. M.-B.: Von der Vielfalt der Musik. Musikgeschichte, Musikerziehung, Musikpflege. Freiburg i. Br. 1966. S. 51–70.

Festschrift zur Ehrung von Heinrich Albert (1604–1651). Hrsg. [...] von Günther Kraft. Weimar 1954. – Mit Beiträgen von G. Kraft, H. J. Moser, J. Müller-Blattau, W. Rein u. a.

Heinrich Albert: 12 Duette. Hrsg. von Fritz Noack. Kassel 1957. (Hortus Musicus. 150.)

Hans Engel: Art. Königsberg. In: MGG 7. 1958. Sp. 1369–1380.

Dichtungen

Franz Hirsch: Aennchen von Tharau. Ein Lied aus alter Zeit. 1.–13. Aufl. Leipzig 1882–1908. 14. Aufl. Königsberg 1925.

Adolf Vogeler: Aennchen von Tharau. Spiel in einem Aufzuge aus der Zeit des Dreißigjährigen Krieges zur Erinnerung an Simon Dach. Mit einem Liederanhange. Hannover 1912.

Bruno Hardt-Warden / Hans Spirk: Ännchen von Tharau. Singspiel in 3 Aufzügen. Musik von Heinrich Strecker. Berlin 1933.
Agnes Miegel: Nachtspaziergang (1921). In: A. M.: Gang in die Dämmerung. Erzählungen. Jena 1934. S. 68–77.
Herbert Brust: Rundfunk im Hause Simon Dachs. Hörspiel mit Musik für Klavier, Orchester, Cembalo und Sopran. Text von W. Hilpert. [Um 1935.]
Paul Hain: Ännchen von Tharau. Mainz 1936. 2. Aufl. Kassel 1973.
Max Kaiser: Ännchen von Tharau. Ein Spiel [...]. Darmstadt 1953.
Martin A. Borrmann: Kleines Paradies am Pregel. In: Geliebtes Königsberg. Porträt einer Stadt. Hrsg. von M. A. B. München 1967. S. 28–33.
Johannes Bobrowski: Von nachgelassenen Poesien (1961). In: J. B.: Boehlendorff und Mäusefest. Erzählungen. Berlin 1965. S. 42–48. – Vgl. dazu: Bernd Leistner: Johannes Bobrowski. Studien und Interpretationen. Berlin 1981. S. 98–108: Das Lebensgedicht eines Namenlosen. Zum Prosastück »Von nachgelassenen Poesien.«
Günter Grass: Das Treffen in Telgte. Eine Erzählung. Darmstadt/ Neuwied 1979. – Vgl. dazu: Werner Hoffmeister: Dach, Distel und die Dichter. In: Zeitschrift für deutsche Philologie 100 (1981) S. 274–287.

Dokumente zur Wirkungsgeschichte

1

Erster Theil | der | ARIEN | oder | MELODEYEN | Etlicher theils Geistlicher, | theils Weltlicher, zu gutten Sitten vnd | Lust dienender | Lieder. | In ein Positiv, Clavicimbel, Theorbe oder anders | vollstimmiges Instrument zu | singen gesetzt | Von | Heinrich Alberten. | Gedruckt zu Königsberg, bey Segebaden Erben, | In Verlegung des Autoris. | Im Jahr 1638.

Günstiger Leser.

DIeser Lieder, so ich bey einer vnd anderer Gelegenheit gesetzet, haben sich gute Freunde etwan zur Andacht vnd Ergetzung gebrauchet; Vnd so jhr jhnen die Ehre anthut sie zu hören wollen, müsset jhr zu förderst einen haben, der nach gelegenheit seines Instruments mit dem General Basse recht wisse vmbzugehen, auch nicht auff jedwedere Note mit vollen Händen zufalle vnd selbigen als Kraut hacke (durch welche vngeschickte Handlung er vielleicht dieses Orts so verhasst gemacht ist, daß man schier nicht gern von jhm hören wil) Nachmals Euch eines Singers gebrauchen, der nebenst anderer Erfordernüß, die Worte deutlich vnd wol herauß bringe, vnd in derselben Außsprach in denen Syllaben, so auff Consonantes oder Diphtongos enden, nicht eher den Consonatem oder letzten Vocalem Diphtongi anschlage, denn es zeit ist. Könnet jhr einen Violon dabey haben, werden solche Lieder vmb so viel bessere Verrichtung thun. Daneben auch dieses zu erinnern, daß der Sänger in denen Liedern welche in genere recitativo gesetzet (so auff die meisten Syllaben fusas haben) fast keines Tactes sich gebrauche; Sondern die Worte, wie sie vngefehrlich in einer etwas langsamen vnd deutlichen Erzehlung außgeredet werden, singe. Ich bitte aber, man wolle nicht dafür halten, daß Ich mit meinen Melodeyen gedächte grosse Kunst an den Tag zu geben, sintemal mir hierinn vnrecht geschehen würde, vnd halte Ich, daß vielleicht ein jeder, der etwas singen kan, leichtlich eine Melodey oder Weise, die nachmals durch Gewonheit gut scheinen würde, zu wege bringen solte; Sondern Ich hab es gethan vmb der Worte willen, die mir nach vnd nach zu handen gekommen sind vnd wolgefallen haben, wie Ich denn auch meisten theils von guten Freunden darumb bin ersuchet worden. Wunderte Euch etwan dieses, daß Ich Geist-

vnd Weltliche Lieder in ein Buch zusammen gesetzet, so gedencket wie es mit Ewrem eigenen Leben beschaffen, die Jhr offt an einem Tage des Morgens andächtig, des Mittags in einem Garten oder lustigen Orte vnd des Abends bey einer Ehrlichen Gesellschafft, auch wol gar bey der Liebsten, frölich seyd. Da auch Jemanden der Bulenlieder Nahme schrecken wolte, lebe ich der Hoffnung, wenn Er die jenigen, so vnter diesen dafür gehalten seyn möchten, durchlieset, werde sich erweisen, daß sie mehr auff Tugendt vnd Sittsamkeit als Geilheit zielen. Gehabt Euch wol.

Heinrich Albert: [Vorrede zu: Arien. Tl. 1. (1638).] Zit. nach: Gedichte des Königsberger Dichterkreises aus Heinrich Alberts Arien und musicalischer Kürbshütte (1638–1650). Hrsg. von Leopold Hermann Fischer. Halle: Niemeyer, 1883. (Neudrucke deutscher Literaturwerke des 16. und 17. Jahrhunderts. 44–47.) S. 299–301.

2

An Opitzen, Flemmingen, und Dachen entschuldige ich viele Fehler wider die Reinigkeit, die ich einem heutigen Stümper hoch anrechne. Das macht, ihre Schriften sind so voller Geist und Feuer, als die heutigen voller Schnee und Wasser.

Opitz, Dach, die Gryphier, Kanitz und andre von unsern besten Poeten, haben wohl niemals, auch in verliebten Gedichten, ein zartes Ohr geärgert.

Opitz, Dach, Flemming, Tscherning, beyde Gryphier, Canitz, Besser, Neukirch, Pietsch und Günther von unsern Landesleuten: das sind die Muster, die man jungen Leuten vorlegen muß.

Johann Christoph Gottsched: Versuch einer Critischen Dichtkunst. 4. Aufl. Leipzig: Breitkopf, 1751. Nachdr. Darmstadt 1982. S. 52, 111 und 131.

3

Die verbesserte Gestalt der deutschen Dichtkunst, welche sie D a c h zu verdanken hatte, zeigte sich vornämlich in den Kirchengesängen, die sowohl von ihm selbst, als nach seinem Vorbilde von andern, welche mit ihm gleichzeitig oder bald nach ihm lebten, verfaßt sind. Seine geistlichen Lieder verdienen vor den übrigen Gedichten den Vorzug, und nach dem Urtheile aller Kenner gehören manche von ihnen zu den besten, welche die deutsche Literatur aufzuweisen vermag. Tiefsinnige Gedanken, eine ungeschminkte Reinheit der Sprache, eine brünstige Andacht und Ausdrücke, die sich nie übersteigen, werden für ihre wesentlichen Vorzüge gehalten. Sie sind daher nicht nur in die preussischen Gesangbücher aufgenommen und bisher beständig zur allgemeinen Erbauung in den Kirchen gesungen, sondern die meisten haben auch fast in allen evangelischen Gemeinden Deutschlands Beifall gefunden.

Außer den jetzt genannten Liederdichtern, haben in diesem Jahrhunderte viele andere deutsche Dichter in Preussen gelebt, die in der Verbreitung des verbesserten Geschmacks mit einander wetteiferten. [...] Hier nimmt wieder die erste Stelle ein Simon Dach. Von seinen zahlreichen Gedichten ist nur Eine Sammlung, welche die auf die preussische Landesherrschaft und einige feierlichen Begebenheiten bezüglichen enthält, erst lange nach seinem Tode unter diesem Titel erschienen: ›Churbrandenburgische Rose, Adler, Löw und Scepter poetisch gesungen. Königsberg, 1680.‹ (1. Alphab. 10 Bog.) und wieder aufgelegt daselbst 1696. 4. – Allein sie umfaßt nur einen kleinen Theil seiner poetischen Werke, indem die Anzahl seiner einzeln gedruckten Gedichte so groß ist, daß man erstaunen muß, wie ein Mann, der in einem Alter von 54 Jahren starb, den besten Theil seines Lebens mühsamen Aemtern widmete, und dabei mit einer fast beständigen Unpäßlichkeit zu kämpfen hatte, so viel zu leisten vermochte.

Wie groß zu Dach's Zeiten die Liebe zur Dichtkunst gewesen, erhellt auch daraus, daß die damaligen besten Dichter in Königsberg zu einer gelehrten Gesellschaft zusammentraten, um mit vereinten Kräften die Hebung derselben zu befördern, und das Vergnügen, welches sie ihnen bereitete, mit einander zu theilen. Robertin, welcher auf seinen drei Reisen nach Deutschland, Italien und Frankreich, dergleichen gelehrte Verbindungen in andern Ländern, und besonders die vielen sogenannten Akademien in Italien, kennen zu lernen Gelegenheit gehabt hatte, stiftete die hiesige im Jahre 1636. Hatte sie gleich nicht die förmliche Verfassung einer nach entworfenen Gesetzen errichteten Societät, deren Mitglieder durch ausgefertigte Diplome aufgenommen und zu bestimmten Arbeiten verpflichtet gewesen wären; so war sie doch jenen im Wesentlichen gleich, und hatte die Förderung der Wissenschaften überhaupt, und insbesondere der Poesie, als das Ziel ihrer Bemühungen aufgestellt. Er verband sich zu diesem Zwecke mit verschiedenen hiesigen Gelehrten, vornämlich mit solchen, welche in der Dicht- und Tonkunst vorzügliches leisteten.

Georg Christoph Pisanski: Entwurf der Preussischen Litterärgeschichte während des 17. Jahrhunderts. Hrsg. von Friedrich Adolf Meckelburg. Königsberg: Koch, 1853. § 252, 254 und 256. – Entstanden vor 1790.

4

Dach hat eine große Menge lateinischer und deutscher Gedichte, geistlichen und weltlichen Inhalts, verfertigt, und gehört überhaupt zu Opitzens würdigsten Nacheiferern, wenn er auch von dem unnatürlichen Geschmacke seiner Zeiten sich nicht ganz frei machte. In seinen Religionsgesängen, die zum Theil noch gesungen werden, und deren einige von neueren Dichtern der Verbesserung würdig gehalten worden sind, herrscht ein tiefes und herzliches Gefühl der Frömmigkeit, und als fröhlicher Sänger ist ihm eine liebenswürdige natürliche Heiterkeit eigen, welche zur Mitfreude auffordert. Seine Sprache ist im Ganzen voll, einfach und rein, sein Versbau wohlklingend. Hohe Begeisterung, starke und erhabene Gedanken waren sein Theil nicht.

Karl Heinrich Jördens (Hrsg.): Lexikon deutscher Dichter und Prosaisten. Bd. 1. Leipzig: Weidmann, 1806. Nachdr. Hildesheim / New York 1970. S. 367.

5

An Simon Dach

Das Lied, was du voll Kraft gesungen
Ist Geist und Leben, Reitz dem Ohr,
Voll Sinn, voll Klarheit, kühn, gedrungen
Und würdig höherm Engelchor,
Vom niedern Tand der Erd' entschwungen,
Trägt es den Geist zu Gott empor.

Wenn andachtvoll, im Feierklange,
Des Tempels Chorlied, dem Gesange
Der auserwählten Schaaren gleicht
Wann heiße Wangenglut und Zähren
Die Blicke himmlischer verklären,
Dann fühlt der Reue Brust sich leicht,
Und jeder Vorsatz fromm erneut,
Wird Saat, für jene Welt gestreut.

Auch wo verkannte Zähren fließen,
Erscheint dein Lied als Trost und Freund
Dem Auge was im Stillen weint
Ein besser Jenseit aufzuschließen,
Wo Kranz und Lohn dem Kämpfer winkt
Daß er zum Ziel nun muth'ger ringt
Und wirft den Staub von seinen Füßen.

Du Herold Gottes hoher Lieder,
Am heil'gen Strand der Dich gebar,
Kniet Denna spät auf Blumen nieder
Und kränzt dein Bildniß am Altar.

Anm.: Denna oder Daune, ein Fluß, der bei Memel zugleich mit dem Niemen in die Ostsee einfließt. Die Nymphe bekränzt die Urne des Dichters: eine Anspielung auf das Denkmal, was die Stadt Memel dem unsterblichen Sänger, der aus ihrer Mitte hervorging, als eine dankbare Schuld, noch zu entrichten hat.

Ludwig Rhesa: Prutena oder Preußische Volkslieder und andere vaterländische Dichtungen. Königsberg: Degen, 1809. S. 28 f.

6

Simon Dach gehört zu den besten Liederdichtern, nicht nur seines Jahrhunderts, sondern der Deutschen aller Jahrhunderte. Das eigentliche und singbare Lied ist die ihm von der Natur angewiesene Sphäre, in welcher seine Muse sich mit anmuthiger Leichtigkeit bewegt. Innigkeit, Herzlichkeit, oder vielmehr Treuherzigkeit, naives, kindlich natürliches Aussprechen der ganzen vollen Seele sind die innern Charakterzüge seiner Gesänge, und eine in seinem Jahrhundert beispiellose Gefälligkeit und Leichtigkeit der Sprache und des Verses vollendet den liebenswürdigen Dichter. In seinen Brauttänzen und andern heitern Musenspielen scherzt er mit unbefangener Schalkheit,

seine Freude ist behaglich, sein Leid rührend, aber selten tief ergreifend; seine Liebe spricht sich am natürlichsten in sanften, gleichmäßig, wie das Feuer des häuslichen Heerdes, brennenden Gefühlen aus. Tiefe des Geistes, Stärke und Gluth der Empfindung geht ihm ab. Am feurigsten ergießt sich sein Herz in den Gesängen der Freundschaft: da ist er übervoll, da scheinen ihm die Worte zu fehlen, da bricht er oft ab, mitten im Strome der Gefühle, die er sonst gern bis auf die Neige ausleert. Seine geistlichen Lieder sind, dem Charakter seiner Muse gemäß, mehr innige Gebete, stille Betrachtungen, Seufzer der nach Erlösung schmachtenden Seele, als erhebende Psalmen des Preises und Dankes. Alle sind innig und fromm gefühlt, vor vielen aber die Sterbelieder aus den letzten Jahren seines Lebens.
Mehrere von Dach's lyrischen Gedichten haben den Ton des Volksliedes sehr glücklich getroffen, und werden deutsche Volkslieder in der ächten Bedeutung dieses Wortes bleiben, so lange es, wenigstens in Wort und Gesang, noch ein deutsches Volk giebt.

Wilhelm Müller: Über das Leben und die Schriften Simon Dachs, Robert Roberthins und Heinrich Alberts. In: Auserlesene Gedichte von Simon Dach, Robert Roberthin und Heinrich Albert. Hrsg. von W. M. Leipzig: Brockhaus, 1823. (Bibliothek deutscher Dichter des 17. Jahrhunderts. 5.) S. XXXIV f.

7

Die vorliegende arbeit erfüllt eine pflicht, die Deutschland einem der bedeutendsten dichter seiner zeit seit länger als zwei jahrhunderten schuldig geblieben ist. So oft auch die sammlung und veröffentlichung der werke Simon Dachs in aussicht genommen, angekündigt und selbst begonnen worden, stets ist die ausführung an inneren oder äußeren schwierigkeiten gescheitert, und erst heute liegt die möglichkeit vor, einen dichter wirklich kennen, beurtheilen und seinem vollen werthe nach schätzen zu lernen, der schon seit jahrhunderten ein liebling seines volkes hätte sein sollen. Bei seinen lebzeiten, und namentlich bei seinem tode ist Dach freilich gepriesen worden, wie selten ein dichter; in seiner heimat galt er für den ersten dichter seiner zeit, und weit über das herzogthum Preußen, ja weit über Deutschland hinaus hatte sein ruhm sich verbreitet. Aber der ruhm des dichters verhallte unter dem kriegslärm des jahrhunderts; von Dachs geistlichen dichtungen blieben nur wenige lieder bekannt, die in den preußischen gesangbüchern eine stelle gefunden hatten, von seinen weltlichen gedichten kaum mehr, als das eine »Ännchen von Tharau«.

Und doch ist genug über diesen dichter geschrieben, geredet und gesungen worden; an erinnerungen, gedächtnisreden und lobgedichten hat es nicht gefehlt, namentlich nicht an seinem todestage und der nun schon zweimal wiedergekehrten säcularfeier desselben. Aber wie mit Dachs werken ist es auch mit dem urtheile über dieselben und mit den nachrichten über sein leben ergangen; man hat sich begnügt, das allbekannte wieder und immer wieder zu erneuern, hat hie und da einige unbekannte lieder mitgetheilt oder in die darstellung verflochten, hin und wieder einige der schreiendsten irrthümer bemerkt und berichtigt, ohne mehr als ein einziges mal zu versuchen, ein auf ernster wissenschaftlicher forschung beruhendes gesammtbild unseres dichters und seiner werke zu liefern.

Hermann Oesterley: [Einleitung.] In: Simon Dach. Hrsg. von H. Oe. Tübingen: Litterarischer Verein Stuttgart, 1876. (Bibliothek des Litterarischen Vereins in Stuttgart. 130.) Nachdr. Hildesheim 1977. S. 1.

8

In Königsberg bildete sich gegen das Ende des dreißigjähr. Krieges ein freundschaftlicher Verein von Dichtern und Musikern, die durch einfache Darstellung einfacher Empfindungen sich vor den meisten Zeitgenoßen vorteilhaft auszeichneten. Ein stiller Zug sinniger Trauer über die rasche Flucht irdischer Güter ist ihnen eigentümlich. Sie verachten die Erde nicht, sind nicht mit Haß gegen die Freuden erfüllt, die das Leben bietet, aber sie vergeßen selten im dankbaren Genießen derselben, daß die Dauer nur flüchtig, der Wert nur mäßig sei. Von den unschuldigen Ergetzungen, welche sie sich gönnen, heben sie ihre Gedanken gern auf das Bleibende, Unvergängliche, Ewige. Der furchtbare Krieg, der sie näher oder entfernter berührte, die schrecklichen Seuchen der Zeit schufen, wie sie bei andern finstre Klagen, breiten Jammer erweckten, bei den Königsbergern eine fromme Faßung, die in zahlreichen geistlichen Liedern ihren Ausdruck gefunden hat. Das vorzüglichste Bindemittel des Kreißes war die Musik, die von allen Teilhabern geübt wurde. Die meisten Lieder, welche dem Freundesverein ihren Ursprung verdanken, sind Gelegenheitsgedichte, weniger aus inneren, als aus äußeren Anläßen. Unter den mehr als tausend deutschen Gedichten Simon

Dachs ist kaum der zehnte Teil unabhängig von Hochzeiten oder Leichenbegängnissen entstanden. Neben der deutschen Gelegenheitsdichtung wurde auch die lateinische fleißig und in gleicher Weise betrieben.

Karl Goedeke: Grundriß zur Geschichte der deutschen Dichtung aus den Quellen. 2. Aufl. Bd. 3. Dresden: Ehlermann, 1887. § 184.

9

Dann mache ich Reißner nach Weihnachten folgenden Vorschlag: zum 300jährigen Simon-Dach-Geburtstag, der auf den 29. Juli 1905 fällt, zum nächsten Weihnachten (also buchhändlerisch etwas vordatirt) eine populäre Simon Dachausgabe zu veranstalten, die ich ihm zusammenstelle und mit einem betreffenden ›Fürvermerk‹ versehn würde. Format wie unser Dafnis redivivus und durchschossen mit Barock- resp. Renaissancevignetten, [. . .]. Mir selber würde ein solches Dachbuch Freude machen, schon als ›Landsmann‹ von ihm, und dazu käme, daß grade dieser Grund auch bei Reißner ziehn würde, der ja nach dieser Richtung der Dritte im Bunde sein würde. Solche ›Jubiläumsgaben‹, meine ich, gehn immer, und außerdem hätte grade diese auch noch einen gewissen Rückhalt in einem auch heute noch vorhandenen sehr starken transelbischen Lokalpatriotismus. Zum Schluß gar noch dies: Simon Dach war wirklich einer und verdiente eine solche Propaganda redlich! –

Arno Holz: Brief an Reinhard Piper vom 23. 8. 1903. In: A. H.: Briefe. Eine Auswahl. Hrsg. von Anita Holz und Max Wagner. München: Piper, 1948. S. 144.

10

Es bleibt eine Frage von ethnographisch-psychologischem Interesse, wie gerade Ostpreußen, dieser entlegenste Winkel deutscher Erde, der stets ein Stiefkind seiner Regierung und bis zum Jahre 1772 durch polnisches Gebiet auch noch politisch vom Mutterlande getrennt war, seit den Tagen eines Simon Dach die Geburtsstätte für eine solch bunte Fülle eigenartigsten Menschen- und Künstlertums werden konnte. Einem gemeinsamen Boden sind hier Persönlichkeiten erwachsen, deren Lebensführung in krankhafte Exzentrizität oder in ein pedantisches Philistertum auslief, die mit willensstarkem Handeln ihrer Zeit einen kräftigen Antrieb versetzten oder in tatenloser

Schwäche sich selbst genügten, die sich mit schneidender Gedankenschärfe durch das Dickicht überkommender Vorurteile den Weg bahnten bis zu den äußersten Grenzen alles Seins oder, mit einer chaotischen Phantasie begabt, widerstandslos in poetische Traumzustände versanken.

Ferdinand Josef Schneider: Theodor Gottlieb von Hippel in den Jahren von 1741 bis 1781 und die erste Epoche seiner literarischen Tätigkeit. Prag: Taussig & Taussig, 1911. S. 1.

11

Auch in einem ganz anders gearteten protestantischen Kreis, trotz äußerer Kühle bis zum Schwunglosen und innerer Strenge bis zum Musenfremden, klingen nicht unähnliche Saiten an: Auch die Dach, Albert, Roberthin verkörpern, wo sie von der Gelegenheits- zur Erlebnislyrik, vom Lob des Gönners zum Preis der Allmacht aufsteigen, den Schritt vom klappernden Leerlauf der antikisierenden Vergleiche zur hohen Empfindung der Weltfrömmigkeit und Glückseligkeitsliebe. Nicht so heroisch als idyllisch in der Tönung: Freundliche Naturszenen wiegen vor; Friede und Einfalt spiegeln Unendliches; die stille Dankbarkeit und Ehrfurcht vor der Frucht verdunkelt alle tolle Lust am Knospen und Keimen. Nicht schroffe Zinken, sondern sanfte Täler; nicht Ozeane und Paläste, sondern Herd und Stube, Abendschatten, Herbstesfrost. In der entschlossenen Beschränkung auf das eigene Herz, das Selbstbewußtsein, das Gewissen, im Fernhalten der Oberflächenmimik und Gebärdenverschwendung ruht unter den gegebenen Umständen eine epochebedeutende Veredlung. Zuweilen streift Dach nah an Spee:

Die Lust hat mich gezwungen
Zu fahren in den Wald,
Wo durch der Voegel Zungen
Die ganze Luft erschallt . . .

Freilich ist er weit weniger originell und dichtet nicht immer wie Spee naiv und stark aus einem flammenden Müssen heraus, sondern empfindet häufig noch von Formel zu Formel und tastet sich dann an den Ausdrucksvarianten des Opitzianismus entlang. Daher die zahlreichen Renaissancemotive und anakreontischen Gesellschaftslieder. Sentenzen sind beliebt.

Herbert Cysarz: Deutsche Barockdichtung. Renaissance, Barock, Rokoko. Leipzig: Haessel, 1924. S. 239 f.

12

Jedes Gedicht von D[ach], dem Mittelpunkt des Königsberger Dichterkreises, hat den Charakter einfachster, innigster Kindlichkeit. Er ist einer der wenigen geborenen Dichter, dem jeder Anlaß, ja jeder Auftrag sich zu einer einfachen, etwas wehmütigen Weise bildet. Sein dichterischer Umfang ist nicht groß, aber man kann sagen, er habe keinen toten Vers geschrieben, alles sei ihm zum Gesang geworden. Am nächsten ist seine Art der des Matth. Claudius verwandt. Wie mild ist das Lächeln in Zeilen, wie:

›Wohl Dir, dem Treiber der Dich drang
Und Dich so sehr zur Arbeit zwang
Ist nun der Stecken gantz zerbrochen.‹

Oder:

›Die Sonne wird Dich nicht mehr stechen
Der Mond Dir nicht beschwerlich sein.‹

Diese Einzeldrucke von Gelegenheitsgedichten D[ach]s sind nicht nur äußerst selten, sie sind zugleich Kleinode der älteren, nein, der ewigen deutschen Dichtung.

Der Inhalt [des Schauspiels ›Sorbuisa‹] ist die Überwindung des wilden Zustands und Götzendienstes in Preussen und die Aufnahme Apollos und der Musen in dies Land. Jeder Vers läßt wieder spüren, wie sehr D[ach] geborener Poet war, jede Aufgabe, jeder Auftrag, jede »Gelegenheit« ihm zu eigenem Gesange verhalf. Man merkt, wieviel sachliche Umstände, höfische und akademische Einzelheiten zu bedenken, zu betonen, zu vermeiden waren, was ihm alles vorgeschrieben war und was er nicht sagen dürfte, trotzdem aber ist keine tote Stelle, nichts Zweckgereimtes in diesen Gedichten. Alles fließt lieblich in seiner lächelnden, etwas gedämpften Melodie und macht aus dieser Anlaßdichtung neben ihrer Seltenheit, neben ihrer außerordentlichen Bedeutung für die Geistesgeschichte unserer Nord-Ost-Mark vor allem ein Kleinod deutscher Poesie.

Karl Wolfskehl: [Notiz zu Nr. 85 und 89.] In: Sammlung Victor Manheimer. Deutsche Barockliteratur von Opitz bis Brockes. Mit einer Einl. und Notizen von K. W. München: Karl & Faber, 1927. (Versteigerungskat. 27.) Nachdr. Hildesheim 1966. S. 18 f. und 19.

13

Eine Nacht des Simon Dach

Was atmet der Wind? – Entbehrungsmatt
Verwesen mir die Lungen.
Bist dus, die vorbeifliegt, ein welkes Blatt,
Zunge, lahmgesungen?

Lebenslang fuhr ich Verse aus
Wie Karren voll Karotten,
Vom Fieber war ihr Blattwerk kraus,
Die Wurzel war notgesotten.

Denn immer ist kein Brot im Schaff –
Weine, schöne Kürbislaube:
Vor Kurfürst Brandenburg und König Wladislav
Wälzt sich mein Darm im Staube.

»Ich wiehere, dein altes Pferd,
Sieh nach, mir wächst kein Flügel,
Bin ich kein Gnadenfutter wert?
Zieh doch heran den Zügel!«

Nun will ich mein junges Haupthaar zu Schnee,
Weil ich das sprach, zergrämen.
Die hilflosen Wellen in Haff und See
Sollen mein hilfloses Blut beschämen.

Oskar Loerke: Gedichte und Prosa. Hrsg. von Peter Suhrkamp. Frankfurt a. M.: Suhrkamp, 1958. Bd. 1. S. 421. – Aus der Sammlung: Der Silberdistelwald (1934). – © Suhrkamp Verlag, Frankfurt a. M.

14

Der humornahe, herzliche Gebrauch der Dialekte ohne direkt parodierende Tendenz ist charakteristisch für die innere Form dieses bürgerlichen Barock. Ihre Träger sind Professoren, Magister, Geistliche und Organisten, beschauliche geistige Existenzen also, die im bürgerlichen Beruf ohne literatenhaften Anspruch der Kunst dienen, um den Tag zu verschönen und zu erheben. Das liebevolle

Verweilen bei den nahen Dingen in Haus und Landschaft, die freundliche Teilnahme am Schicksal der Nachbarn und Freunde, die zarte seelische Erotik, der Sinn für das Familiäre wie eine gewisse pfahlbürgerliche Enge des Gesichtskreises: all dies sind typische Zeichen des bürgerlichen Lebensgefühls, das sich hier ausspricht, bedürftig nach schöner Form und gediegenem Inhalt, lebensfromm und ein wenig meisterlich. Diese Kunst erwächst aus einer fast zeitlosen Schicht deutscher Bürgerlichkeit, und ihr Kern ist hier vom Modischen, aber auch vom Epochonalen kaum berührt.

In dieser dingnahen Gegenständlichkeit der Landschaft wie im Reihungsprinzip der gesehenen Bilder nimmt Dach etwas von der Form des spätbarocken Brockes vorweg. Sein sinnlicher Realismus wird durchwärmt von herzlicher Freude an eben den kleinen Schönheiten des Lebens. Wiesen, Bäume, Vögel, Wälder, Sonnenschein, Dünen, das sind in seinen Naturgedichten keine literarischen Redensarten, sondern ist froh gesehene und beobachtete Weltwirklichkeit. Wie weder die Sanglichkeit noch der Intellektualismus die Dingworte in leere Begriffsworte oder Klänge auflösen, so bindet andererseits der freudige Rhythmus das einzelne der Beobachtung zum herzlichen Lied: »Der Abgrund meines Herzens brennt Vor Freuden die mein Aug erkennt.« Der Einklang seines Herzens mit Kraft und Gesetz der Natur läßt ihn die Geige spielen und den Reim finden. Seine Dichtung, so wenig groß sie dem Rang nach ist, hat in dieser Art den Kreis bürgerlichen Lebens in das Lied der neuen Form gehoben, einer Form, in der sich die italienische Arie mit dem alten deutschen Lied verbindet und Opitz neben Schein als bedingende Ursprünge zu nennen sind.

Paul Hankamer: Deutsche Gegenreformation und deutsches Barock. Die deutsche Literatur im Zeitraum des 17. Jahrhunderts. Stuttgart: Metzler, 1935. (Epochen der deutschen Literatur. Bd. 2. Tl. 2.) S. 20 und 196.

15

Der Ton ist so rein, so ungezwungen; es braucht nur einen kleinen Ruck des Zeigers, nur ein gelindes Abschütteln des altväterisch Gravitätischen, und wir sind auf verwandter Ebene in Wandsbeck oder Eutin, ebenso wie es nur ein Schritt ist von Alberts Melodien zu denen des Johann Peter Abraham Schulz, an denen Claudius und Voß sich ergetzten.

Rudolf Alexander Schröder: Simon Dach. In: R. A. S.: Gesammelte Werke in 5 Bänden. Berlin / Frankfurt a. M.: Suhrkamp, 1952. Bd. 3. S. 696. – Vortrag vom September 1947.

16

In der Musik von Heinrich Albert vereinigen sich edelste Elemente der deutschen Volkskunst. Die Kraft seiner Kunst hat Heinrich Albert in den Wirren des 30jährigen Krieges und dem damit verbundenen allgemeinen Niedergang bewußt in den Dienst des Kampfes um die Freiheit des deutschen Volkes gestellt. Darum erschließt sich aus dieser Musik ungemein viel von den positiven Werten des deutschen Nationalcharakters, von jenen Werten, die vom Streben des Volkes nach Glück und Frieden und nationaler Einigung nicht zu trennen sind.
Wissenschaftler, Künstler und Komponisten aus Ost und West unseres Vaterlandes vereinigen sich in diesen Tagen mit unseren Werktätigen aus Stadt und Land anläßlich der Lobensteiner Musiktage zum 350. Geburtstag Heinrich Alberts. Dieses Zusammentreffen zeigt, daß die deutschen Menschen aus Ost und West als Glieder eines großen Volkes zusammengehören, ihre gemeinsame nationale Kultur pflegen und erhalten wollen.

Geleitwort zur Heinrich-Albert-Ehrung 1954. In: Festschrift zur Ehrung von Heinrich Albert (1604–1651). Hrsg. [. . .] von Günther Kraft. Weimar: [Hochschule für Musik,] 1954. S. 6.

17

East Prussia was a world of its own. It was nominally under Polish sovereignty but had long ago become entirely Germanized. It did not form part of the Holy Roman Empire, and thus the Hohenzollern dynasty, which had ruled over it since the middle of the 16th century, possessed a greater degree of independence from the emperor. King Wladislaw IV, in his difficulties with the old Polish region, tended more and more to depend on his German subjects. The Dukes of Liegnitz and Brieg found asylum with him, and Martin Opitz was given an office in his service. Simon Dach, on his visit to Königsberg in 1635, dedicated to Wladislaw his play *Cleomedes*.

Dach never managed to be anything better than a badly paid schoolteacher or an equally badly paid professor. He was thus forced to live on the proceeds of his poetry, and one is struck with astonishment to learn that almost all his poems were contributions to glad or sad occasions written on order and for pay. Nevertheless he managed to permeate these verses with a vast amount of sweet sound, and for the first time we see the German language flowing along smoothly and without stumbling. What was with Opitz often a rather forced victory over the crude material with which he worked appears in Dach's verses as a matter of natural ease and lightness. His friends shared with him to some – often considerable – extent the purity of language and rhyme. But it was a provincial world in which they wrote, with little contact with the empire, and their muse, however pure, is touched with the stamp of the petit bourgeois. They do not flee from everyday life but ennoble it and permeate it with music. Most of all they seek that which brings consolation: friendship, matrimony, festive celebration, duty, and nature. They do not fear death but take it to a certain extent in the bourgeois fashion, as Matthias Claudius does later in his Freund-Hain figure. As far as metrics are concerned they remain pure Opitzians. On the other hand »Anke von Tharau«, for example, is written in dactyls, avoids mythological references, and prefers plain language. In such poems they break out of the bonds of Opitz' teaching; there is even little in them that may properly be called Baroque.

Their significance lies in the fact that they elevated the occasional poem to the rank of a form of art. They never entirely lost the solid ground under their feet, and they remained nearer than their contemporaries to the tasks and everyday pursuits of the people. That is why some of their poems are still popular today. They appeared collected in Heinrich Albert's *Arien*.

Curt von Faber du Faur: German Baroque Literature. A Catalogue of the Collection in the Yale University Library. New Haven: Yale University Press, 1958. S. 95 f.

18

Der Dichterkreis war nicht eine Kulturinsel inmitten einer handfesten Barbarei, sondern die feinste und hellste Blüte an einem kräftigen Baume der Kultur, der sein Wachstum nach allen Seiten entfaltete.

Das gesamte Bildungswesen Königsbergs erreichte in dieser Zeit, wo es im Reich verkümmerte, einen hohen Stand.

Fritz Gause: Die Geschichte der Stadt Königsberg. Köln/Wien: Böhlau, 1965. Bd. 1. S. 465.

19

Die Häuser eins an das andre gebaut, man geht an den Wänden hin, enge Straßen. Durch die Stadt fließt ein Fluß, teilt sich und vereinigt sich wieder. Die Insel, die er bildet, trägt eine alte Kirche aus Ziegeln und enge, hohe Häuser, in gehörigem Abstand von der Kirche, die auch noch eine Reihe alter Linden vor ihren schmal aufsteigenden Fenstern hat. Einen viereckigen Turm gibt es an der einen Ecke der Insel und nicht weit davon einen Torbogen, und über den Pauperhausplatz kommt man zum Collegium Albertinum.

Johannes Bobrowski: Litauische Claviere. Roman. Berlin [Ost]: Union Verlag, 1966. S. 66.

20

Dach hatte keine Zweifel an der Nützlichkeit des so lange vorbereiteten Treffens. Es waren, solange der Krieg schon dauerte, versammelnde Wünsche mehr geseufzt als geplant worden. Hatte ihm doch Opitz, noch kurz vor seinem Tod solche Zusammenkunft bedenkend, aus seiner Danziger Zuflucht geschrieben: »Ein treff allmöglicher Poeten, in Breslaw oder im Preußenland, sollt vnsre sach einig machen, derweil das Vaterland zerrissen . . .«
Doch keiner, selbst Opitz nicht, wäre bei den verstreuten Dichtern so wohlgelitten gewesen wie Dach, dessen breitgelagertes Gemüt mit rundum verschenkter Wärme den Kreis eines solchen Treffens geräumig genug machte, um einen streunenden Einzelgänger wie Greflinger, den adligen Schöngeist Hoffmannswaldau, den unliterarischen Gerhardt aufzunehmen – und doch bemessen hielt; denn das fürstliche Gönnergeschrantz, dem nur an Huldigungspoemen und vorbestellten Trauercarmina gelegen war, blieb ohne Einladung. Selbst seinem Fürsten, der etliche Dach-Liedchen auswendig hersagen konnte und der der allgemeinen Reisekasse zugeschossen hatte, war Dach mit der Bitte gekommen, wohlwollend außen zu bleiben.

Schließlich war man wer. Wo alles wüst lag, glänzten einzig die Wörter. Und wo sich die Fürsten erniedrigt hatten, fiel den Dichtern

Ansehen zu. Ihnen, und nicht den Mächtigen, war Unsterblichkeit sicher.
Simon Dach jedenfalls war, wenn nicht seiner, dann der Versammlung Bedeutung gewiß. Hatte er doch im Kleinen – und weitab vom Schuß, wie man in Königsberg sagte – Poeten und Kunstfreunde um sich versammelt. Nicht nur in der Magistergasse, wo er dank eines Kneiphöfischen Beschlusses lebenslang Wohnung hatte, auch in des Domorganisten Heinrich Albert Sommergärtchen auf der Pregelinsel Lomse war man zusammengekommen, um sich vorzulesen, was zumeist bei Gelegenheit oder im Auftrag sein Versmaß gefunden hatte: die üblichen Hochzeitsgedichte und Liedchen, die Albert in Musik setzte. Kürbishüttengesellschaft nannten sich die Freunde im Scherz, wissend, daß man im Vergleich mit anderen Gesellschaften, etwa mit dem Fruchtbringenden Palmenorden oder der Aufrichtigen Tannengesellschaft der Straßburger, selbst mit den Nürnberger Pegnitz-Schäfern, nur ein Zweiglein war im Geäst der deutschen, überall betriebsamen Poeterei.
Doch weil Dach wußte, wie sehr man den ganzen Baum rauschen hören wollte, und weil ihm sein Name ein Wortspiel wert war, sprach er einleitend, als sich am frühen Nachmittag die weitgereisten Herren ausgeschlafen oder ihres Rausches ledig in der Großen Wirtsdiele versammelt hatte, mal heiter, mal nachdenklich – wie es seine Art war – in diesem Sinne: »Wollen wir nun, liebwerte Freunde, in meinem Namen – denn ich habe euch geladen – wie unter einem Dache beisammen sein, auf daß jeder nach seinem Vermögen beitrage vnd so, weil am Ende alles zusammen klinget, die pegnesische, fruchtbringende vnd aufrichtige Kürbislauben- vnd Tannengesellschaft deutschsinnig entstehen lassen, damit im siebenundvierzigsten Jahr vnseres leidversessenen Jahrhunderts über allem langwierigen Friedensgerede, bei anhaltendem Feldgeschrei, auch vnsere Stimme, die bisher im Winkel blieb, hörbar werde; denn was wir zu sagen haben, ist nicht angewelschtes Geschwätz, sondern von vnserer Sprache: Wo laß ich, Deutschland, dich? Du bist durch Beut vnd morden bald dreissig Jahr her nun dein Hencker selbst geworden . . .«

Günter Grass: Das Treffen in Telgte. Eine Erzählung. Darmstadt/Neuwied: Luchterhand, 1979. S. 24 f. und 26 f. – © Luchterhand Verlag, Darmstadt und Neuwied.

Nachwort

Nam et illic Musae habitant.
Hans Kugelmann, 1540

Die Stadt, in der diese Gedichte gedichtet und diese Lieder gesungen wurden, lag am Pregel, unweit seiner Mündung ins Frische Haff. Dort hatte ein Kreuzfahrerheer unter Ottokar von Böhmen im Zuge der Unterwerfung der heidnischen Prußen 1255 eine Burg gegründet, die dem König zu Ehren Königsberg genannt worden war. Nach der Niederwerfung neu aufflammender Aufstände und endlichen Befestigung der Herrschaft des Ritterordens hatten vornehmlich aus Ostmittel- und Niederdeutschland herbeigezogene Ansiedler gemeinsam mit den bekehrten Einheimischen nach kulmischem Recht unter der Burg zunächst eine Altstadt, später den Löbenicht und den Kneiphof als selbständige Städte gegründet. Sie sind erst 1724 zu einer Stadt vereinigt worden. Der Kneiphof, eine von Flußarmen umschlossene sumpfige Insel, trug im westlichen Teil eine Kaufmannssiedlung, der östliche gehörte seit 1322 dem Domkapitel des samländischen Bistums – der Bischof residierte allerdings in Fischhausen am Haff. Diesen Doppelcharakter behielt der Kneiphof bei: einesteils in engen Gassen, hochgiebligen Häusern Bürgersinn und Handelsgeist einer regen Kaufmannschaft, Reichtü-

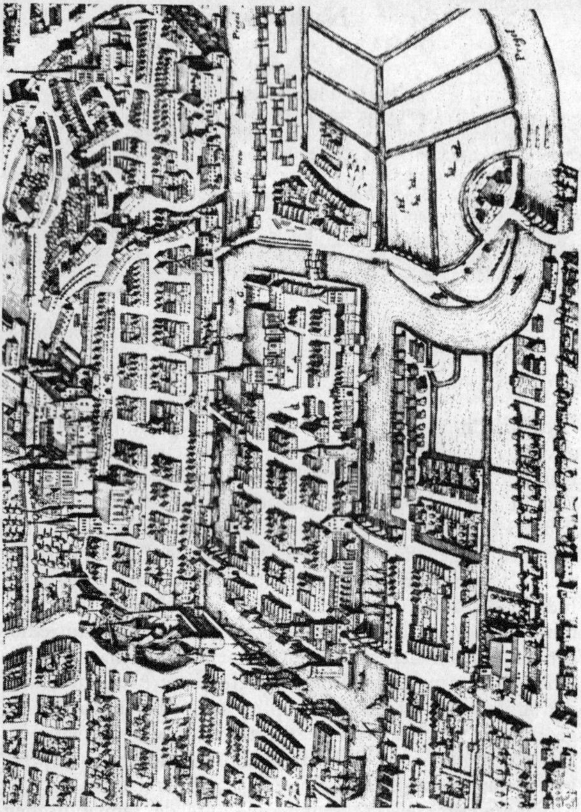

Königsberg. Ausschnitt aus dem Stich von Matthäus Merian, vor 1650.

mer hortend durch die Generationen; von Osten aus Litauen und Rußland kommen auf dem Fluß, von Westen über See und Haff, die Güter herbei, die auf den Lastadien gestapelt werden, fünf der sieben Brücken der Stadt verbinden die Insel mit dem Umland. Andernteils der geistliche Bezirk, lange durch eine Mauer abgetrennt: da steht der wehrhafte Ordensdom, dem heiligen Adalbert von Prag geweiht, dem ersten Missionar und Märtyrer in Preußen, die Grabkirche von Hochmeistern, Bischöfen und später der Herzöge; dabei die Domschule, Wohnungen der Domherren und andere kirchliche Gebäude; als nach der Reformation Herzog Albrecht 1544 die Universität gründete, fand sie ebenfalls hier ihren Platz. Hier lebten und amtierten die Professoren und Lehrer, die Pfarrer, Kantoren und Organisten, hier zankten die Theologen von Kanzel und Katheder hundert Jahre lang, Osiandristen, Synkretisten und andere, sperrten einander die Kirchentüren und gönnten dem Feinde nicht das christliche Begräbnis; zwei volle Jahre mußte der Sarg Michael Behms, eines streitbaren Theologen, in einem Privathause abgestellt werden, ehe er in der Professorengruft des Doms zur Ruhe kam. Hier, in Schule, Universität und Dom, erklangen aber auch zuerst die neuen Choräle, die *Cantiones sacrae* und die *Preußischen Festlieder* von Johann Eccard, Stobaeus und Heinrich Albert, wenn sie nicht von der Hofkapelle auf dem Schloß über der Altstadt musiziert wurden, hier schmückten die Hochzeits- und Leichencarmina die Feste der Bürger, in ihren Gärten erklangen die Arien und Tänze.
So war die alte Stadt; bis zum Ausgang des Zweiten Weltkriegs war ihre Geschichte dort sichtbar und ablesbar. Die Zerstörungen, Luftangriffe zuerst, dann die Verteidigung der eingeschlossenen Festung, haben sie ausgelöscht; der harte Wille des Siegers baute an ihrer Stelle eine neue Stadt, eine moderne russische Kolonialstadt, die er Kaliningrad nannte. Nur wenig Altes blieb erhalten; abgetragen die ehemalige Ordensburg, das Schloß der preußischen Könige mit der Krönungskirche; der Kneiphof ist völlig abgeräumt und in

eine Anlage mit Rasenflächen und bunten Blumenbeeten verwandelt; einzig die ausgebrannte Ruine des Doms steht noch, offen unter dem Himmel, am Chor die Stoa Kantiana mit der 1924 über dem alten Professorengewölbe errichteten Säulenhalle mit dem Grab des Philosophen, der als einziger Königsberger dort heute noch geehrt wird.

*

Das neuzeitliche Kultur- und Geistes- und Kunstleben dieser Stadt[1] begann, als 1525 Albrecht von Brandenburg-Ansbach, ein Sproß der fränkischen Hohenzollern, als letzter Hochmeister den Ordensstaat auf Luthers Rat in ein weltliches Herzogtum umwandelte. Das vorangestellte Motto aus Hans Kugelmanns Vorrede zu seinem Kirchen- und Schulgesangbuch von 1540 »Denn auch da wohnen die Musen« fährt fort: »Alberti Principis pietatem et clementiam usque ad Oceanum Sarmaticum secutae« – »die der Frömmigkeit und Güte des Fürsten Albrecht bis zum Sarmatischen Meer (d. h. zur Ostsee) gefolgt sind«. In den dreihundert Jahren der Landnahme und Besiedlung durch die mönchischen Ritter im weißen Ordensmantel mit dem schwarzen Kreuz waren die Künste karger dran gewesen. Sie hatten ganz im kirchlichen und politischen Dienst gestanden. Die großen Leistungen lagen in der Architektur, im Burgen-, Kirchen- und Städtebau, der das Land bis in unsre Tage prägte. Sonst? In der Musik herrschte die monodische Gregorianik, in der Dichtung Geschichtsbericht und christliche Erbauung. Das lateinische *Chronicon terrae Prussiae* des Peter von Dusburg goß Nicolaus von Jeroschin (um 1340) in die mittelhochdeutsche *Kronike von Pruzinlant* um. Übersetzungen und Paraphrasen biblischer Bücher, Evangelienkommentare kamen hinzu. Auch von Spielleuten hört man auf den Burgen, sogar den jungen Oswald von Wolkenstein verschlug 's auf seinen abenteuerlichen Fahrten für Jahre ins ferne Preußen. In den wach-

1 Gesamtdarstellungen zu den einleitenden Abschnitten: *Deutsche Staatenbildung und deutsche Kultur im Preußenlande*; Schumacher; von Selle; Gause.

senden Städten meldete sich zaghaft das Bedürfnis nach höherer, auch froherer Kultur. Doch erst das aus Süddeutschland kommende Fürstenhaus brachte eine reichere Lebendigkeit ins Land und in die neue weltliche Residenz. Der Herzog selbst beflügelte diesen Neubeginn. Neben den innen- und außenpolitischen Aufgaben, der Neuordnung der Landesverwaltung, der Bändigung der Stände, Urbarmachung der Wildnis und Ansiedlung böhmischer und holländischer Glaubensflüchtlinge, Calvinisten und Mennoniten, dem Aufbau der ersten evangelischen Landeskirche und der Schulen – neben all dem widmete er sich tätig fördernd den Wissenschaften und Künsten. Er verfaßte selbst Choräle für den neuen Gottesdienst, Gebetstexte und Bibelauslegungen. Nicht nur mit Luther, Melanchthon, Lucas Cranach und Nicolaus Copernicus in Frauenburg korrespondierte er, sondern ließ sich auch von berühmten zeitgenössischen Komponisten wie Ludwig Senfl, Johann Walther u. a. neue Kompositionen schicken. Für seine Hofkapelle und Hofkantorei engagierte er süddeutsche Musiker, förderte den Buchdruck, ließ nicht nur preußische Gesangbücher, sondern auch Katechismen in altpreußischer, litauischer, lettischer und polnischer Sprache (für seine anderssprachigen Landeskinder) drucken und eröffnete eine öffentliche Schloßbibliothek – berühmt waren die kostbaren Einbände seiner »Silberbibliothek«. Mit der Gründung der Universität 1544, die seinem Herzogtum Pfarrer und Lehrer, Räte und Ärzte ausbilden sollte und die weit in die östliche und nördliche Nachbarschaft wirkte, berief er tüchtige Gelehrte ins Land und krönte das Bildungswesen des jungen Staates. Aus diesen Wurzeln erwuchs unter seinen Nachfolgern die geistige Stadt- und Landeskultur, der wir, hundert Jahre später, im Spiegel der Dichtung und Musik der Königsberger begegnen. Jetzt erst, gegen die Mitte des 17. Jahrhunderts, gewann sie einen überregionalen Rang.

Ehe wir uns diesen Dichtern und Komponisten zuwenden, ist zu fragen: Wie sah das Leben zu ihrer Zeit in Königsberg und im Herzogtum aus? Welche Ereignisse bestimmten es? Nach Albrechts Tod (1568) hatte anstelle seines kranken, bald regierungsunfähigen Sohnes (der erst 1618 umnachtet starb) Markgraf Georg Albrecht aus der fränkischen Linie, ein Neffe Albrechts, vormundschaftlich das Land tatkräftig regiert. Er hatte sich allerdings nur bis 1586 in Preußen aufgehalten. Als mit ihm 1603 die fränkischen Hohenzollern ausstarben, fiel nach den Erbverträgen die Belehnung an die Kurfürsten von Brandenburg, von denen Johann Sigismund 1608–19, Georg Wilhelm 1619–40 und – ihm erst zwanzigjährig nachfolgend – sein Sohn Friedrich Wilhelm 1640–88 herrschte, der der Große Kurfürst wurde. Mit ihnen war der Weg beschritten, der das Herzogtum mit Brandenburg vereint in den absolutistischen Gesamtstaat führte, dem Preußen den Namen gab; ein Prozeß, der seinen ersten glänzenden Gipfel erreichte, als der Sohn des Großen Kurfürsten sich als Friedrich I. am 18. Januar 1701 in Königsberg zum König in Preußen krönte. Diesen Kurfürsten gelten auch Simon Dachs poetische Zuwendungen; 1657/58 hat er sogar noch Geburt, Taufe und die »Erst-Jährliche Gebuhrtß-Feyer« des ersten preußischen Königs in geheimnisvollen Prophezeiungen besungen: »Aber trifft die That nun ein / Werd' ich schon entschlaffen seyn«.

Der *Dreißigjährige Krieg* (1618–48), der den größern Teil der Lebenszeit dieser Königsberger einnahm, der viele Landschaften und Städte des Reichs überzog und verheerte und dessen Schrecken in den ergreifendsten Zeugnissen der Barockdichtung von Gryphius bis Grimmelshausen widerhallen, verschonte das abseits gelegene Preußen vor dem Gröbsten. Es wurde deshalb in diesen Jahrzehnten Zuflucht und Gastland vieler Flüchtlinge aus südlichen und westlichen protestantischen Ländern, als »refugium Germaniae« und »Friedensinsel« gepriesen. Zwar war der schwedisch-polnische Konflikt zwischen 1625 und 1635 bedrohlich, als Gustav Adolf nach der Einnahme Rigas im Sommer 1626 mit starken Kräften vor Pillau erschien und es besetzte, aber Königsberg rettete sich durch eine Neutralitätserklärung, und die Schweden zogen nach Elbing weiter, wo sie einige Jahre blieben und Danzig vergeblich belagerten. Der Königsberger Handel litt unter dem Verlust des Pillauer Zolls und den Störungen in den Ostseehäfen, das Land unter den Kontributionen der Besatzer. Die Stadt schützte sich, woran man bisher nicht gedacht hatte, durch eine gemeinsame umfassende Wallbefestigung mit einem modernen Bastionärsystem, auch an der offenen Ostseite zwischen den beiden Pregelarmen, wo später Alberts Garten mit der Kürbishütte lag:

Dieß Ort war wie man spürt
Mit Erd am Pregelstrom in etwas auffgeführt
Vnd solt ein Bollwerck seyn, wo vormahls Spieß vnd Degen,
Soldaten vnd Geschoß vnd Harnisch sindt gelegen.
(Nr. 23, 109–112.)

Gustav Adolfs Entschluß, von Pommern aus dem Kriegsschauplatz näher zu rücken, sodann sein früher Tod bei Lützen (1632) befreiten Ostpreußen von drohender Gefahr. In zahlreichen Gelegenheitsgedichten Dachs spiegeln sich die wechselvollen und verworrenen Schachzüge der politischen Akteure wider, klingen Kriegsfurcht und Friedenshoffnung an, wie sie sich an Berichte und Gerüchte hängen; so etwa in dem 1635 in Königsberg vor dem polnischen König Wladislaus aufgeführten Festspiel *Cleomedes*, in dem die bedrängten Völker klagen, Merkur den Ratschluß der Götter über die Streitenden verkündet und die Hirten im Schlußchor jubilieren:

Edler Friede / Gold der Zeiten /
Vater aller Fruchtbarkeiten /
Zweg der Helden / sey gegrüsst![2]

Das Glück des wenngleich immer gefährdeten Friedens begünstigte vor allem die *Universität*, die sich eines lebhaften Zuzugs erfreute, nicht nur aus allen deutschen Stämmen, son-

2 Vgl. auch Z III,9–11.

dern auch aus Kurland und Livland, Litauen und Polen, aus Ungarn und besonders zahlreich aus Siebenbürgen. 1644, beim hundertjährigen Jubiläum der Albertina, soll die Studentenzahl das erste Tausend überschritten haben. In seinem zweiten Schauspiel, der *Sorbuisa*, das Dach zu dem Fest dichtete, läßt er Apoll und die Musen singen:

Die Jugend seh' ich als ein Heer
Getrieben durch der Zeit Beschwer
Nach Königsberg in Preussen ziehen,
Indem das Deutschland untergeht
Im Brand und seinem Blute steht,
Wird Fried' und Kunst in Preussen blühen. (Z II, 161.)

Die Menge der Studenten brachte der Universität und Bürgerschaft freilich nicht nur Gewinn, sondern auch manchen Verdruß, und bald hörte man die bekannten Klagen über das »tagtägliche und unaufhörliche schmausen, fressen, saufen, [. . .] raufen, schlagen«, dessen Zentren die collegia nationalia, die studentischen Landsmannschaften, waren. Versuchte der akademische Senat ihre ausbündigen conventicula zu beschränken, so klagten sie, daß »unsere güldene Freiheit fast in eiserne Dienstbarkeit durch die strenge Jurisdiction des Rektors verwandelt« wurde, und drohten, wenn solche Behandlung ruchbar würde, würden sich viele scheuen, ihre Söhne an einen Ort zu schicken, »da man [mit ihnen] als mit Knechten umbgehet und serviliter junge Leute zu tractieren anfängt«. Auch der Professor der Poetik Simon Dach hat manchen Seufzer über sein Lehramt ausgestoßen.
Eine unentrinnbare Geißel, elementare Bedrohung und durch keine menschliche Maßnahme zu meistern, waren die häufigen *Pestepidemien*, die, meist von Osten nach Westen ziehend, das Land heimsuchten und ganze Landstriche entleerten; so starben 1629 vom August bis zum Dezember über 4000 Menschen in der Stadt. Das bestärkte nur das der Epoche innewohnende Gefühl der Hinfälligkeit und Preisgegebenheit des Daseins, und immer wieder hat auch der Dichter

Dom und alte Universität von Königsberg, um 1930.

Anlaß, das Elend in realistischen Bildern auszumalen. Im Trauergedicht auf einen treuen Seelsorger, der in der »rawen Pestilentz« nicht wie der Mietling flieht, sondern bei der ihm anvertrauten Herde ausharrt, beschreibt er die düstere Szenerie:

Kein Hauß war fast befreyt vom vbel dieser Seuchen.
Der Tag ist viel zu kurtz die grosse Zahl der Leichen
Zu bringen in das Grab, die grawsam-oede Nacht
Wird mit Beerdigung derselben zugebracht.
Man hört von Morgen an biß auff den Abend klingen
Der Glocken rawen Schall, die Eulen nachtlich singen
Jhr Schrecken-volles Liedt, es fleucht was fliehen kan
Vnd siehet weder Gunst noch Blut vnd Freundschafft an,
Die Kinder lassen auch die Eltern trostlos liegen.
Viel haben keinen Freundt, der in den letzten zügen
Schrie irgend einen Trost nach jhren Ohren ein,
So gros war dazumal des armen Landes Pein. (Z III,106.)

Selbst ein Geburtstagspoem für den Kurfürsten im Jahr 1654 »Als newlich sich bey uns die Pest-Seuch' eingedrungen, / Wir wurden von dem Tod' ohn Unterscheid verschlungen« (Z II,140) setzt mit einer ähnlichen Schilderung ein, und beim Tod eines Universitätskollegen 1649 heißt es:

Wo rührt diß mächtig Vnglück her?
Sind wir zu Schlacht-Vieh denn erkohren?
Jn vierzehn Tagen ohngefehr
Sind in die dreissig Mann verlohren. (Z III,197.)

*

In diese historische Grundierung kann jetzt der Lebens- und Werkumriß der Hauptgestalt[3] eingezeichnet werden. SIMON DACH wurde am 29. Juli 1605 als Sohn eines Tolken, d. h.

3 Die ausführlichste Darstellung ist immer noch Hermann Oesterleys Einleitung zu seiner Ausgabe *Simon Dach* in der Bibliothek des Litterarischen Vereins in Stuttgart von 1876 – nach dem damaligen Kenntnisstand; die früheste, auf der viele Angaben fußen, »Das Leben Simonis Dachii eines Preußischen Poeten« von [Theophil Siegfried] Bayer aus dem Jahr 1723.

eines Gerichtsdolmetschers für die litauische, polnische und kurische Sprache, in Memel geboren; seine Mutter Anna, geb. Lepner gehörte einer angesehenen Familie an, ihr Großvater war Bürgermeister der Stadt gewesen. Seiner Vaterstadt ist Dach immer treu geblieben, wie es noch ein Hochzeitscarmen, das er in den letzten Lebensjahren dorthin schickt und das eine Teichoskopie seiner Jugenderinnerungen enthält, bezeugt:

Ich hätte zwar der Tangen Rand
Noch gern einmahl gegrüsset,
Gern dich, mein liebes Vaterland,
Zu guter letzt geküsset,

Eh mich der Tod hätt auffgeleckt,
Der mich verfolgt ohn Ende,
Vnd stets nach mir hält außgestreckt
Die abgefleischten Hände.

Das Gedicht schließt:

Gnug, wo mein Reim das Glück nur hat
Vnd wird nach mir gelesen,
Daß dennoch meine Vater-Stad
Die Mümmel ist gewesen. (Nr. 50.)

Auch Memel hat seinen Dichter nicht vergessen. Bis 1945 schmückte den Simon–Dach–Brunnen vor dem Stadttheater eine Figur des Annchen von Tharau, über deren Verbleib man bis heute rätselt.

Dem Knaben schon wird musikalische Begabung und Lust am Versemachen nachgesagt, wie er später im Freundeskreis bei Haus- und Gartenmusiken fleißig mitgewirkt hat; und in der poetischen Metaphorik verschmelzen ihm beide Künste im Dienste Phöb Apolls stets zu einer:

Es lobte Dorff vnd Stadt die Anmuht meiner Geigen,
Der gantze Pregel schwur, strich ich die Seiten an,
In Preussen hätt es mir noch keiner gleich gethan,
Waß vnser Deutsch betrifft. (Nr. 31,10–13.)

Vierzehnjährig kam er auf die Domschule zu Königsberg, zog aber schon 1620, nicht zuletzt wegen der grassierenden Pest, als Famulus des jungen Theologen Wolter nach Wittenberg. Dort besuchte er drei Jahre lang die Stadtschule und ging dann zur Vorbereitung auf das Studium noch weitere drei Jahre auf das Magdeburger Gymnasium. Hier verfaßte der Zwanzigsjährige eine frühreife kleine Schrift in griechischer Sprache Περὶ τῆς ἀστρολογίας κριτικῆς διάλεξις mit Aussprüchen der Bibel, der Philosophen, Kirchenväter und Reformatoren zur Astrologie, einer damals beliebten Wissenschaft.[4] Dann aber vertrieb ihn Pest und Feindesgefahr – es ist gerade die niedersächsisch-dänische Phase des Dreißigjährigen Krieges –, durch die Kaiserlichen und Mansfelder schlägt er sich über Lüneburg nach Hamburg durch, geht von dort zu Schiff nach Danzig und gelangt in die sichere Heimat. Im großen Gedicht über den Untergang der Kürbs-Hütte gedenkt er später noch der Zerstörung Magdeburgs, der schönen Parthenopolis seiner Jugend, durch Tilly (am 20. Mai 1631), von der er gewiß auch durch die dortige Verwandtschaft hörte: »O könt ich deiner doch, O Magdeburg, hie schweigen« (Nr. 23,175[–186]). Damit ist Dachs Bildungsreise, seine bescheidene »Cavalierstour«, beendet; öfters klagt er, daß das Schicksal ihm nicht reichere Möglichkeiten gegönnt hat; für mehr als kleine Landausflüge hat er Königsberg nie mehr verlassen.

Am 21. August 1626 trägt der Heimkehrer sich als »Simon Dachius Mem[e]lensis Borussus« in die Matrikel der Albertus-Universität ein, übrigens wenige Tage nach Heinrich Albert. Mit der Theologie beginnend, folgte er wohl bald einem Zug zu den alten Sprachen, zu rhetorischen und poetischen Studien und zum eignen Dichten. Die frühsterhaltenen lateinischen und deutschen Verse stammen aus dem Jahr 1630. Eine Zeitlang nährte er sich als Hauslehrer bei einem

4 Diese Erstlingsarbeit ist dem Exemplar der dreibändigen Sammlung der Gedichte Dachs in der Preußischen Staatsbibliothek in Berlin (Sign. Yi 851) vorgebunden, das aus dem Besitz Achims von Arnim stammt.

kneiphöfischen Ratsherrn, der ihm 1633 eine Anstellung als vierter Lehrer an der Kathedralschule besorgte, wo er nach drei Jahren Konrektor wurde. Was ihn der Schuldienst gekostet hat, den er insgesamt sechs Jahre lang ausüben mußte, hat Dach mehrfach in Gedichten bekundet; er gab dieser Fron auch Schuld an seiner Kränklichkeit, die ihn zeitlebens nicht mehr verließ. Am deutlichsten spricht davon das autobiographische Gedicht für Robertin (Nr. 31): »So hat der Schulen Staub mir meiner Jugend Blüte / Nicht wenig auffgezehrt« (V. 65 f.) und schildert dann, wie »Der Tag sampt allen Stunden / Hatt an die Kinderzucht mit Fesseln« (V. 77 f.) ihn gebunden, wie Getümmel, Stank und Staub der Schulstube um ihn ist, und nachts, wenn andre pflegen »Des Schlaffes Süssigheit, daß klägliche Latein / Der Jugend muste da durch mich gebessert seyn« (V. 83 f.).[5] Robertin, dem Freunde, von dem später zu berichten sein wird, verdankte Dach auch die Befreiung »von dieses Kerckers Wust« (V. 92). Er bahnte ihm durch seine Verbindungen den Weg zur Universität. Klug vorbereitet wurde der Schritt durch einige carmina gratulatoria, die Dach dem Kurfürsten Georg Wilhelm nebst dem Kurprinzen Friedrich Wilhelm zum Empfang in Königsberg 1638 gewidmet hatte (Z II,105 und 106), die seine Kunst ins Licht rückten und ihm zugleich das Versprechen auf eine Poesieprofessur eintrugen. Dieses konnte nach dem Tod des Stelleninhabers erfüllt werden. Zum 1. August 1639 wurde Dach zum Professor poëseos ernannt. Er eröffnete seine Lehrtätigkeit sogleich mit einer Vorlesung über die *Ars poetica* des Horaz. Da er noch keinen akademischen Grad besaß, was seitens der Universität bei der Berufung einige Schwierigkeiten bereitet hatte, wurde er im April 1640 zum Magister promoviert, wozu ihm Johann Stobaeus, sein ehemaliger Ge-

5 Vgl. auch das lateinische Gedicht an Michael Gorlovius, einen jungen Kollegen, den er vor der Schule warnt (Z II,183.40), Sisyphus, Ixion und den Vater des Pelops, d. i. Tantalus beschwörend; es schließt: »Bessers gäben die Götter für dich, was ich dringend dir wünsche / Oder tapferen Sinn, welcher das Harte erträgt«.

sanglehrer an der Domschule, eine Komposition (»Melior est sapientia«) widmete. Die erforderliche Disputation fand erst im Herbst statt. Dach verteidigte dabei drei Thesen: 1. Daß die Dichtung es allenthalben mit der Wahrheit zu tun hat, weshalb der Dichter kein Lügner sein kann; 2. daß die Tragödie nicht nur einen traurigen, sondern auch einen heiteren Ausgang haben kann; 3. daß ein Gedicht nur rein und ohne Obszönität sein könne und daß schamlose Darstellungen nicht Dichtung genannt werden dürften. »Der dritte Satz gieng ihm recht zu Hertzen« meinte ein früher Biograph; jedenfalls hat Dach sich ein Gewissen daraus gemacht, gegen ihn möglichst nicht zu verstoßen. Die fast zwanzigjährige akademische Lehrtätigkeit lief in ruhigen Bahnen. Dach traktierte den Horaz, Ovids *Metamorphosen*, Senecas Tragödien und Juvenals Satiren; gelegentlich klagt er über das Desinteresse seiner Hörer, die nur ans Brotstudium denken. Als Poesieprofessor war er verpflichtet, die großen christlichen Feste mit Gedichten zu schmücken, die den Festprogrammen der Universität beigegeben wurden. Dieser Pflicht hat er sich mit all den »Solemnibus Natalium Christi Salvatoris«, »Solemnibus Resurrectionis Dominicae« oder »Spiritus Sancti« treu unterzogen; der letzte »Triumphus quo [...] redivivum se stetit Jesus Christus« erschien wenige Tage vor seinem Tode. Auch die Begutachtung der poetischen Veröffentlichungen seiner Kollegen oblag ihm kraft Amtes. Ein Glanzpunkt war die Aufführung des schon erwähnten, von Heinrich Albert komponierten Festspiels zur Jahrhundertfeier der Albertina 1644, welche ihn in der Gunst des kurfürstlichen Hofes noch befestigte. Fünfmal versah Dach das Dekanat und wurde zum Winter 1656 unter Durchbrechung des üblichen Reigens der Fakultäten, d. h. besonders ehrenvoll, zum Rektor gewählt.

Einen bescheidenen Zuschnitt hatte auch das Leben des kneiphöfischen Bürgers. Die neuerrungene Stellung erlaubte es dem Professor, eine Familie zu gründen. An seinem 36. Geburtstag heiratete er Regina Pohl, Tochter eines Hof-

Silbermedaille zur Dreihundertjahrfeier der Königsberger Universität, 1844.

gerichtsadvokaten und Assessors am Samländischen Konsistorium, die ihm eine ausgedehnte königsbergische Verwandtschaft einbrachte. Natürlich schmückten die Freunde das Fest mit einem poetischen Strauß, Stobaeus komponierte Robertins »Lobgesang der Liebe« (Nr. 108). Fünf Söhne, von denen zwei früh starben, und zwei Töchter entstammten der Ehe. Sein Familienglück mit »Pohlinchen« lassen zahlreiche Gedichte empfinden. Da seine Freunde ihn der Zeitsitte entsprechend den »preußischen Petrarcha« zu nennen sich nicht scheuten, ging denn Pohlinchen auch als Laura ins Gedicht ein. Der Rat des Kneiphofs räumte 1644 Dach eine freie Wohnung auf Lebenszeit ein; sie lag in der Magistergasse neben dem Blauen Turm; wofür er sich mit »Dank-Reymen« beglückt erkenntlich zeigt:

> GOtt woll' es ewig lohnen
> Des Kneiphoffs weisem Raht,
> Der mir allhie zu wohnen
> Geneigt erleubet hat,
> Wo nach des Thumes Brücken
> Der Pregel See-warts fährt,
> Vnd seinen krummen Rücken
> Stracks nach der Rechten kehrt. (Nr. 26.)

1650 erwarb er auf der Lomse jenseits der Honigbrücke einen Garten mit Speicher, wie schon das *Erleuterte Preußen* 1723 weiß, um 3000 Mark, neben dem Besitz des Rhetorikprofessors Valentin Thilo, den aber die Witwe bald veräußern mußte.[6] Die finanziellen Verhältnisse blieben immer bescheiden. Das Gehalt und die Deputate in Naturalien blieben oft lang im Rückstand oder mußten lästig angemahnt werden; die Gunst des Hofes und andere vermögliche Gönner halfen, und der Ertrag der fleißigen Casualdichtung aus frohem und traurigem Anlaß wird so notwendig wie hilfreich, vielleicht zuweilen beträchtlich gewesen sein. Doch den dringenden Ton der Bitt- und Bettelreime (vgl. Nr. 44 ff.) hat man gewiß

6 Bayer, S. 175; Gause, S. 465 f.; Schöne, S. 56 f.

ernst zu nehmen und nicht für eine raffinierte Schnorrerei – bis hin zu jener »Unterthänigsten letzten Fleh-Schrifft an Seine Churfürstl. Durchl. meinen gnädigsten Churfürsten und Herrn« (Nr. 66), in welcher der arme Poet im Angesicht von Alter, Krankheit und Tod seinen Fürsten um ein Gnadenbrot bittet, wie man es doch Hund und Pferd nicht zu verwehren pflegt, wenn sie im Dienst ergraut. So Dach im Jahr vor seinem Tode, in dem er sich um die Zukunft seines »armen Weibes« und seiner fünf unmündigen Kinder sorgt, wenn er sie verlassen muß. Der Kurfürst willfahrte der Bitte, indem er Dach »10½ Hufen Landes zu Kuykeim im Amt Caymen [. . .] frei von allem Scharwerk und andern Pflichten« schenkte. Die Urkunde ist am 3. September 1658 in Cöln a. d. Spree ausgefertigt – ein halbes Jahr vor Dachs Tod.[7] »Ich hân mîn lêhen, al diu werlt, ich hân mîn lêhen« konnte er also – anders als Walther von der Vogelweide – nur noch mit letztem Atem jubilieren. Am 15. April 1659 starb er nach jahrelangem Leiden an der Schwindsucht.

Eng begrenzt mag dieser Lebenslauf anmuten, vergleicht man ihn mit den großen barocken Lebensfahrten vieler Zeitgenossen, den ausbündig vagierenden Weltfahrten voller Schicksal, wie sie Opitz oder Fleming, Greflinger, Zesen oder Kuhlmann durchmachten oder bildhaft der Simplicius Simplicissimus, Höhen und Tiefen durchmessend, kriegsgeschüttelt, abenteuerlich, »ein Ball des unbeständigen Glücks«, Wechselbäder von Ruhm und Schmach; immer mit der großen Gebärde, dem pathetischen Gestus in Lebensdurst und Todesnähe. Hier ein im Umkreis von Familie und Beruf, in Kirche und Schule, im städtischen Gemeinwesen und der ständischen Ordnung sich genügendes Dasein; kein kühner Pilot, sondern der sorgliche Verwalter seines Amtes, nicht selbstverschwenderisch, sondern haushälterisch, nicht weitgespannt, eher eng dimensioniert, innerlichst erfüllt und reich im kleinsten Ringe, in mittleren alltäglichen Tönen,

7 Oesterley, S. 49–57.

nicht die per-sona, die tönende Maske, vielmehr einfach die menschliche Stimme, nicht die strahlende Barocktrompete, sondern Geigen-, Gamben-, Bratschenton. Ein unermüdlicher Kleinmeister, ehrlich die Gelegenheit nutzend und sagend, mit gelehrtem Bildungsgut zierlich befrachtet und geschmückt. Diesen Unterschied zeigt jedes Gedicht, jeder Vers. Wie sich trotzdem der dem Zeitalter eigene Kanon von ›Haltungen‹ und Tugenden, Motiven und Figuren erhält, in bezeichnenden Variationen und provinzieller Verfärbung, wird noch zu zeigen sein.
Eines aber hob dieses Leben über den engen Bezirk der täglichen Pflichten und Sorgen hinaus, gab ihm innere Weite und in den besten Stunden den beflügelnden Anhauch von Begeisterung – das war die besondere Befähigung zur *Freundschaft*, die Dach eigen war. Sie verflocht ihn hilfreich mit der Zeitgenossenschaft, mit seiner Umwelt, bestärkte und beförderte sein Dichtertum und schuf diesem den schützenden Kreis angeregter Wirksamkeit. Die Seele dieses Kreises und der Freund instar omnium war ROBERT ROBERTIN, eine herausragende Persönlichkeit. Seine früh erkennbare Begabung und glückliche Verbindungen zum kurfürstlichen Haus ermöglichten dem Pfarrerssohn auswärtige Studien und ausgedehnte Reisen, als Begleiter, Hofmeister, dänischer Gesandtschaftssekretär am französischen Hof, die ihn in die Zentren der Gelehrsamkeit seiner Zeit führten und mit hervorragenden Männern bekannt machten. So arbeitete der Zwanzigjährige schon bei Matthias Bernegger in Straßburg an einer Edition des römischen Historikers Florus, in Holland wurde er mit Hugo Grotius befreundet. Fast ein Jahrzehnt hatte er auf Reisen zugebracht, ehe er 1636 als Sekretär am Hofgericht in Königsberg seßhaft wurde. Erfahren in politischen Geschäften, weltgewandt und sprachbegabt, im Briefwechsel mit Gelehrten und Künstlern in vielen Ländern, war er eine glänzende Erscheinung in der Stadt. Bei seinen literarischen Interessen konnte es nicht ausbleiben, daß er auf das Talent des kneiphöfischen Schulmeisters aufmerksam und

bald dessen nächster Förderer und Freund wurde. Schon 1634, als Robertin als Sekretär des Johanniterordens noch einmal die Stadt verlassen mußte, schrieb Dach dem Scheidenden ein »Abschieds-Lied«, das ihre persönliche Nähe spüren läßt:

JHr zieht, Herr Robert, auch nun hin,
Vnd ich hab' euch mein Hertz verpfändet,
Was ist nun, daß jhr meinen Sinn
Vnd meine Seele mir entwendet? (Z I,19.)

Von da an zeichnen mehrere Gedichte die Lebensstationen des Freundes aus: 1639 wird die Heirat mit Ursula Vogt mit einem lateinischen und einem deutschen Poem gefeiert (Z I,54); das junge Paar nimmt Dach für eine Zeit in die Hausgemeinschaft auf. Zum Umzug in eine neue Wohnung im Mai 1641 dichtet er das »Wander-Lied nach dem Maß und auff die Weise des 79sten Psalms im Lobwasser«, das Stobaeus vertont: »DIeß Pilger-Land lässt keinen ruhig bleiben« (Nr. 71) – es ist eines seiner schönsten Lieder. Ein gleiches gilt von dem auf Robertins Wunsch schon Jahre vor seinem Tode verfaßte Begräbnislied »ICh bin ja, HERR, in deiner Macht« (Nr. 80), das Heinrich Albert vertonte und das ins evangelische Gesangbuch Eingang fand. Das eigentliche Leichencarmen »Bittere Klage« ragt in seinem Schmerzensausdruck aus den Hunderten seiner Art hervor – darin allein der »Sehnlichen Klage« auf Alberts Tod drei Jahre später vergleichbar:

O der Mann nach meinem Sinn
Roberthin mein Trost ist hin,
Der, in dessen Leben
Meines sich befand, mein Raht,
Meine Rhue vnd Zuflucht hat
Gutte Nacht gegeben. (Z III,161.)

Nach der poetischen Explikation des ruhmvollen Lebenslaufs und des Charakters des Verstorbenen versagt dem doch geübten berufsmäßigen Trauersänger die Stimme, wenn er schließt:

Halt es diesmal mir zu gut.
Schaw wie meiner Thränen Flut,
So ich allzeit treibe,
Mit der Tinten sich vermischt,
Vnd mir von der Taffel wischt
Alles was ich schreibe. (Ebd.)

Das bedeutendste Zeugnis dieser Freundschaft ist aber die lange Epistel, die Dach als »Danckbarliche Auffrichtigkeit« am 30. Juli 1647, am Tag nach seinem 42. Geburtstag, an Robertin richtet (Nr. 31). Ziesemer hat das Gedicht 1924 erst aus der Handschrift bekannt gemacht. Aus einer augenblicklichen Niedergeschlagenheit überdenkt er Schicksal und Werdegang und was der Freund ihm dabei gewesen. Seine einfachen Lebensverhältnisse hatten es ihm nicht vergönnt, sich auf berühmten Schulen, im »weisen Leiden« etwa, unter dem Einfluß großer Männer (Heinsius, Barleus, Vossius) zu bilden. Doch – diesen Mangel hat der Freund ihm wunderbar ersetzt:

Gib, Herr, der Warheit stat, denn ich versichre mich,
Kein Mensch hat hie dir mehr zu dancken weder ich.
Ich lag hie vnbekant, verschwiegen vnd vergessen,
Der Rost hub meinen Sinn gemählich an zu fressen,
Biß meiner Lieder eins dir ohngefehr behagt,
Du hast dich nicht gestillt, biß du mich außgefragt;
Bist da auff einen Tag wol zweymahl zu mir kommen,
Hast Bücher mitgebracht vndt, waß ich nicht vernommen,
Mir trewlich außgelegt, mir einen Muht gemacht
Vnd mich zu manchem Fleiß im Schreiben auffgebracht.
Nicht anders pflegt ein Löw die Jungen anzuführen,
Sobald an ihnen Mähn vnd Klawen sind zu spüren,
So nimpt der Adler stracks auch seine Zucht mit auß
Frey nach der Sonnen zu biß an der Sternen Hauß.
(V. 103–116.)

Des Freundes Welterfahrung, Bildung und Urteil hat ihn zum Dichter erzogen: »Du werther Roberthin, durch dich kenn ich die Zier / Der wahren Poesie.« (V. 164 f.) Selten findet man in der Barockdichtung einen so unmittelbaren Lebensbericht, nur verhältnismäßig sparsam mit mythologischem Dekor ausgestattet, ein so unverhülltes bekenntnishaftes Selbstbildnis, das natürlich nur in die Hand des Freundes gelegt und nie für eine Veröffentlichung gedacht war; selten auch dieses völlige Vertrauen in einen Menschen, in einer Welt voller Falsch, das sich preisgibt auch in seinen Schwächen, und selten so wahre Herztöne der Freundschaft:

In Summa, Herr, ich bin gewesen wie dein Bruder,
Ja wie dein eigen Kind, mein Kahn hat sonst kein Ruder
Ohn dich allein gehabt, daß mich in Noht ergetzt
Vnd endlich auß dem Sturm an diesen Port gesetzt,
Daß ich mein Wesen bloß gantz vngehindert Treiben
Vnd etwas löbliches der Nachwelt möchte schreiben.
(V. 185–190.)

In Robert Robertin darf man denn auch den Initiator des Zusammenschlusses seiner akademischen dichtenden und musizierenden Freunde zu einem geselligen Bunde vermuten. Solche Organisationsformen lagen der societas literaria jener Zeit nahe: überall gründeten sich Sprachgesellschaften und Dichterorden wie unter dem Fürsten Ludwig von Anhalt die Fruchtbringende Gesellschaft des Palmenordens als die älteste und angesehenste, der Nürnberger Löbliche Hirten- und Blumenorden an der Pegnitz, die Pegnitzschäfer, die Aufrichtige Gesellschaft von der Tannen in Straßburg, der Elbschwanorden usw. Robertin hatte auf seinen Reisen wohl die italienischen Akademien kennen gelernt, darunter deren berühmteste, die Accademia della Crusca in Florenz, ebenso die niederländischen Rederijkerkamers, und war gewiß mit zahlreichen Mitgliedern deutscher Gesellschaften bekannt geworden. Allerdings dürfte der *Königsberger Bund* keine strengen Ordnungen und Riten gekannt haben, kein so ernstes Programm zur Pflege der deutschen Sprache und Literatur und zur Festigung des Ansehens des Gelehrtenstandes, wie anderwärts üblich. Weder Gründungsakt noch Satzung und feste Mitgliedschaft sind bekannt. So nennen auch die frühesten Quellen – sie sind allerdings fast hundert Jahre jünger – wie Bayer im *Erleuterten Preußen* 1723 die verschiedensten Namen, auch Theologen, Mediziner, Juristen, Hofbeamte, Auswärtige unter ihnen. Zur Tätigkeit heißt es hier einfach (S. 190): »In ihrer Zusammenkunfft hatten sie entweder etwas abzulesen, oder höreten etwas absingen, richteten auch wol selbsten eine Music an, redeten von allerley Problematibus, oder gaben einander etwas zu machen oder nachzuahmen auff. [...] Bey solcher gelehrten Freude vergaß die Gesellschaft ihres Gottes nicht. Sie waren insgesamt der Sterblichkeit eingedenck, und macheten sich noch bey ihrem Leben Grab-Lieder.« Andere meinten die Zahl Zwölf wegen ihres Symbolwerts auch in diesem Bunde wiederzufinden, indem sie zu den zehn poetischen Gratulanten bei Dachs Magisterpromotion am 12. April 1640 ihn selbst und Heinrich Albert hinzuzählten (Z II, S. 362; vgl. Oesterley, S. 31 f.). Und da auch Alberts »Musicalische Kürbs-Hütte« zwölf Sprüche aufwies, schien das eine doppelte Bestätigung. Eine dritte Deutung hinwiederum schließt sich an diese Komposition Alberts an, »welche uns erinnert menschlicher Hinfälligkeit« (so im Titel), und meint, »daß es sich hier um einen Bund von Männern handelt, der sich ex officio mit Trauerangelegenheiten beschäftigt. Man muß sich daran erinnern, daß in den Zeiten der Pest ein ordentliches Begräbnis und ein ehrenvolles Geleite nicht so selbstverständlich waren. Wie die Zünfte und die Cantoreien ihre Mitglieder auf diesen Liebesdienst verpflichteten, so bildeten sich auch in allen Ländern besondere Gesellschaften und Fraternitäten, deren wichtigster Zweck es war, für die feierliche Bestattung der verstorbenen Brüder zu sorgen. Einer solchen Fraternität, aus zwölf ordentlichen Mitgliedern bestehend, ist die Dichtung der ›Musikalischen Kürbishütte‹ gewidmet. [...] An und für sich waren diese Begräbnisgesellschaft – die der Kürze wegen ›Kürbishütte‹ genannt werden mag – und der Königsberger Dichterkreis ganz getrennte Institute. Das schloß nicht aus, daß einzelne Akademiker auch zur ›Kürbishütte‹ gehörten.«[8] Für diese präzise Zweckbestimmung der »Kürbs-Hütte« gibt es keine Beweise. Es genügt vielmehr, was Pisanski schon sagte: »Nicht minder hielten sie die Erinnerung an die Sterblichkeit und die Vorbereitung zum Tode für eine Hauptpflicht ihres freundschaftlich geschlossenen Bündnisses, weshalb man auch demselben den Namen einer Gesellschaft der Sterblichkeit Beflissener beigelegt hat« (§ 256) – wie schon Bayer getan. Selbstverständlich ist auch der üblich gewordene Sammelbegriff »Königsberger Dichterkreis« eine schon historisierende Bezeichnung des 18. Jahrhunderts; Laudon sprach auch von der »preußischen fruchtbringenden Gesellschaft« – wie denn im 19. Jahrhundert von Winterfeld eine »altpreußische Tonschule« kürt und Eccard den »preußischen Palestrina« nennt.[9]

Mehr und Deutlicheres als aus den spärlichen zeitgenössischen Nachrichten und spätern Deutungen erfahren wir glücklicherweise über den Dichterkreis aus seinen künstlerischen Hervorbringungen, aus einigen Produkten seiner poetischen und musikalischen Fertilität, die uns eine genauere Vorstellung ermöglichen und ohne die er schemenhaft bliebe. Wir wählen die Kantate anläßlich des Besuchs von Martin Opitz in Königsberg 1638, Heinrich Alberts *Arien*, seine kleine Kantate »Musicalische Kürbs-Hütte« von 1641 und Dachs Gedicht »Klage über den endlichen Vntergang vnd ruinirung der Musicalischen Kürbs-Hütte vnd Gärtchens« zur nähern Betrachtung.

Opitz an den Pregel zu locken gelang Robertin, der mit ihm im Briefwechsel stand, ihm vielleicht schon auf seinen Reisen begegnet war. Er lebte damals, aus Schlesien geflohen, im kriegsverschonten Danzig als Hofhistoriograph der polnischen Krone. Was es für die Königsberger bedeutete, diesen Mann in ihren Mauern begrüßen zu können, läßt sich nur ermessen, wenn man bedenkt, daß er mit dem Geniestreich

8 Hermann Kretzschmar, »Einleitung«, in: Albert, *Arien*, Abt. 1, S. XI.
9 Vgl. auch Schöne, Anm. 96.

seiner *Poeterey* und mit den Mustern, die er in den verschiedensten Formen geliefert hatte, mit seinen zahlreichen Übersetzungen zum Lehrmeister aller geworden war; er hatte den Weg zum Wettstreit mit den europäischen Literaturen geöffnet; als lumen Germaniae galt er draußen, als »Der Gekrönte« war er Mitglied der Fruchtbringenden Gesellschaft geworden. »Im Jahre 1638 Den 29. Tag des Hew-Monats« ehrt man seine »hocherfrewliche Gegenwart« durch eine akademische Festmusik, deren Text Dach verfaßte, die Albert vertonte – er hat sie später in seine *Arien* (2,20) aufgenommen.

ISt es vnsrer Seiten Werck'
Je einmahl so wol gelungen,
Das wir dir, O Königsbergk,
Etwas gutes vorgesungen,
So vernimm auch dieß dabey,
Wer desselben Stiffter sey:

Dieser Mann, durch welchen dir
Jetzt die Ehre wiederfähret,
Das der Deutschen Preiß vnd Zier
Sämptlich bey dir eingekehret,
Opitz, den die gantze Welt
Für der Deutschen Wunder helt.

[...]

Ja, Herr Opitz, ewrer Kunst
Mag es Deutschland einig dancken,
Das der frembden Sprachen Gunst
Mercklich schon beginnt zu wancken,
Vnd man numehr ins gemein
Lieber Deutsch begehrt zu sein.

[...]

Doch wird auch des Pregels Randt,
Weil er ist, von Euch nicht schweigen,
Was von vns hie wird bekant,
Was wir singen oder geigen,
Vnser Nahme, Lust vnd Ruh
Stehet Euch, Herr Opitz, zu. (Nr. 10.)

Das ist Dachs Bekenntnis zum Opitzianismus, für sich und seinen Kreis (»wir«), und das Versprechen treuer Nachfolge. In einem Brief an Robertin einige Wochen später läßt der Gefeierte ihn als »illud candidissimum musarum pectus« grüßen – wohl nicht ohne Ironie; denn er fügt auch hinzu: »Ms. Dach soll sich nicht in die Jungfer Brodine verlieben, sie ist ihm zu frisch. Ein Liedlein mag er ihr wohl componieren.«

Heinrich Alberts *Arien* sind die wichtigste Publikation des Königsberger Kreises, auch die wichtigste Publikation von Gedichten Simon Dachs, ohne die er über den Rang einer Lokalgröße vielleicht nicht hinausgekommen wäre, zumal er selbst bei Lebzeiten nie eine Sammlung seiner Lyrik betrieben hat; ohne Alberts *Arien* wäre sein Ruhm mit vielen hundert Einzeldrucken zu frohen und traurigen Gelegenheiten verweht. Es handelt sich um die acht Hefte, in denen Albert von 1638–50 seine Kompositionen auf Texte des Freundeskreises veröffentlichte. Zuvor aber muß er selbst vorgestellt werden: neben Robertin, dem Gelehrten, und Dach, dem Poeten, ist der Komponist der Dritte im engern Freundschaftsbunde.

Heinrich Albert ist 1604 in Lobenstein im Vogtland geboren. Seine musikalische Begabung fand früh Nahrung. In Dresden unterrichtete ihn sein Oheim (i. e. Vetter) Heinrich Schütz, in Leipzig, wo er drei Jahre lang Jus und Literatur studierte, förderte ihn der Thomaskantor Johann Heinrich Schein. Was er bei beiden Meistern gelernt hatte, die einfache melodische Erfindung im generalbaßbegleiteten Sololied, die ›begleitete Einstimmigkeit‹, setzte er der in Königsberg herrschenden blühenden Vielstimmigkeit der Motetten und Lieder des Johann Eccard und Stobaeus als Neues entgegen. Im August 1626 erscheint Albert in Preußen, um hier seine Studien fortzusetzen. Seine curiöse Vielseitigkeit entspricht durchaus dem Geist des Zeitalters. An einer diplomatischen Mission nach Warschau beteiligt, gerät er für ein Jahr in Gefangenschaft, beschäftigt sich zurückgekehrt auch mit fortifikatorischen Studien, zweifelsohne im Zusammenhang mit den damaligen umfangreichen Wallbauten, zu denen das

Erscheinen der Schweden in Preußen die Stadt eiligst veranlaßt hatte, und wird Ende 1630 vom Rat des Kneiphofs auf die Organistenstelle am Dom berufen, probeweis zunächst, fest zum 1. April 1631. Er lernt weiter bei Stobaeus, dem kneiphöfischen Kantor und Kapellmeister der Hofkapelle, ist zugleich für die Musik bei akademischen Festakten zuständig. So hatte Albert auf der Dominsel das Zentrum seiner Wirksamkeit gefunden, dem er durch zwanzig Jahre bis zum Tode treu blieb. Nur einmal besuchte er mit Heinrich Schütz Kopenhagen und wirkte dort bei Hofmusiken mit (vgl. AA 5,20). So wurde auch die Zusammenarbeit mit Dach enger, schon die gemeinsamen Gelegenheiten, öffentliche und private, wiesen sie aufeinander an; Albert wurde sein Hauskomponist. Mehr aber noch machten die harmonisierenden Züge des Charakters sie zu Freunden: Waren Temperament und Farbigkeit beim Musiker stärker, so war beiden eine Grund-Bescheidenheit gemeinsam. Immer bedacht, dem andern das größere Verdienst zuzusprechen, sagt Albert etwa in der Vorrede zum ersten Teil: »Ich bitte aber, man wolle nicht dafür halten, daß Ich mit meinen Melodeyen gedächte grosse Kunst an den Tag zu geben, sintemal mir hierinn vnrecht geschehen würde [...]; Sondern Ich hab es gethan vmb der Worte willen, die mir nach vnd nach zu handen gekommen sind vnd wolgefallen haben, wie Ich denn auch meisten theils von guten Freunden darumb bin ersuchet worden.« (s. Dok. 1.) Ähnlich auch in spätern Vorreden. Umgekehrt bekennt Dach im Grabgedicht auf den Freund, der »Sehnlichen Klage« (Nr. 88): »Mein Arbeit zog durch deine Weisen / In Warheit newe Kleider an.« Hier zeichnet er noch einmal das Bild ihrer brüderlichen Freundschaft:

Ach du mit dem ich mich verbunden,
Von Jugend auff in Lieb vnd Noht.

[...]

Du kantest mich, ich dich, von innen,
Was meine war, war deine Rhu.

DIE DOMKIRCHE ZU KOENIGSBERG I. PR.

Ich hette Thürn' auff dich gebawet
So fest war deiner liebe Grund,
Was deinem Hertzen ward vertrawet
Stieg nie herauff dir in den Mund.

Und er klagt, daß er, der Schwache, Immerkranke, die Freunde begraben muß: »Nun leb' ich, du wirst hingebracht. [. . .] Ich leb' halb tod noch jmmer zu.«
Im Lied zu Alberts Hochzeit im Februar 1638 (Nr. 9) vereinigt Dach einen Teil der Dichterfreunde zu gemeinsamer Gratulation. Sie figurieren unter den Schäfernamen, die sie sich nach dem Brauch der Dichterorden beigelegt hatten: so heißt der Bräutigam Damon, die Braut Elisabeth Starck Philosette, Dach selbst ist Chasmindo (auch Sichamond oder Ischmando, wie er manchmal anagrammierte), Celadon, von dem es heißt »vor welches singen / Meine Geige sich entfärbt«, ist Kaldenbach, und Berrintho, »der mich trieb, / Daß ich dieses Lied auch schrieb«, Roberthin. Die Freunde hoffen, die Heirat werde den zugereisten Hochzeiter endgültig an Königsberg binden, Anfeindungen und Ärger zum Trotz, wie sie Strophe 11 andeutet – »Sola tibi patrios dat Philosetta lares« ist das Motto, das das Lied in den *Arien* 4,20 trägt: »Nur Philosette schenkt dir die heimatlichen Götter.« Auch der locus amoenus ist geschildert, der sich dann im »kleinen Paradieß« des Albertschen Gartens realisiert: »Wann wir auff begrünter Heyden / Hingestreckt ins feuchte Graß / Bey den Bächen [. . .]«; und auch, was der Komponist den Dichtern bedeutet, spricht das Lied in der 4. Strophe aus:

Stimm nur deine Seiten wieder,
Du bist hier vnd bleibst auch schon,
Vnd verschaffe, das dein Thon
Mag beseelen vnsre Lieder,
Die ohn dich, O Phebus Kind,
Warlich sonder Seele sind.

Anderseits war auch Albert sich des Rettungsdienstes, den er der Dichtung Dachs leistete, ganz bewußt, wenn er in der

Vorrede zum fünften Heft, 1642, bemerkt: »Wollet demnach noch zur Zeit mit dieser meiner wenigen Arbeit vorlieb- vnd willen nehmen, vnd euch genügen lassen an dehme, daß ich eüch so viel schöne Texte, die meisten theils von vnserm Poeten dieses Ortes her-rühren, (mit seiner bewilligung) mittheile, welche von mir fast besser, als von Jhme selbsten, sind verwahret vnd auffgehoben worden, ohne zweifel wegen seiner vberhäüfften Arbeit, damit man ihn fast täglich beschwehret; vnd hat mich schade zu seyn gedaucht, daß solche etwa gar von abhänden kommen möchten.« (AA, S. 146 f.)

Kehren wir zu den *Arien* zurück, dem reichsten Sammelbekken des Königsberger Kreises. Leopold Hermann Fischer hat in seiner Edition in den »Neudrucken« (1883) einen verläßlichen Text mit den Lesarten späterer Auflagen und eine ausführliche Analyse aller ihm bekannt gewordenen Ausgaben gegeben; in den »Denkmälern deutscher Tonkunst«, Band 12.13 (1903/04) liegt die von Bernoulli bearbeitete Ausgabe der Kompositionen vor, mit einer Einleitung von Hermann Kretzschmar; einen revidierten Neudruck besorgte 1958 Hans Joachim Moser. Danach ergibt sich folgender Befund. Es erschienen Teil 1 1638, 2 1640, 3 1640, 4 1641, 5 1642, 6 1645, 7 1648 und 8 1650. Die Nachricht von einem weiteren neunten Teil beruht wohl auf einem Irrtum. Die Teile 1–7 brachten es bis 1654 auf 3 bis 4 Auflagen. Trotz dieses Erfolges beabsichtigte Albert mehrfach, die Serie abzuschließen, so jedenfalls nach dem vierten und abermals nach dem siebenten Teil. Jedes Heft begleitete er mit einer Vorrede, in der er sich nicht nur über seine Absichten aussprach, sondern den Musizierenden praktische Anweisungen gab. Denn es war sowohl für die Sänger als für die Instrumentalisten eine neue ungewohnte Kompositionsart, die sie erst lernen mußten (vgl. AA, S. 34–37 in der Vorrede zum 2. Teil). Einer ständigen Erklärung bzw. Verteidigung bedurfte auch die schon im Titel ausgedrückte Vermischung »theils Geistlicher, theils Weltlicher« Lieder (Dok. 1; vgl. AA, S. 106), gegen die wohl

יהוה
Achter Theil
der
ARIEN
Theils Geistlicher zu Christlichem Leben und Sterben anreitzender: Theils Weltlicher zu geziemender Lust dienender
Lieder
aus gegeben
Heinrich von Alberten
Cum privilegys
1650.
Sub his Alis

Achter Theil
der
Arien/
Etlicher theils Geist//
licher/ viel schöner Lehr- und Trostreicher; Theils
Weltlicher/ zu Ehrlicher Liebe und geziemender
Ergetzlichkeit dienender
Lieder/
Componirt
Von
Heinrich Alberten.

16  50.

Mit Röm: Kayserl. Mayt. etc. etc. etc.
auch
Königlicher Mayt: in Polen und Schweden/ etc. etc. etc.
und
Churfl. Durchl. zu Brandenburg etc. etc. etc.
PRIVILEGIIS nicht nachzudrucken.

In Verlegung des *Autoris*
Gedruckt zu Königsberg in Preussen
bey Paschen Mense.

Bedenken geäußert wurden – sonst hätte sich die Wiederholung erübrigt. Zunehmend ärgerlicher wurde es dem Komponisten, sich der Nachdrucker zu erwehren, die am wachsenden Erfolg auf unredliche Art teilnahmen, die ihn nicht nur um »einen Zuschub meines nottürfftigen Auffenthalts« betrogen, sondern auch schwer verballhornte Noten und Texte auf den Markt warfen; dagegen schützten selbst die hohen Privilegien nicht, des Kurfürsten, des Königs von Polen und Schweden, sogar der Kaiserlichen Majestät, deren er sich versichert hatte. Am ärgsten trieb es jener Unbekannte, der, wohl in Königsberg selbst, einen Zusammendruck der ersten sechs Bände unter dem neuen Titel *Poetisch-Musicalisches Lust Wäldlein* veranstaltete. In einer teils aus originalen Teilen kompilierten, teils frei erfundenen Vorrede schrieb er, er »habe umb der Nachfrage willen, und weil man hin und her nicht Exemplaria nach Begehren hat haben können, uff guter Freunde anfodern so thane Lieder nochmahls dem Druck untergeben« wollen. Und schloß: »Nehmet diese hin, gebrauchet Sie zu ewrem belieben, werde ich spüren, daß Sie Euch angenehm, gelobe ich ins künfftige ein mehrers an den Tag zu bringen« und unterzeichnete »Heinrich Albert«. Ein verlegerischer Meisterdieb! Der Betrogene antwortete mit einer »abgenötigten Nachricht und Verwarnung« (AA, S. 255–259), doch das geraubte *Lustwäldlein* hatte größeren Erfolg als die originalen *Arien*, sogar in Christiania (Oslo) ist aus demselben Jahr 1648 ein abermals nachgedrucktes *Lustwäldlein* nachgewiesen, und die Bibliographen hat es lange Zeit genarrt. Ehrlicher meinte es ein Ambrosius Profe, der 1656, 57 und 58 in Leipzig, Brieg und Breslau eine Ausgabe der *Arien* veranstaltete, in bequemem Format als Vademecum, das weite Verbreitung fand, jedoch – auch dies basiert auf einem Exemplar des *Lustwäldleins*. Schon dieser kurze Blick in die Druckgeschichte der *Arien* läßt erkennen, welch begierige Aufnahme Alberts neue Sangart, das begleitete Sololied, fand und auf ihren Flügeln die Gedichte der Königsberger, Simon Dachs am meisten. Er bestätigt auch das

Diktum: »Alberts Muse ist die Lieblingsmuse seines ganzen Zeitalters gewesen«.[10] Die fast 200 Kompositionen der *Arien* verteilen sich auf folgende Beiträger: Dach steht mit 125 Texten an der Spitze; es folgen Albert selbst und Robertin mit je 18 Gedichten; des weiteren: Adersbach mit 8, der Danziger Titz mit 5, Opitz und Kaldenbach mit je 3, Wilkow, Mylius und Michael Behm mit je 2, Johann Sand, Johann Gamper und Koschwitz mit je einem Gedicht; ferner zwei Monogrammisten mit 4 Texten und 7 Gedichte von anonymen Verfassern – wovon einige noch Dach zugehören dürften.[11]
Unter der weiten Sammelbezeichnung *Arien* vereinigte Albert übrigens sehr verschiedenartige Formen des Sologesangs, des Chorlieds und der Kantate. Kretzschmar (S. XVII f.) meint, der Komponist sei seiner ursprünglichen Absicht, Monodien, das einstimmige Sololied, zu geben, wie er sie in den beiden ersten Heften ziemlich rein verwirklicht, im Laufe der Jahre untreu geworden, so daß – vor allem durch die Aufnahme der Gelegenheitskompositionen – später die Chorstücke überwiegen. So sind die vielen Hochzeits- und Trauercarmina im Grunde fünfstimmige Kirchenliedsätze in der Art Johann Eccards. Kretzschmar erklärt das aus der Tatsache, daß »die einfachen Sololieder den Fachmusikern der Chorkomposition gegenüber als ein Dilettantenwerk galten«. Das neue Lied überließ man, bis ins 18. Jahrhundert hinein, gern Studenten und jungen Kollegen. Doch wandelte sich zunehmend diese Bewertung, so daß man dann Motetten, auch Alberts Chorarien, in einstimmiger Bearbeitung herausgab. So summiert Kretzschmar: »Der Hauptwert der Sammlung liegt doch in den kürzeren, in einfacher Liedform gehaltenen Solokompositionen, namentlich den weltlichen.« Darin fanden sie auch die lebhafteste Nachfolge, sie machten diese acht kleinen Hefte zum Anfang der »Geschichte des modernen deutschen Liedes« (S. VI).

10 Kretzschmar, S. VI.
11 Zu den einzelnen Beiträgern vgl. die Kurzbiographien.

Eine ausnehmend schöne, eine köstliche Frucht des Freundschaftsbündnisses ist das wenig bekannte kleine Werk, das Albert separat veröffentlicht hat – die Kantate *Musicalische Kürbs-Hütte, Welche vns erinnert Menschlicher Hinfälligkeit* (Nr. 102). So geläufig sein zum Symbol des Kreises gewordener Titel, so unbekannt ist die Sache selbst. Es ist eine dreistimmige Kantate in zwölf kurzen Sätzen. Anlaß und Entstehung schildert Albert in der Vorrede »An den Kunst-liebhabenden Leser«. Er habe den Einfall gehabt, die Namen seiner Wohltäter und Freunde, die sein Gärtchen – über dieses später! – bisweilen besuchten, und für jeden einen entsprechenden Reim in die Schale der dort angepflanzten Kürbisse zu ritzen, damit sie, wie bekanntlich geschieht, mit den großen Früchten mitwachsen und lesbar bleiben. Dazu habe dann Robertin erinnert, wie es doch erfreulich und »zuvorauß dem Garten rühmlich« wäre, wenn man diese Reime »vnter der Kürbs-Hütten« singen könnte. Das habe ihn zu deren Komposition veranlaßt. Zwölf epigrammatisch knappe ›Reime‹ sind es, meist antithetisch gebaut, was in der Vertonung den Reiz kontrastierender Teile begünstigte. Immer spricht der Kürbs, diese Frucht, die so schnell wächst und so rasch vergeht und also augenfällig die Hinfälligkeit und Vergänglichkeit alles Gewordenen zeigt und als deren Zeichen verstanden wurde. So setzt er sein Geschick dem des Betrachters gleich und hält mit ihm Zwiesprache: »du wünschst« – »Nicht dein Will'« (Str. 4); »Fall' ich ab« – »so mustu sterben« (5); »Ich muß fort« – du auch (6); »DEm Herbst verlangt nach mir« – »Dem Tod' [. . .] nach dir« (7); »nach kurtzen Tagen / Mich« – »nach wenig Jahren [. . .] Dich« (8) usw. Eine Ausnahme macht Strophe 9 – als eine Betrachtung des Betrachters von außen: »Die Zeit vnd wir vergehn! / Was wir hie sehen stehn [. . .]«. Sie stammt aus Simon Dachs Lied »AN diesem Orth alhie« (Nr. 21), dessen hortus amoenus also Alberts Garten sein mag.

Das liebenswürdige Werkchen erschien nur einmal in Königsberg 1645. Da das Titelkupfer unten rechts deutlich die Jahreszahl 1641 trägt, war es damals wohl druckfertig. Außerdem gab es eine *Partitura oder Tabulatur [. . .] Worauß selbige Stücklein auff einem Positif oder Instrument, nach Beliebung, können mit musiciret vnd gespielet werden*, dies ohne Texte. Herders Angabe über einen zweiten Druck von 1650 in den *Stimmen der Völker* beruht wohl auf einem Irrtum. Allerdings gab es mit dem Nachdruck der *Arien* auch einen solchen der »Kürbs-Hütte«.[12] Die einzige neue Ausgabe mit ausgesetztem Generalbaß hat Müller-Blattau 1932 (wiederholt 1959) bei Bärenreiter in Kassel veranstaltet. Das Titelkupfer des unbekannten Stechers zeigt Alberts Gärtchen in der wünschenswertesten Deutlichkeit: ein enger Raum, von einem hohen Staket umschlossen, darin dicht gedrängt Bäume, Sträucher, Blumen, deutlich erkennbar in ihren Arten, von Falter, Biene und Maikäfer umflogen. Die ganze Mitte füllt ein Spalier, über und über mit birnenförmigen Kürbissen behangen, auf einigen sind die Inschriften angedeutet; das ist die »Hütte«, die Laube. Vom Gerüst hängt ein dekoratives Tuch herunter, das den Titel trägt. Am untern Rand in Blätter und Gras gebettet ein Totenschädel, darauf eine geflügelte Sanduhr, die Flucht der Zeit bedeutend. Im Hintergrund des hortus conclusus das kleine »Regenhauß«, das Dachs Epistel V. 28 nennt. Das alles ist sehr ortsgetreu aufgezeichnet.

Die Vertonung der »mehr-berührten Reyme«, dieser kürbischen Sinnsprüche, macht sie erst zum Kunstwerk und zeigt den Liedmeister Albert aufs schönste. Es sind zwölf Trizinien in wechselnder Besetzung (Sopran, Alt, Tenor oder Alt, Tenor, Baß oder drei Frauen- oder drei Männerstimmen), die a cappella oder von Spinett oder Clavichord zurückhaltend begleitet musiziert werden. Schon diese Einrichtung belebt die Folge, die – und es ist wichtig, sie als Ganzes, als Zyklus zu verstehen – trotz ihres immer gleichbleibenden Themas einen erstaunlichen inneren Formenreichtum entfaltet. Da ist

12 Vgl. Fischer, S. XXXXV f.

der noch ohne Taktgliederung fließende, wie bei Schütz dem Wort folgende, gehorsam deklamierende Vortrag, wenn er etwa wie hier vorherrschend in schrittweiser Abwärtsbewegung Fallen und Verfallen darstellt – wogegen kontrastierend Festigkeit und Härte steht, nach der Struktur, die der antithetische Spruch vorgibt. Bald Totentanz, bald Orgelton – das Ganze aber eine wehmütige Litanei auf die Sterblichkeit. Geistesgeschichtlich bedeutend – und das mag bedacht sein –, daß es sich bei diesen Sprüchen nicht um religiöse Texte handelt. Es ist nicht der christliche Tod, der Sünde Sold, welchen dieselben Männer ex officio in Grabgesängen und Trauercarmina besangen, es ist nicht der herrscherliche Tod der pompösen barocken Grabmäler – es ist vielmehr hier im Garten die so unerbittliche wie sanfte Naturnotwendigkeit, die der Kürbs predigt, es ist ein versöhnlicher, fast süßer Todesreigen, den jene ernsten Sprüche besingen, dem man ohne Sträuben zu folgen gewillt ist wie der sanften Neigung der tönenden Linien. Und wenn Dach in der großen Gartenklage (V. 207) vom Freunde wünscht »Fahr fort der Stimmen Zwist in Eintracht schön zu bringen«, so umschreibt das nicht nur den Eindruck der Komposition, sondern auch den Antagonismus des Stirb und Werde, den die Natur uns lehrt, und mit Seelenzuständen, wie sie einer späteren Zeit angehören, möchte man ihre Wirkung andeuten: Innigkeit, Rührung, Wehmut.[13] Dem zwölfteiligen Liederzyklus sind im Druck zwei kleine Gedichte als poetisches Geleit angehängt. Robertin empfindet die »die schnelle Wegflucht dieser Zeit« lehrende Komposition als »Vorschmack süsser Ewigkeit«. Dachs lateinisches Epigramm dagegen vergleicht den Kampf

13 Paul Hankamer zitiert in seiner Epochendarstellung *Deutsche Gegenreformation und deutsches Barock*, Stuttgart 1935, S. 194, Verse Alberts, die ganz mit diesen Vorstellungen zusammenklingen. Ich habe sie in den mir zugänglichen Gedichten Alberts nicht finden können – aber ihrer Schönheit wegen mögen sie hier ihren Platz haben, sie fügen sich ganz in die Kürbshütte: »Jetzt lebst du Mensch und mußt ins Grab, / Wenn Deine Zeit wird kommen. / Der Vogel flog vorüber nur / Und niemand ist, der seine Spur / Hätt irgends wahrgenommen.«

der Natur gegen Herbst und Winter mit dem Kampf der Kunst gegen die bösen Neider: wie der Garten im Frühling wieder triumphierend sein Haupt erheben wird, so siegt im gelungenen Werk, wie diesem »Kürbes-Hütten-Werck«, die Kunst über Vergänglichkeit und Untergang. Das ist das poetisch-musikalische Freundschaftsdenkmal dieses Kreises; den großen Freundschaftsbekundungen des 18. Jahrhunderts ist es durchaus ebenbürtig.

Ein weiteres Dokument der Gemeinsamkeit ist Dachs Epistel von 230 Alexandrinern – man mag sie Elegie nennen – »*Klage über den endlichen Vntergang vnd ruinirung der Musicalischen Kürbs-Hütte vnd Gärtchens.* 13. Jan. 1641« (Nr. 23). Der ausführliche Titel nennt die uns schon bekannte Örtlichkeit und den Anlaß: der kleine Garten, einst Albert vom Rat des Kneiphofs »eingegeben« und zehn Jahre lang (V. 12.14) der paradiesische Aufenthalt, ist durch die Anlage einer Straße zerstört worden: »Ach daß, wo kurtz hievor die schönsten Blumen waren, / Die Land vnd BürgersLeut ietzt reiten, gehen, fahren!« (V. 99 f.). Das ist die zu beklagende Veränderung, die den Dichter zu einem Rückblick auf die Entstehung des Gartens, seine Geschichte und die glücklichen Jahre veranlaßt. Bei seinem realistischen Sinn für Details bewahrt uns die »Klage« zugleich eine auch in außerpoetischer Beziehung interessante Ortsbeschreibung, eine faktenreiche Lokalberichterstattung aus jenen Tagen. Walther Ziesemer hat den Text erst 1924 aus einer umfangreichen handschriftlichen Sammlung von Gedichten Dachs im Königsberger Staatsarchiv – wohin sie aus den Beständen der Churfürstl. Brandenburg-Preuß. Kanzlei gekommen war – ediert.[14] Es war eine von unbekannter Hand geschriebene Sammlung, wohl zeitgenössisch, die seit 1945 verschollen ist. Albrecht Schöne hat dem Gedicht im Rahmen eines Wolfenbütteler Barock-Symposions »Stadt – Schule – Universität – Buchwesen und die deutsche Literatur im 17. Jahrhundert«

14 In: *Altpreußische Forschungen* 1 (1924) S. 23–56 und *Euphorion* 25 (1924) S. 598–601.

1974 unter dem Titel »Kürbishütte und Königsberg« den »Modellversuch einer sozialgeschichtlichen Entzifferung poetischer Texte« gewidmet. Ein reizvoller Versuch, zu dem das Gedicht sich außer Zweifel eignet, ohne daß damit die Dichtung »auf ihren bloßen Zeugniswert für die Verfassungs-, Wirtschafts-, Sozial- oder Kulturgeschichte« (S. 65) reduziert würde. Vielmehr stellt er Kürbis und Kürbishütte in den weiten europäischen Zusammenhang der Emblematik, des mundus symbolicus, wo sie ihre Wurzeln in jenem Erlebnis des zürnenden, lebensmüden Propheten Jona vor der Stadt Ninive haben, dem der Herr einen Kürbis über die Hütte wachsen läßt, der ihm Schatten gebe und der am Morgen schon verdorrt war, weshalb diese auffällige Frucht als Sinnbild raschen Werdens und raschen Vergehens – »cito nata cito pereunt« –, als Bild der Verfallenheit alles Kreatürlichen verstanden wurde. So wird Schöne das im Gedicht aufgezeichnete Schicksal jenes cucurbitatium Regiomontanum im engen Garten zum Weltspiegel, zum »Modell der Welt« (S. 32).

Die Lage des Gartens hat man erst seit Bekanntwerden dieses Gedichts genauer bestimmen können, denn seine Angaben sind deutlich genug. Vom Kneiphof (s. Abb. S. 332), über den Dombezirk, geht man durch das Honigtor, das die Honigbrücke schützt, über den Flußarm, der hier den südlichen oder neuen mit dem nördlichen, auch alten Pregel verbindet und den Kneiphof überhaupt erst zur Insel abschließt, und betritt die große flache und feuchte Wieseninsel der Lomse (gelegentlich aus litauisch »loma« ›Morast‹ erklärt); darauf standen seit alters die Holzspeicher der Altstädter, die der Feuergefahr wegen nicht innerhalb der Mauern sein durften. Nach Süden führt, von der Altstadt kommend, über die Holzbrücke ein alter Weg, der über den südlichen Pregel in die Provinz, nach Natangen geht. Der Beringsche Plan von 1613 zeigt noch nicht die seit 1626 aufgerichtete Umwallung, die hier die offene Ostflanke der Stadt gegen Angreifer schützen sollte. Hier am südlichen Pregel, wo der kleine Linden-

graben einmündete, ist Alberts Gärtchen zehn Jahre lang gediehen, bis es einer neuen Straßenanlage zum Opfer fiel.
Dachs Epistel folgt keinem strengen Aufbau, sondern bewegt sich wellenförmig wechselnd, in immer neu ansetzenden Schüben, anbrandenden Klagewellen, zu Litaneien gedehnt oder sich ritornellenhaft wiederholend. Das mag ein kurzer Durchgang verdeutlichen. Ein Introitus (V. 1–10) schlägt den gedankenreichen Grundakkord an: »Waß grawen seh ich doch?« – hier stand das Gärtchen – die Anrede an den Freund, »brüderlich verknüpfft« – diese Wüstenei hat bleibende Frucht getragen: »Dein Kürbes-Hütten-Werck«, das ist zunächst die Gartenanlage selbst, dann aber: »waß wir Beyderseit / Darinnen auffgesetzt« – dies einzig ist der Zeit nicht untertan, womit das Stichwort der ganzen Komposition bereits genannt ist. Darauf folgt die Geschichte von zehnmal Winter und zehnmal Frühling und die deutlichste Zeichnung der Gartenanlage: Mühe und Lust der Anpflanzung, der Schöpfung und ihr Gedeihen, aus einer Kriegsbastion wuchs ein kleines Paradies (V. 40). Hier lebten, dichteten und sangen die Freunde[15]: Bluhm und Fauljoch, zwei Kanzleibeamte, werden genannt und Robertin, auch die Frauen, deren Namen ebenfalls in die Kürbisse eingeschnitten waren, nahmen wohl teil (V. 64–70); die Verse spielen auf Alberts Komposition der Kürbishütte an. Es folgt mit V. 78–90 ein Ausblick in die Landschaft: der Fluß mit den Kornschiffen und Kähnen, die aus der Stadt in die nächsten Dörfer strebenden Bürger, die Jugend, am Abend musizierend. Die Summe: es war »Ein Wohnhauß gutter Ruh, ein rechtes Frewden Ort«.
Mit »Ach aber kurtze Zeit!« (V. 91) bricht die Klage wieder hervor. Schön ist es gewesen, jetzt ein Ort des Grauens, der Einsamkeit – wie Sodom unheimlich. Wie ist das zu erklären? Damit schlägt das Gedicht das Hauptthema an:

15 Derselbe Freundeskreis ist auch in der kleinen Epistel besungen, die Dach zum Namenstag von Bluhms Frau Sybilla schrieb (Nr. 36). Für Fauljoch (Jauchloff) verfaßt er 1649 zur Hochzeit zwei launige Lieder (Z I,204 und 205).

Ich weiß nicht, ist mir recht, so thut es selbst die Zeit,
Die sich in alles dringt vnd allem macht sein Ende. (V. 105 f.)

Damit setzt – etwa in der Mitte des Gedichts – eine langschwingende Klage über die Vergänglichkeit ein, an immer neuen Exempeln demonstriert: noch einmal die Vergangenheit dieses Platzes (V. 109–120), abermals in die Gnome mündend: »Waß mit der Zeit entsteht, fährt mit der Zeit auch hin« (V. 122) – »Der Sachen Vnbestandt« (V. 124) ist das Schmerzliche. Der Verfasser bedenkt die eigne Hinfälligkeit, »daß auch ich der Zeit bin vnterthan« (V. 126), die Seele ausgenommen. Und abermals »Waß mit der Zeit beginnt [. . .] auch mit der Zeit zerrinnt« (V. 137 f.). Die neue Beispielreihe setzt ein mit der Stadt, der heute volkreichen – einst war Wildnis hier; in immer erneuter Antithese steht »jetzt« gegen »erst«, »vorhin« – eingeschaltet wird ein Ruf zu Demut, zu Buß und Reu, daß die Stadt verschont werde. Denn große Städte und große Taten sind vergangen: »Wo sind sie ietzund hin?« (V. 165). Sparta, Theben, Korinth, Alexanders Taten, Babel und Karthago – die großen Beispiele des tiefen Falls. Mit V. 175 »O könt ich deiner doch, O Magdeburg, hie schweigen« wendet sich der Dichter der Not des eignen Vaterlands zu, erinnert die Zerstörung jener Stadt, deren Schönheit er selbst gesehen hat, durch Tilly 1631 und umgreift das ganze Land – »Wo laß ich, Deutschland, dich?« (V. 187) –, das seit dreißig Jahren leidet, das sich selbst zum Henker geworden ist. Mit der Adhortatio »O würden wir doch klug« endet dieser weiteste Kreis der Vergänglichkeit, das Schicksal des Vaterlands ist in die Weltgeschichte eingefügt – vom kleinen zerstörten Garten am Pregel war die Betrachtung ausgegangen. – Mit der Apostrophe »Mein Albert, werther Freund« (V. 199) beginnt die Coda. Sie fragt ganz einfach: Was bleibt uns zu tun in dieser allgemeinen Hinfälligkeit? Es gibt – den Gedanken des Prooemions aufnehmend – eine Rettung: sie liegt in der Unvergänglichkeit der Kunst, sie allein widersteht dem Untergang. »Fahr fort der Stimmen Zwist in Eintracht schön zu bringen« (V. 207) – »Ich suche meinem Leben / Durch Krafft der Poesie ein länger Ziel zu geben« (V. 215 f.). Und dann malt der Dichter ein Selbstbildnis der Bescheidenheit vor dem Hintergrund des ruinierten Gartens und der zum Untergang bestimmten Welt, ein Bild, in dem sich christliche und antike Züge merkwürdig mischen: mit dem schönen »ich wil mein eigen werden« (V. 223) setzt er sich ab gegen die eitle Welt des falschen Scheins, der großen Mittel und Ehren – und wünscht sich den geschützten Bezirk des locus amoenus »ein grünes Graß / Ein Thal, ein kühler Wald, ein klahres Quell wie Glaß« (V. 221 f.) – das ist der Ort seines Gedichts, so vermag er mit dem alten Stolz der Dichter zu enden, der von Virgils »opus durat vatum« bis zu Hölderlins »Was bleibet aber« ähnlich lautet:

Mein Lied sol mit der Zunfft der Götter mich vermengen,
Darauß mich weder Fall noch Zeit noch Tod soll drengen.
Es ist kein Reim, wofern ihn Geist vnd Leben schreibt,
Der vnß der Ewigheit nicht eilends einverleibt. (V. 227–230)

Diesem hohen Selbstverständnis des Poeten lassen sich viele Strophen in Dachs Gedichten anreihen, über die noch zu sprechen sein wird.

Simon Dachs Gedicht gelegentlich der Zerstörung des Gartens mit seiner Kürbs-Hütte ist im Kern eine Zeitklage. Wir können es in die lange Linie zwischen Walthers ›Elegie‹ »Owê war sint verswunden alliu mîniu jâr!« und Hugo von Hofmannsthals »Terzinen über Vergänglichkeit« stellen:

Dies ist ein Ding, das keiner voll aussinnt,
Und viel zu grauenvoll, als daß man klage:
Daß alles gleitet und vorüberrinnt.

In größrer Nähe steht es zur tausendfach gepredigten vanitas vanitatum vanitas der Barockdichtung, daß »die Herrlichkeit der Erden / Muß Rauch und Aschen werden«. Es mündet aber nicht in die christliche jenseitige Hoffnung, vielmehr in die stolze Gewißheit von der Dauer des Liedes, des Gedichts.

Zwei Erwägungen seien noch angehängt. Die barocke Gartenfreude ist allgemein und durch viele Zeugnisse belegt; ihre Metaphorik übertrug sich von selbst auf die Dichtung – es sei nur an die vielen Lustwäldlein erinnert, an das »Poetenwäldchen«, in dem die Pegnesischen Schäfer sich versammelten, die später im Nürnberger »Irrgarten« tagten. Es mag eine bezeichnende Variante sein, daß die Königsberger sich mit dem so bescheidenen wie realen Gärtchen mit der Kürbislaube begnügten und sie nicht weniger paradiesisch fanden.[16]

Eine zweite Frage soll der Datierung des Gedichts und des Gartens gelten. Die Überschrift (in der Abschrift von fremder Hand) nennt den »13. Jan. 1641«. Dieses Datum ist allgemein akzeptiert. Und da Dach gleich im Anfang (V. 12 und 14) von zehnmal Winter und zehnmal Frühling spricht, hat man die Gründung des Gartens, die Übertragung durch den Rat des Kneiphofs, auf etwa 1630, genauer auf 1632 gesetzt. Zeit- und ortsgeschichtliche Andeutungen über den militärischen Schanzenbau (V. 35 ff., 110 ff.), der nachweislich 1626 begann, sich aber dann lange hinzog, geben keine Sicherheit, ebensowenig V. 113 f. »Alß Gott zu vnß gelenckt des edlen Friedens Sinn«. Bei den wechselvollen Situationen der Politik und des Krieges, den immer erneut aufflammenden Friedenshoffnungen oder -gerüchten, wie sie viele Gedichte Dachs bezeugen, ist auch diese Angabe nicht eindeutig. Man könnte sie auf den Waffenstillstand von Altmark (bei Christburg) 1629 wie auf den Frieden von Stuhmsdorf 1635 beziehen (s. Z III,9–11), im selben Jahr, als Wladislaw IV. im Sommer der Bürgerschaft von Königsberg den Huldigungseid abforderte; bei diesen Festlichkeiten wurde auch die Dach–Albertsche Oper *Cleomedes* aufgeführt. Was würde diese zweite Annahme besagen? Vor allem aber: wie steht es mit V. 187 f.: »Wo laß ich, Deutschland, dich? Du bist durch Beut vnd morden / Die dreissig Jahr her nun dein Hencker selbst geworden«?

16 Vgl. Gause, S. 428 f. und Z II,117.

Diese Angabe ist bisher nicht beachtet worden. Sie würde auf 1648, das Jahr des Westfälischen Friedens, weisen und dann die Anlage des Gartens auf etwa 1638 setzen. Frage also: wie verläßlich ist das Datum der Überschrift. Liegt womöglich ein Schreibfehler der unbekannten Hand vor oder ein Versehen des ersten Herausgebers?

Nimmt man die *eine* Zeitangabe ernst, wie erklärt sich dann die zweite? Meine Bedenken gegen das frühe Datum der Gartengründung (1631/32):[17] Sollte der kneiphöfische Rat dem jungen Domorganisten gleich zu Beginn seiner Laufbahn den Garten »eingegeben« haben?[18] – Robertin kehrt erst 1636 endgültig nach Königsberg zurück; erst von da an ist mit seiner formierenden Aktivität für den Freundeskreis zu rechnen. – Alberts Komposition »Musicalische Kürbs-Hütte« ist nach Ausweis des Titelkupfers 1641 druckfertig, sie erscheint erst 1645. Sollte sie also wirklich erst am Ende des Gartenglücks, als Abgesang geschrieben sein – und sollte dann im Vorwort nicht die geringste Andeutung des Verlustes im selben Jahr durchscheinen? Statt dessen erinnert das Vorwort sehr lebhaft, wie viele Leute sein »new-angelegtes Gärtlein« spöttlich bereden. Auch innere Kriterien des Textes machen – außer V. 188 – Bedenken: sollte der Vierunddreißigjährige sagen »mein Mannes Alter fleugt« und schon »manch grawes Haar« eräugen (V. 129 f.)? Kann er im Januar 1641 schon sagen: »Wie manches Lied hab ich zu der Zeit auffgesetzt, / Mit dem sich Königsberg noch diese Stund ergetzt« (V. 49/50)? Bedenkt man ferner die für die Freunde glücklichen Jahre: Robertin heiratet 1639, Albert 1640, Dach im Juli 1641 – so verbände man sie lieber mit dem Garten-Glück als mit

17 Vgl. Schöne, Anm. 33. Wie präzise Zeitangaben in Barockgedichten sein können, beweist das Beispiel aus Gryphius' »Trawrklage des verwüsteten Deutschlandes« aus dem Jahr 1636: »Dreymal sind schon sechs Jahr als vnser Ströme Flutt / Von so viel Leichen schwer / sich langsam fortgedrungen« (V. 10 f.).

18 Schöne, Anm. 40; die daher angezogene Dankeswidmung an den Rat des Kneiphofs (Fischer, S. XXXIX) gehört aber gerade in ein Exemplar des Jahres 1641 – sollte sich Albert für die »ruinirung« eigens bedankt haben?

seinem »endlichen Vntergang vnd ruinirung«. Schließlich kauft Dach, wie bekannt, im Frühling 1650 selbst einen Garten in der unmittelbaren Nachbarschaft des ehemaligen Albertschen. Gewiß – keine dieser Erwägungen gibt einen stichhaltigen Beweis; die Abschrift ist verschollen, wahrscheinlich verloren; nur ein neuer Fund, den nur der Zufall bescheren kann, könnte helfen; das ist eine Einschränkung, die für weite Teile der Dach-Philologie gilt.[19]

Überblickt man Dachs Werk, so findet man entgegen der vorherrschenden Meinung eine überraschende *Vielfalt*. Die übliche Vorstellung von der schmalen Leier mit den wenigen Tönen beruht einmal auf der geringen Kenntnis des ganzen Umfangs seiner Produktion, die mit ein paar Liedern wie »Der Mensch hat nichts so eigen« und »Die Lust hat mich gezwungen«, dem Anke-Lied, das ihm unglücklicherweise noch abgesprochen wurde, einem Choral vielleicht und dem Emblem der Kürbishütte schon umschrieben ist; sie beruht zum andern vor allem auf der Geringschätzung der ›Gelegenheitsdichtung‹, die erst in jüngster Zeit von der Forschung revidiert wird, d. h. auf der Verkennung der Bedingungen jener Dichtung von spätern Entwicklungsstufen her, wie der unglücklichen Verbindung von »Erlebnis und Dichtung« und der historisch ungerechtfertigten Erwartung von individuellem Persönlichkeitsausdruck, von Genialität, Originalität usw., die der Barockdichter weder erfüllen will noch kann.

Die Masse der etwa 1250 bekannten Gedichte Dachs teilt sich allerdings in zwei große Gruppen: die Hochzeits- und die Begräbnisgedichte, diese wiederum in die am Grabe gesungenen Lieder und die Epicedien, die das Lob des Verstorbenen besingen, den Verlust beklagen und die Trauernden trösten. Sie säuberlich in weltlich und geistlich zu scheiden, wie es meist geschieht, ist nicht ohne Überschneidungen möglich.

19 Auch Matilde de Pasquale hat sich in ihrem Aufsatz »Alcuni interrogativi su: Simon Dach, ›Klage über den endlichen Untergang und Ruinirung der musicalischen Kürbs-Hütte und Gärtchens. 13. Jan. 1641.‹« mit der Datierung nicht beschäftigt.

Hinzukommt nun aber eine Fülle anderer Gelegenheiten: Gedichte zu Tages- und Jahreszeiten, zu Begrüßung und Abschied, Liebes- und Freundschaftslieder, Tänze, Widmungen und Gratulationen aus den verschiedensten Anlässen, Bittreime und Flehschriften; ferner die beiden plattdeutschen Gedichte, das Anke- und das Gretke-Lied; die großen »Klagen«, an Robertin, Albert u. a. Umfangreiche Episteln in Alexandrinern wie die zur Jahrhundertfeier von Tilsit (Z II,157) oder zur Einweihung der neuen Kirche auf dem Sackheim (Z II,158 und 159) haben Exkurse in die Vorzeit, in die Landesgeschichte und in die ostpreußische Landschaft. Eine besondere und sehr formenreiche Provinz bilden die an das kurfürstliche Haus gerichteten Dichtungen (Z II,104–159), welche übrigens als erste Sammlung unter dem Titel *Churbrandenburgische Rose, Adler, Löw und Scepter* 1680, anläßlich des vierzigjährigen Regierungsjubiläums des Großen Kurfürsten, der den Dichter besonders geschätzt hatte, gedruckt wurden, mit einer Titelauflage als *Heroische Gedichte* 1696 (Neudr. 1970). Sie begleiten die Ereignisse in der fürstlichen Familie, wie Ankunft und Abreise, Verlobung und Beilager, Geburt und Taufe, Feste im Schloß, Scheibenschießen und Lustfahrten. Einige, wie Z II,126 auf das Beilager des Herzogs von Kurland, sind kantaten- oder oratorienartige Kompositionen; epische Partien, welche die Historie oder das Festgeschehen selbst schildern, wechseln mit Liedern, Sonetten, Oden. Ähnlich kann auch eine adlige Landhochzeit gefeiert werden, wie Z I,216 zeigt: in den Hochzeitssaal wird die Vision des Helikon eingeblendet, Apoll und der Musenchor beschließen das Fest. Mancher dieser vielförmigen panegyrischen und solennen Akte läßt entfernt an Johann Klajs Wortoratorien denken; lassen sie sich auch mit dem Funkeln und Blitzen des Sprachfeuerwerks der Nürnberger nicht vergleichen, so gehören sie doch zum gleichen Genre. Eine nicht geringere Vielfalt zeigen die Dichtungen, die für die akademischen Akte zu verfassen zum Pflichtenkreis des Professors der Poesie gehörte. Daß er alle hohen christlichen Feste mit einem großen lateinischen Gedicht zu schmücken hatte, wurde schon erwähnt. In deutscher Sprache ist die »Christliche Weinacht-Frewde« des Friedensjahrs 1648 abgefaßt (Z III,182),[20] ebenso der 1652 der Kurfürstin gewidmete »Lobgesang JESU CHRISTI / wegen seiner Sieg- und Frewdenreichen Aufferstehung Von den Todten« (Z III,282) mit über tausend Alexandrinern. Auch kleinere Gesänge wie das »Preussische Buß vnd Beht-Lied« (Nr. 79) oder das »Hertzliche Beht-Liedt« zur Abwendung des weichen und verkehrten Winterwetters und allerlei Strafen mit dem entsprechenden »Hertzlichen Danck-Liedt« für dann eingetretenes angenehmes und gewünschtes Winterwetter aus dem Februar und März 1648 gehören zu diesen poetischen Dienstpflichten (Z III,153 und 155); Dach schrieb sie »dem kneiphöfischen Pauperhauß zu gut«, die Armenschüler sangen sie in der Kurrende nach bekannten Choralmelodien und verdienten sich damit einen Mittagstisch oder Zehrpfennig. Auch die Übersetzung des »Leidenden Christus« des belgischen Jesuiten Carolus Malapertius in neun Klagliedern (Z III,251) gehört zu diesen religiösen Gedichten.

Eine Sonderstellung nehmen *die beiden dramatischen Arbeiten* Dachs ein: *Cleomedes* (1635) und *Sorbuisa* (1645). Weniger durch ihre poetische Qualität als wegen der Mischform von Schauspiel, Schäferspiel, Singspiel und Libretto früher Opern verdienen sie Interesse. Sie gerecht zu beurteilen ist der unvollständigen Überlieferung wegen schwer.[21] Zu beiden Werken schrieb Albert die Musik, die bis auf zwei Hirtenchöre, die er in die *Arien* aufnahm (AA 4,10 und 6,10), verschollen ist. In der Vorrede zum 6. Teil der *Arien* (1645) gesteht er dem kurfürstlichen Oberkammerherrn etc. etc. Conrad von Burckstorff, dem er das Heft widmete, daß er

20 Karl Vötterle veranstaltete 1948 einen Neudruck dieses Gedichts im Bärenreiter-Verlag.

21 Herbert Bretzke, *Simon Dachs dramatische Spiele*, Diss. Königsberg 1922 [Masch.]. Die Arbeit war mir nicht zugänglich; sie dürfte verloren sein.

ihm diese »Comoedien-Music« habe offerieren wollen, aber »vor diesesmal (die Warheit zu sagen) mein Beutel so viel nicht darstrecken wollen, selbiges Wercklein drucken zu lassen«, und zeigt den Wunsch nach Unterstützung deutlich genug an – sie scheint nicht erfolgt zu sein; aufgrund dieser mäzenatischen Verweigerung ist die Komposition leider verlorengegangen. Das ist ein bedauerlicher Verlust für die Musikgeschichte; denn man wird in der Vermutung nicht fehlgehn, daß diese frühen Königsberger Opernpläne Alberts und Dachs im angeregten Zusammenhang mit *Daphne* stehn, jener ersten deutschen Oper, welche Heinrich Schütz – seinerseits Monteverdis *Orfeo* (1607) folgend – auf einen Text von Martin Opitz komponierte; 1627 aufgeführt, ging ihre Musik ebenfalls verloren. Albert war 1634 mit seinem berühmten Vetter zusammen in Kopenhagen, wo ebensolche Hofmusiken stattgefunden haben dürften.

Cleomedes wurde anläßlich der Anwesenheit König Wladislaws IV. von Polen in Königsberg aufgeführt. Der Text ist einzig in *Churbrandenburgische Rose, Adler, Löw und Scepter* 1680 überliefert (Z II, S. 281–310). Das Hirtenspiel beschreibt in mythologischer Gewandung die Kämpfe, die der König in jüngst vergangenen Jahren mit Russen und Türken auszufechten hatte. Nymphen streiten gegen Satyrn. Cleomedes ist Wladislaw selbst, er wird als »der allerwehrteste und lobwürdigste trewe Hirt der Cron Pohlen« bezeichnet, die Satyrn stellen die Moskowiter, Türken und Tartarn dar, die holden Nymphen Polen und Schweden; auch Brandenburg, Frankreich, England und die Niederlande mischen ihren Rat ein. Zwei namenlose Hirten, die »die bedrängten Länder« darstellen, sprechen deutlich aus, wie sehr sie den verfluchten Krieg satt haben, sie wollen Fahnenflucht begehn. Die Szene am Anfang des fünften Akts mag zugleich als Probe für den realistischen Ton dienen:

Der erste Hirt.

SO mag sich GOtt im Himmel des erbarmen,
Daß wir so sehr geplagte Leut seyn!
Und daß uns dürfftigen und Armen
Die, ach! zu schwere Krieges-Pein
Nun wiederumb zu Halse wil!
Wie seelig seyd ihr, die ihr still
In den Gräbern könnet schlaffen,
Da euch gäntzlich die Gewalt
Der verfluchten Krieges-Waffen
Und die scheußliche Gestalt
Der Feinde nicht mag schrecken:
Da euch die güldne Sicherheit
Zu wieder aller Trawrigkeit
Mit stoltzer Frewde kan bedecken.
Jedoch wer weiß, wie lang es wehrt,
Daß ich auch durch ein blutig Schwert
Und sonst wo durch ein kaltes Eisen
Werd' eilends müssen zu euch reisen.
Doch wird das beste seyn zu fliehn,
Dieweil ich mich der Herde schon verziehn.

Der ander Hirt.

Ich wil, o Hirte, mit dir fort,
Ich flieh' und meide diesen Ort,
Bald schickt der Mittag hie die Flammen
Des grimmen Krieges her,
Bald kömpt aus Mitternacht zusammen
Auff uns ein gleich Beschwer;
Drumb wollen wir diß Land nur räumen,
Ihr Hirten lebet wol,
Mit ewrem Feld' und allen Bäumen,
Ich gehe, wo ich sol. (Z II, S. 304.)

Darauf weiß Cleomedes, der Heerführer, zu erwidern:

Wo wollt, Ihr Arme, hin
Auß Furcht und Schrecken weichen?
Wollt ihr dem Tod' entfliehn?
Er kan so bald erreichen

Die, welche furchtsam sind,
Als die's nicht groß erwegen,
Er mag, wo er sie findt,
Sie würgen und erlegen.
Bleibt hier und greifft den Waffen zu
Und lernet ewrer Haut euch wehren,
Gefellt euch guter Fried' und Ruh,
So lasst es euch auch nicht beschweren,
Dieselbe durch die edle Macht
Der ritterlichen Waffen
Und etwa durch die wilde Schlacht
Euch wieder zu verschaffen.
Schawt her auff mich,
Ich wil euch weisen,
Wie auch ein Hirte sich
Mit Bogen, Pfeil und Eisen
Der Feind' erwehren sol.
Ihr Götter, lehrt mich jetzund kriegen,
Und machet, daß ich recht und wol
Mag wieder meine Feinde siegen.
Ihr wisst, ich bin zu dieser Schlacht
Nicht freventlich geschritten,
Der Feinde Grimm und wütten
Hat mich hiezu gebracht,
Ich hab' ein gut Gewissen,
Der Venden nur zu gut
Wil Cleomedt vergiessen
Sein Purpur-rohtes Blut. (Ebd., S. 304 f.)

So tauscht man die seit je bekannten Gründe für und wider. Da erscheint Mercurius und verkündet, daß der Götter Schar das Ende des Streites beschlossen habe; so kann nach einigen irdischen Verhandlungen der Chor der glücklichen Hirten – »Edler Friede, Gold der Zeiten, / Vater aller Fruchtbarkeiten« (Nr. 67) – das politisch-poetische Singspiel beenden. Wenige Wochen später wurde der sechsundzwanzigjährige Waffenstillstand in Stuhmsdorf geschlossen, der den schwedisch-polnischen Krieg beendete; die für die Selbständigkeit Königsbergs schwierigen Verhandlungen über diesen Vertrag mögen in den realpolitischen Kontext dieses Spiels gehören.[22]

Das zweite Schauspiel Dachs, *Sorbuisa* (Anagramm aus »Borussia«, dem latinisierten »Preußen«), nach seinem Helden auch »Prussiarchus«, d. i. Herzog Albrecht, genannt, wurde für die prächtige Jahrhundertfeier der Universität im Herbst 1644 geschrieben und von Studenten im Auditorium Maximum aufgeführt. Im Jahr darauf wurde es beim Besuch der schwedischen Königin Marie Eleonore, Witwe Gustav Adolfs und Schwester des Kurfürsten, im Schloß wiederholt, abermals 1656 in Anwesenheit des kurfürstlichen Paars, dem es also wohlgefallen zu haben scheint. Für alle drei Aufführungen wurden Textbücher gedruckt, die aber nur die Inhaltsangabe der vier Akte und den Text der Chöre enthalten, mehr ist nicht bekannt (Z II, S. 311–318). Dach malt hier ein allegorisches Historiengemälde. Herzog Albrecht als Stifter der Universität bringt erste Gesittung und Kultur in ein heidnisch wildes Land, das von barbarischen Gestalten namens Wustlieb, Domdeyke und Wurschkaytes beherrscht wird, denen die zarte Sorbuisa untertan ist. Apoll und die neun Musen werden eingeladen, nach Preußen zu kommen, von angenehmer Musik begleitet ziehen sie ein und gründen auf dem ottokarischen Königs-Berg einen neuen Helikon und ziehen hinfort den edlen Pregel dem kastalischen Quell vor. Die Gestalten der Gründungszeit figurieren in allegorischem Kostüm: Georg Sabinus, der erste Rektor, Bischof Polentz, Osiander aus Nürnberg, der dann dem Herzog und der Universität so viel Kummer bereitete. Gegenangriffe der zyklopischen Barbaren und Götzenpfaffen, die Sorbuisa zurückgewinnen wollen, schaffen dramatische Bewegung, sie aber verlangt nach dem, »was Palestine, Rohm, Athen / Zu jederzeit bekant gewesen«. Der Lichtgott siegt, die Finsternis räumt mit Ach und Weh das Land. In solcher Anspruchslosigkeit jubeln die Musen:

22 Schumacher, S. 168; Gause, S. 403 f.

SEy, O Sorwiese, hoch erfrewt,
Die Barbarey, dein Hertzeleid,
Hat aus dem Lande sich verlohren,
Wir nehmen seine Stell hier ein,
Und wollen immer umb dich seyn,
Dich machen gleichsam new gebohren.

Dies grosse Glück und alle Rhue
Schreib deinem Prussiarchen zu,
Er bringt den Segen dir von oben,
Durch seine Gaben und Verstandt
Wirst künfftig du, O Preussenland,
Biß an die Sterne seyn erhoben. (Z II, S. 317 f.)

Es ist zu hoffen, daß Alberts Komposition dieses Libretto beträchtlich verschönt hat.

An letzter Stelle des Überblicks ist Dachs *lateinische Dichtung* zu nennen. Sie ist leider nie gesammelt publiziert und nie studiert worden, obgleich sie etwa ein Fünftel seines bekannten lyrischen Gesamtwerkes ausmacht. Oesterley verzeichnete 1876 am Ende seiner Ausgabe 259 lateinische Gedichte, Ziesemer gibt in Band 2 und 4 erfreulicherweise wenigstens Anfänge und Fundorte von 204 Gedichten und teilt in der Ausgabe verstreut einige wenige vollständig mit (siehe Z IV,297 lfd. Nr. 59, 67, 83, 89). Ein Großteil dürfte in der ehem. Rhedigerschen Sammlung in Breslau erhalten sein. Georg Ellingers großes Werk über die *Geschichte der neulateinischen Literatur Deutschlands im 16. Jahrhundert* (Berlin 1929–33) erreicht die neulateinische Lyrik in Deutschland nicht; Karl Otto Conrady behandelt in seiner Arbeit *Lateinische Dichtungstradition und deutsche Lyrik des 17. Jahrhunderts* (Bonn 1962) Dach nicht. Für den Professor der Poesie (d. h. natürlich der lateinischen Poesie) nahm aber seine eigene lateinische Produktion zunächst von der humanistischen Tradition der Gelehrtendichtung wie von seiner Profession her die erste Stelle ein. Für alle Anlässe des Universitätslebens war sie selbstverständlich, aber auch für Widmungen, Gratulationen oder Trauercarmina im Kreise von Akademikern. Daneben standen das deutsche Lied, das evangelische Kirchenlied und ähnliche Formen auf einer andern Stufe. Wohl erst durch das blühende Geschäft der Gelegenheitspoesie zu Hochzeit und Begräbnis bekam die deutsche Sprache das Übergewicht. Dach hat das manchmal entschuldigend beklagt, wie in Z IV,45 gegenüber einem Besteller, der selbst lateinisch dichtete und mit Catull verglichen wird: »SO ist, Herr Müller, dieß dein Sinn«, vielleicht also ein Mitglied der Familie Mylius – und schon die Differenz zwischen der lateinischen und deutschen Namensform im Vers macht den Höhenunterschied deutlich! –

Auch ich sing' in die Welt hinein,
Man wil es bey den Leichen haben,
Daß für dem Deutschen mein Latein
Wird leider endlich mit begraben.

Auch kann er sich auf Opitz berufen – »Deutschland hat durch sein Gedicht / Warlich viel gewonnen« –, der ihn auf dieser Bahn ermuntert habe.

Meinen Geist hat er gerührt,
Erst mich an das Licht geführt
Und mir Brot gegeben.
Schrieb ich Römisch, als Virgil,
Hie zwar wüsst' ich durch mein Spiel
Keinen Scherft zu heben. (Nr. 53.)

Allmählich erst festigte sich in ihm das Bewußtsein, ein Dichter in deutscher Sprache zu sein, bis hin zu dem bekannten späten, stolzen Bekenntnis an seinen Kurfürsten: »Diese Kunst der Deutschen Reime / Lernet Preussen erst von mir« (Nr. 66). Das alles entspricht aber der doppelsprachigen Situation der meisten Barockdichter in jenen Jahrzehnten. Zu wissen, was in Dachs über 250 lateinischen Poemen verborgen ist, wäre heut noch wichtiger als früher, da man in ihnen nicht anders als in den deutschen biographische wie lokal-

und zeitgeschichtliche Mitteilungen erwarten darf, für die andre Quellen inzwischen verschlossen oder für immer verloren sind. Ebenso ließe sich eine genauere Kenntnis von Dachs Zusammenhang mit den antiken Autoren und ihres Einflusses auf ihn gewinnen, wovon man bisher nur wenig Allgemeines weiß. Damit würde sich sein Bildungshorizont für uns erst schließen.

Bevor wir uns der Betrachtung der wichtigsten Themen und Motive in Dachs Werk zuwenden, sei ein Exkurs über das merkwürdige Schicksal des *»Anke van Tharaw«* (»Annchen von Tharau«) (Nr. 1) eingeschaltet. Es ist sein bekanntestes Gedicht, das ihm betrüblicherweise in unserm Jahrhundert durch seinen verdienstlichsten Herausgeber Walther Ziesemer abgesprochen wurde – worin man ihm zunächst folgte. Der Befund ist folgender: Heinrich Albert druckte das plattdeutsche Lied 1642 im fünften Heft der *Arien* (AA 5,21). Er setzte als Überschrift V. 10 f. des Dach-Gedichts »NImfe, gieb mir selbst den Mund« (Nr. 6): »Trewe Lieb' ist jederzeit / Zu gehorsamen bereit«. Die Bemerkung »Aria incerti autoris« bezieht sich auf den unbekannten Erfinder der Melodie dieses Tanzliedes im Dreivierteltakt, die Albert übernommen hat. Für sie hat man in einigen älteren Reigen und Tänzen – »Kätherlein von Dorning« (1590) oder »Kätherlein von Torgau« (1605) auch »Ännerlein von Torgen« – Vorformen gefunden (Müller-Blattau), die Albert schon aus seiner Heimat bekannt gewesen sein mögen. Leider ist der Text dieser Lieder nicht bekannt.

Die Zuschreibung des anonym veröffentlichten Textes, der sonst weder handschriftlich noch gedruckt vorliegt, an Dach erfolgte erst 1723 mit einer Eintragung in die Kirchenchronik des Dorfes Tharau, das 15 km südlich von Königsberg liegt, durch den damaligen Ortsgeistlichen Anton Pfeiffer, der schreibt: »Andreas Neander, welcher anno 1630 gestorben. Dieser hatt von seiner Ehegattin [. . .] eine eintzige, von Gestalt angenehme Tochter Nahmens Annam hinterlassen, welche die Anke von Tharau ist, von der das bekandte Lied oder Aria (Anke von Tharau ös, de my geföllt) herrühret, so in Alberti Arien gedruckt zu finden ist, undt von dem berühmten Preußischen Poeten Simon Dach, welcher damahlen noch ein Studiosus gewesen, bei deroselben Hochzeitt gemachet worden [...].« Es folgen Angaben über das weitere Schicksal der Pfarrerstochter, die 1636 den Pfarrer Portatius (oder Partatius) in Trempen im Insterburgischen heiratete, der später in Laukischken bei Labiau amtete, und nach dessen Tod 1646 noch zwei seiner Successores geheiratet und abermals überlebt hat. Im Alter wohnte sie verarmt bei ihrem Sohn aus erster Ehe, der litauischer Pfarrer in Insterburg war, wo sie 1689 vierundsiebzigjährig starb. Hatte man gemeint, daß diese Nachricht von 1723 – fast hundert Jahre nach jener Hochzeit und lange nach Dachs Tod – unzuverlässig sei, so ist immerhin zu bedenken, daß der Schreiber mit Ankes Insterburger Schwiegertochter Elisabeth, verw. Portatius verheiratet war, die doch etliche Jahre mit der alten Frau zusammengelebt hatte, also in unmittelbarer Familientradition stand. Außerdem kannte er als gebürtiger Königsberger die Stadt zu einer Zeit, als Familienangehörige Dachs dort noch lebten. Gleichzeitig schreibt Dachs erster Biograph Bayer im *Erleuterten Preußen* 1723, die Anke-Beziehung um eine persönliche Note erweiternd, an der sich besonders die Phantasie entfaltete: »Er hatte unter andern seine Augen geworffen auff eines Priesters von Tharau Tochter, die ihm aber weggenommen wurde, dahero er zum Kurtzweil bey dem Braut-Bette das bekannte Liedchen: Ancke van Tharau schrieb« (S. 173 f.). Daß Dachs unglückliche Liebe also dieses innige Liebeslied hervorgebracht habe, begeisterte das Mitgefühl seiner Leser und Verehrer verständlicherweise besonders und ließ immer neue poetische Ausschmückungen erblühen, wie Franz Hirschs Goldschnitt-Versepos *Ännchen von Tharau. Ein Lied aus alter Zeit* im vorigen Jahrhundert oder Paul Hains gleichnamigen Roman *Eine innige Liebesgeschichte* (1936, ^{2}1973) heute noch – eine Schnulze voll souveräner

Mißachtung historischer und geographischer Fakten – oder jüngst ein Theaterstück von Max Kaiser.[23]
Der nächste wichtige Schritt war die Aufnahme des Liedes in Herders *Volkslieder* (1778/79), allerdings in einer hochdeutschen Übersetzung, im Manuskript von 1773/74 stand die originale Fassung (Nr. 2); aus Herders Sammlung ging das Lied in *Des Knaben Wunderhorn* über, um die letzten sieben Strophen gekürzt. Die höchste Stufe der Reife, in den ›ewigen Vorrat‹ aufgenommen zu werden, erreichte Dachs Lied in der glücklichen Komposition Friedrich Silchers, dessen spannungsreichere, modulierende Melodie schon dadurch größere Entfaltungsmöglichkeit gewinnt, daß sie drei Zweizeiler zu einer Strophe zusammenfaßt.[24] Damit ist der Ort des Anke-Liedes in der Rezeptionsgeschichte grob umschrieben.
Ziesemers Gründe, Dach die Autorschaft abzusprechen, betrafen vor allem die Lautform des Plattdeutschen, aber auch Stilfragen im Vergleich mit dem für den Dichter gesicherten etwa gleichzeitigen Grethke-Lied (Nr. 15), das 1912 durch Priebsch aus einem Sammelautograph des Johann Stobaeus im Britischen Museum bekannt geworden war. Beide Texte seien zu unterschiedlich, als daß man sie dem gleichen Verfasser zuschreiben könnte. Jedoch haben wir auch bei diesem Lied nur die Abschrift des aus Graudenz stammenden Stobaeus, wie beim ›Anke‹ nur Alberts Druck. Außerdem ist bei der Mundart die generelle Unsicherheit einer verbindlichen Schreibung zu bedenken, die sich also immer nur dem Klang annähern konnte. Darum ist nicht leicht zu sagen, was ein »einwandfreies Plattdeutsch« wäre, für Differenzen besteht ein beträchtlicher Spielraum. Überdies ist das

23 Max Kaisers Laienspiel *Ännchen von Tharau* wurde am 25. April 1981 durch den Theaterverein Frechenrieden (Schwaben) im Rahmen der Landsmannschaft der Ost- und Westpreußen in Straubing aufgeführt.
24 Silchers Vertonung erschien im 2. Heft der Volkslieder op. 8 1827. Vgl. auch den Aufsatz des Königsberger Komponisten Otto Nicolai (1810–49) »Ueber das alte Lied ›Annchen von Tharau‹ [. . .]«.

Grethke-Lied wirklich ein »Bawer-Lied«, eine gelungene Parodie der schäferlichen Poesie, während das ›Anke‹ das Epithalamium für einen Studienkollegen und Pfarrer ist und als solches nicht dem genus humile zugehört. Vollends war Ziesemers Schluß, daß – wenn schon nicht Dach der Autor dieser beiden Texte sein könne – das ›Anke‹ *nur* von Albert, dem Vogtländer, stammen könne, dem man darum mundartliche Fehler nachsehen dürfe, wenig überzeugend. Ivar Ljungerud in Lund hat in zwei Aufsätzen, einem kürzeren von 1949 und einem ausführlichen von 1967, den er »Ehren-Rettung M. Simonis Dachii« betitelte, alle nur möglichen und wahrscheinlichen Gründe *für* Dach gesammelt. Die Summe ist akzeptabel: »Wir haben nichts gefunden, was dagegen spräche, daß Simon Dach das Ankelied geschrieben hat, folglich haben wir keinen Grund, an der Glaubwürdigkeit der Überlieferung zu zweifeln. Wir haben im Gegenteil verschiedenes gefunden, was die Glaubwürdigkeit bestätigt.« (S. 83). Dem kann man zustimmen. Ziesemer selbst, der nur den ersten Aufsatz noch erlebte (er starb 1951), nahm in einem Vortrag die Albert-These wenigstens zurück und meinte »Wir wissen den Dichter nicht«; was aber unsre Freude nicht mindere an »diesem schönsten Liebeslied des 17. Jahrhunderts aus dem deutschen Nordosten«.[25]

Fragt man nach den wichtigsten *Themen und Motiven* in der Dichtung Dachs und seines Kreises, so begegnen viele der die Barockdichtung beherrschenden auch hier, wenngleich in charakteristisch unterschiedlicher Ausprägung und Betonung. Wenig ist vom hohen Glanz dieser Epoche zu spüren, vom strahlenden Bild des Menschen, seiner Macht und Pracht, viel dagegen von seiner Hinfälligkeit; wenig von den Geschehnissen der großen Welt, sie sind auf den engsten Erlebnisbereich begrenzt; nicht Heldentum und Ruhmestaten, die unmittelbaren Apostrophen an das fast väterlich vertraute kurfürstliche Haus ausgenommen, Ruhm nur in der

25 Ziesemer, »Der Anteil des deutschen Ostens an der niederdeutschen Literatur«.

Gestalt des Gelehrten- und des Dichterruhms; die Mythologie der Alten erscheint in bescheiden provinzieller Brechung, oft wie unbeholfene Vermummung anmutend:

VEnuß, bist du nicht vergnüget,
Daß ich hie zu Königsbergk
Singe, wie nechst deiner Stärck
Auch dein kleiner Sohn gesieget? (Z I,31.)

Es ist eine karge preußische Renaissance, mit der sich hier das Bürgertum und seine Dichter schmücken: da wird die Jungfrau Adersbachin zur zehnten Muse und Königsbergschen Sappho (Z I,56) oder ein hochzeitender Ratsherr kehrt »aus Sturm und Wellen / Als Jason reicher heim« und wird als Phaon von eben jener Sappho umfangen (Z I,168). Pegasus, das Dichterroß, wird mit einem vertraulichen »Laß, mein Hengstchen, laß dich nieder« von seinem hohen Flug zur Landung aufgefordert (Z I,208). Es ist eine ganz und gar bürgerliche Kunst, die hier vom Kneiphof ausgeht, auch wenn sie sich an den Hof oder gelegentlich an den Adel wendet. Und bürgerlich sind auch die Vorstellungen und Tugenden, die vorherrschen und gesungen werden. Den wichtigsten Anlaß dazu geben ohnehin die ›Gelegenheiten‹, denen diese Dichtung dient. Der weitaus größte Teil der rund tausend Gedichte Dachs ist *Gelegenheitspoesie*, Auftragsarbeit, die die herausgehobenen festlichen Gelegenheiten des Lebens der Bürger begleitet; nicht nur Hochzeit und Begräbnis, sondern auch Gratulationen, Einladungen, Widmungen, akademische Akte usw.

Wulf Segebrecht hat in seinem Buch über das Gelegenheitsgedicht in wünschenswertester Ausführlichkeit Umfang und Struktur dieser Dichtart analysiert und dargestellt, ein Aufsatz Hans-Henrik Krummachers untersucht das barocke Epicedium im besondern.[26] Simon Dachs Gedichte sind eine geradezu ideale Beispielsammlung auf diesem Felde. Es war

26 Segebrecht, *Das Gelegenheitsgedicht*, Simon Dach passim; Krummacher, »Das barocke Epicedium«, zu Dachs »Trost-Schrifft« (Z III,93) s. S. 116–123.

im 17. Jahrhundert in Königsberg wie andernorts auch üblich geworden, zu Hochzeiten und vor allem zu Begräbnissen Lieder und Gedichte zu bestellen, die in kleiner Auflage von etwa hundert Exemplaren gedruckt wurden. Dafür standen genug Gelegenheitsdichter und -komponisten aus der Pfarrer-, Lehrer- und Professorenschaft, unter Kantoren und Organisten zur Verfügung, denen auch das Honorar nicht unlieb sein konnte. Christoph Kaldenbach, damals noch Lehrer am Altstädtischen Gymnasium, zugleich Komponist und einer der Sterblichkeitsbeflissenen der Kürbs-Hütte, spricht im Vorwort der ersten Sammlung seiner *Deutschen Grab-Getichte* von 1648, die er den Bürgermeistern und Ratsverwandten der Altstadt widmet, sehr offen über die sachlichen und persönlichen Motive dieser Tätigkeit. Nachdem er für Totenkult und -gedächtnis bei den alten Völkern zahlreiche Beispiele angeführt hat, heißt es: »Ich mus aber ohne ferneren vmbschweiff nunmehr auff hiesige meine Grab-Getichte kommen / dieselben gleich wie sie grossen theiles zu bezeugung schuldiger Pflicht denenselben auffgesetzet worden / die mich mit jhrer Gunst vnd Gutthätigkeit jhnen verbunden gemacht: ingesambt aber nicht allein zu rühmlichem Andencken der Verstorbenen / sondern auch zu Belieben vnd Trost der hinterbliebenen gemeinet: also habe ich dieselben dermaleins zusammen lesen / vnd meinen allerseits Geehrten Herren diesen ersten Theil darumb zuschreiben wollen / damit sie nicht allein für den Beruff vnd Stelle / mir an Deroselben löblichen Schule / auch mit newlicher Erhöhung / so lange vergönnet; sondern auch für allerhand andere Gunst vnd Beförderung mein danckbares Gemüt zeugen möchten. Wie ich dann insonderheit auch Hn. Lubnawen / vnd Hn. Raben für die ehemaln so lange vergunte Behausung vnd Tisch zu ewiger Schuldigkeit verbunden mich befinde. Daß nun meine hochgeehrte Herren dieses Pfand einer so genawen verbundenheit gönstig anzunemen geruhen wollen / darumb wolte ich zwar weitläufftiger bitten / wann mir Deroselben geneigte Gewogenheit nicht allbereit sonst genug bekandt were. Die ich dann auch in solcher zuversicht zu gedeylicher Regierung vnd aller behäglichen Ersprießligkeit dem Schutz des Höchsten trewlichst empfele.«[27] Darin sind eine Reihe der Gründe solcher Casualdichtung kurz und deutlich ausgesprochen. Die Auftragsfrist war besonders bei Todesfällen für den Poeten knapp; oft dichtet er ein Grablied, das ein Komponist meist nach einer bekannten Choralmelodie mehrstimmig setzt, und dazu das eigentliche Grabgedicht, das Epicedium, das das Leben des Verstorbenen rühmt, seinen Tod beklagt und die Hinterbliebenen tröstet. Da Dach in Zeiten hoher Sterblichkeit, während der Pestepidemien etwa (z. B. in den Jahren 1648/49), bis zu 50 Begräbnislieder und -gedichte jährlich angefertigt hat – in einzelnen Monaten sogar zehn! darunter zuweilen recht umfangreiche – kann man sich das notwendige Tempo dieser gewerblichen Herstellung vorstellen. Gewiß hatten diese Gedichte ihr Schema, trotzdem ist Dachs Erfindungskraft und die lebendige Verschiedenartigkeit innerhalb dieses Rahmens erstaunlich. Wobei man nicht eine Schöpfung für die Ewigkeit erwarten darf, sondern das Wort für die Stunde und die Gelegenheit. Es gehört zum Genre, daß es von der Situation oder Okkasion, daß der Schreiber von seiner Person ausgeht. Das geschieht in der unbefangensten und direktesten Weise: er beschreibt den Auftrag, seine persönliche Beziehung zum Auftraggeber, der oft als Hochzeiter oder Trauernder mit Namen angesprochen wird, er äußert Freude oder Schmerz, den Schrecken bei der Todesnachricht, kann sogar Mißmut oder Überdruß aussprechen.

WAs beginnt mich zu erhitzen?
Pegasus steht da vor mir,
Reitzt mich eilends auffzusitzen
Vnd rafft meinen Geist von hier,
Daß ich meiner vnd der Erden
Wenig fast kan inne werden. (Z I,134.)

27 Kaldenbach, S. 81 f.

Es mag zu heiß oder zu kalt sein zum Dichten: »Jetzund klagt sich alles mat / In dem schwulen Hewmonat« (Z I,213) – »Diese Herbst-Lufft greifft mich an, / Daß ich wenig singen kan« (Z I,245); es herrscht Armut oder Teuerung, Dürre oder die Pest droht: »JEtzt bey dieser Krieges-noht / Blühen nur Gefahr und Tod« (Z II,76) heißt es beim Tatareneinfall in Ostpreußen 1657, als die Stadt voller Flüchtlinge war; »NUn der güldne Fried' Uns zwar / Hoffen lässet immerdar« und »MArs, leg Helm und Schild von dir / Vnd gieb Ruh dem wilden Degen« (Z II,96 und 99) dagegen im Jahr darauf. Immer häufiger quält Krankheit den beanspruchten Dichter: »BEy dem Keichen, bey dem Hust, / Bey mit Schlamm erfüllter Brust / Ist es schlecht zu singen« (Nr. 52), so beginnen »Hochzeit-Reime«, denen ganz unverblümt das Bekenntnis vorangesetzt ist »Funera non tedas cantet morbosa senectus« (Leichenbegängnisse und nicht Hochzeiten sollte das kränkliche Greisenalter besingen). Nach Heiligenbeil richtet er dieses Lied zur »Liebreichen Heyrath«:

DIE Kranckheit nimmt ohn massen
Mich noch, Herr Oeder, mit,
Doch kan ich es nicht lassen,
Ich thu nach ewrer Bitt'
Vnd muß ein Lied beginnen,
So gut ich krancker Mann
Von meinen schwachen Sinnen
Es nur erhalten kan. (Z II,89.)

In einem seiner letzten Hochzeitsgedichte vom Herbst 1658 heißt es:

Kurtz, bey Heyrath und bey Leichen
Spricht man mich umb Lieder an
Gleich als einen Arbeitsmann. (Z II,100.)

Auch das ist ein Bild des erfolgreichen, geplagten Gelegenheitsdichters. Schon diese wenigen Beispiele zeigen – und der Leser der Gedichte kann sie beliebig vermehren – welche Unmittelbarkeit in das Gedicht eingeht und unverstellt aus ihm spricht. Das verlangt allerdings auch eine andere Einstellung und Erwartung des Lesers, als er sie sonst dem lyrischen Gedicht entgegenbringt. Nicht die vollendet hohe Kunstfügung ist hier zu suchen, sondern eine nur wenig übertünchte Lebenswirklichkeit zu finden, die überall unter der dünnen Decke der Kunst hervorguckt. Was dieser gelegenheitsgebundenen Produktion am Willen zur Dauer in ferne Zukunft abgeht, das hat sie als inhaltsreiches Zeugnis vergangener Tage, als Nachricht und Mitteilung gewonnen; sie ist uns so auf andere Weise wertvoll und unentbehrlich geworden.

Die ausgedehnte Herrschaft des *Todes* im Werk der Königsberger Sterblichkeitsbeflissenen ist ihnen mit der Barockdichtung gemeinsam, die Wirklichkeit diktierte sie mit dem vielfachen Tod der Mütter und Neugeborenen, mit den Epidemien, denen man hilflos ausgeliefert war, mit der Sterblichkeit im Kindesalter und dem frühen Altern. Hier, wo uns die Dichtung ein kleines bürgerliches Gemeinwesen durch einige Jahrzehnte, zwischen 1630 und 1660, bis in die Einzelheiten hinein beobachten läßt, wirkt das Sterben noch unmittelbarer. Wir wandern streckenweise über einen unendlichen Totenacker und erleben in Familie und Verwandtschaft, unter Freunden, in Schule und Kirche die Macht des Todes. Auch hier fehlen die erhabenen Töne des pomp funèbre, weder die glühenden Farben einer Todeserotik noch die Posaune des Jüngsten Gerichts gibt es hier – im schlichtesten Einverständnis wird vielmehr die natürliche Hinfälligkeit und Flüchtigkeit des Daseins gezeigt und christliche Hoffnung gepredigt. Oft wird der Verstorbene vor den Lebenden glücklich gepriesen: »WIr, wir sind zu beklagen / In diesen bösen Tagen, / Hochthewre Fraw, nicht du« (Z IV,58) und das Sterben als »die Endschafft vnsrer Noht« (Z IV,44) bezeichnet. Schon die vielfach variierten Titel dieser Drucke spiegeln ihre Absicht: Klage, Trost und Gedächtnis. »Schmertzliche Klage und einfältiger Trost«, »Sterbens-Trost«, »Schuldiges TrostLied«, »Klag-Schrift«, »Ehrengedächtnis«, »Poetisches Denckmal«, »Ehren-Seule«, »Würdiger Rhum«, »Rühmlicher Nachklang«, so lauten sie durch viele Jahre des Begräbnisdienstes. Selten wird in krassen Farben gemalt, wie etwa in jener »Letzten Rede Einer vormals stoltzen vnd gleich jetzt sterbenden Jungfrawen«: »Ich armer Madensack!« (Nr. 72), bei der man Dachs Autorschaft angezweifelt hat; sie folgt wohl einer fremden Vorlage. Immer wieder aber vermag der poetische Prediger trotz der hundertfach wiederholten Gelegenheit gerade *diesen* Todes-Fall dem Hörer ergreifend nahezubringen.

Der irdischen Gebrechlichkeit und Todesverfallenheit steht im Barock als strahlendes Gegenbild der Beständige, Ausdauernde, Weitberühmte in den Gestalten des Heros, des miles gloriosus, des Märtyrers und des Fürsten gegenüber. Von dieser sieghaften triumphalen Art finden sich nur wenige gelegentliche Züge auf dem Kneiphof. Gelegentlich, wenn der Hofadel oder der ostpreußische Landadel Besteller oder Empfänger von Gedichten ist, gelegentlich auch nur im Corpus der an das *kurfürstliche Haus* gerichteten Dichtungen. Zwar ist hier einmal der Panegyrikus am Platze, wie ihn der höfische Lobdichter zum offiziellen Festakt zu verfassen pflegt: »DU Seule Brandenburgs, du Preussens Sicherheit, / O Fridrich Wilhelm, Trost und Hoffnung vieler Lande« (Nr. 63); oder:

DU Gesegneter des Herren,
Komm, zeuch gnädig ein! wir sperren
Thör und Hertzen Dir weit auff,
Komm, Dein Preussen kompt zu hauff (Z II,115).

Das sind aber Ausnahmen. Insgesamt ist der Ton dieses Fürstensängers und sein Verhältnis zu seinem Fürsten ein für die Zeit verwunderlich anderes; über ein Jahrhundert später erst mag man Ähnliches hören, wenn Matthias Claudius den Bauersmann vom König singen läßt:

Gott laß ihm alles wohl gedeihen!
Er hat auch viel zu tun,
Und muß sich Tag und Nacht kasteien,
Daß wir in Frieden ruhn.

Man denke auch an sein Gedicht »Auf den Tod der Kaiserin« oder die »Audienz beim Kaiser von Japan«.

Bayer, Dachs früher Biograph, berichtet im *Erleuterten Preußen* 1723, S. 183 f.: »Unser Grosse Friedrich Wilhelm, dessen Regierung ohnedem so liebreich und edel gewesen ist, daß sein Nahme von seinen getreuen Preussen nicht kan vergessen werden, liebete den Dachen dermassen, daß er viele seiner Verse auswendig kunte, auch niemahlen in Königsberg eintraff, daß er den Dachen nicht hätte sollen mit seiner Pohlin nach Hofe hohlen lassen. Dieser vortreffliche Herr hatte sich die Art der Dachischen Verse so bekannt gemachet, daß er gantz genau zu urtheilen wuste, ohne Anschauung des Nahmens, ob ein Vers vom Dachen oder einem anderen Poeten verfertiget wäre. Dabey dennoch unser Dach dem Fürsten in seinen Versen nicht niederträchtig geheuchelt hat.«

Viele Gedichte Dachs bestätigen das ungewöhnlich nahe und persönliche Verhältnis zum jungen Kurfürsten. Dieser hatte den Tod seines Vaters in Königsberg erlebt (1640), hielt sich – zwanzigjährig und wenig vorbereitet zur Regierung gekommen – in den ersten Jahren hier auf und versuchte, von Preußen aus seine schwierige brandenburgische Position aufzubauen; 1645 erschien er abermals für ein Jahr in Preußen. In dieser Zeit gewann der Dichter die Wertschätzung des Herrschers, die ihm fortan erhalten blieb. Dafür, wie fast familiär der Dichter das Verhältnis empfand, nur einige Beispiele. So wird Freude über die Ankunft und Betrübnis über Abreise und Abwesenheit des Regenten nicht oder doch nicht nur in stereotypen Wendungen wie »Du bist der Helden Liecht, / Deiner Länder Zuversicht, [...] Du bist der Trost der Zeiten« u. ä., sondern in der persönlichsten Anteilnahme ausgedrückt. Als der Kurfürst einmal nachts unverhofft und »unempfangen« eintrifft, entschuldigt der Poet das, »Weil das müde Königsbergk / Rhut von seinem Tagewerck, / Und schon Luna auff ist gangen« (Z II, 123), denn er möchte doch, wie in einem spätern Gedicht, daß sein Haus und seine Familie sich zum Fest schmücken: »Mein Pohlihnchen trachtet sich / Weis und sauber anzulegen, / Schmückt die Kinder wie auch mich / Dieses hohen Festes wegen« (Z II,130) Andermals versucht er die Abreise hinauszuschieben und singt ihm ein Apopemptikon, ein »Demüthigstes Geleit« (Z II,119), sorgt sich um die Gefahren der Reise, der Weichsel starke Strömung und das schwache Eis; sind die Fürstlichkeiten nicht da, so irrt der Poet um das verlaßne Schloß, findet es »von Spinnen gantz bewebt, / Auch wo du zuvor gelebt« und wünscht sich »der Trommten Lust-Gesang« wieder (Z II,143). Selbst der übliche Brauch – bis ins Kirchengebet hinein – sich um das Wohl des Landesvaters zu sorgen, nimmt hier eine ganz persönliche Färbung an:

Aber wo bleibst Du indessen?
Gehst Du nicht darüber ein,
Wenn Dir schmeckt nicht Tranck noch Essen?
Deine Kräffte sind nicht Stein,
Welcher sich doch endlich auch
Abnützt durch zu vielen Brauch. (Z II,154.)

Wichtiger ist indes, daß sich aus dieser persönlichen Beziehung und über sie hinaus in Dach die Vorstellung festigte, gleichsam der offizielle Hofdichter, mehr: der Dichter Preußens zu sein, im stolzen Bewußtsein, mit seinen Versen nicht nur die Herrschaft zu schmücken, ja dem Fürsten durch seine Kunst erst Dauer, d. h. Ewigkeit zu verleihen, sondern auch sein Land damit zu krönen. Das läßt sich an seinen Gedichten verfolgen – und widerlegt leicht auch die verbreitete Vorstellung vom »unpolitischen« Dach.[28] In einem Geburtstagsgedicht von 1652 dehnt er sein »Seiten-Werck« auf das ganze damalige Preußen-Brandenburg aus:

Hört, O Spree und Oder, mich,
Hör, O Elbe, mich von weiten,
Und du Rein-Strom sonderlich,
Hör die Anmuth meiner Seiten,
Was in Cleve sich eräugt
Werde meinem Spiel geneigt (Z II,137).

28 So Oesterley, S. 46.

Auch schwang er sich gelegentlich zu Prophezeiungen auf, wenn er bei der Geburt der Kurprinzen und Thronfolger ihre Zukunft voraussagte, wie Dichter seit je gern taten:

DEr Printz von Brandenburg wird an der Spree gebohren,
[...]
Es sah Jhn ein Poet in Königsberg entspringen
(GOtt sagt es ihm) und fing darüber an zu singen:
Wer meint, Poeten sey der Götter Spruch nicht kunt,
Daß ihr Geheimnüß sich nicht leg in ihren Mundt?
(Z II, 142.)

So hat er dem Kurfürsten hohes Alter und dem Prinzen Friedrich, der sich 1701 in Königsberg zum König in Preußen krönte, die Herrschaft vorausgesagt, obgleich er der Zweitgeborene war. Das rechnete ihm die Nachwelt bewundernd an: »Das merckwürdigste, das ich vom Dachen sagen kan, sind seine Weissagungen von unserem Hause« schreibt Bayer 1723 (S. 184). Als Höchstes aber galt es Dach, daß er den vom Prussiarchus gegründeten Königsberger Helikon mit Poesie gekrönt und vollendet hat; er war der erste Dichter Preußens geworden, dessen Ruhm über die Grenzen in die Welt gedrungen war, wie es die bekannte Strophe der rührenden »Unterthänigsten letzten Fleh-Schrifft« dem Kurfürsten gegenüber ausdrückt:

Phöbus ist bey mir daheime,
Diese Kunst der Deutschen Reime
Lernet Preussen erst von mir,
Meine sind die ersten Seiten,
Zwar man sang vor meinen Zeiten,
Aber ohn Geschick und Zier. (Nr. 66.)[29]

Insofern war es auch keine Verfälschung, daß man 1680 diese Gedichtgruppe unter dem Titel *Churbrandenburgische Rose, Adler, Löw und Scepter* zuerst veröffentlichte – der allerdings eine *Ausfertigung seiner Oden* folgen sollte. Hinweisen muß man auch auf seine zahlreichen Friedensgedichte

29 Vgl. auch Nr. 51, Str. 5.

und Friedensbilder, die ihn den vielen Friedensdichtern gegen Ende des Dreißigjährigen Krieges und anläßlich des Westfälischen Friedensschlusses ebenbürtig an die Seite stellen. Günter Grass nennt ihn zu Recht »Friedensmann«. Als Beispiel sei nur eine Versgruppe aus der Rede der neuerbauten Kirche auf dem Sackheim an den Kurfürsten von 1653 zitiert:

> Der Deutsche hat bereit Geschoß und Schwerdt zerschlagen
> Und guten Friedens-Zeug, den Pflug, daraus gemacht,
> Sein Land, das Disteln hat so lange Zeit getragen,
> Trägt itzt so schöne Frucht die auch für Geilheit lacht.
> Wer erst verlauffen war, kömpt zu dem Seinen wieder
> Und grüsst ohn Thränen nicht sein wüst-gelegnes Feld,
> Denn fasst er einen Muht und bawt und singet Lieder,
> Und gäbe seine Ruh nicht für die gantze Welt. (Z II,159.)

Dieser bescheidene Bürgersmann und Poet, der die Grenzen seines Talents kannte: »Hie nehm' ich ein mein Segel, / Mein schwacher Kahn gehört nur in den linden Pregel / Und keine wüste See« (Z II,158), war sich doch in berechtigter *Selbsteinschätzung* seines Dichtertums sicher. Er hatte von ihm die höchste Auffassung, die in Horazens »Exegi monumentum aere perennius« ihr Fundament hat: »Aufgerichtet hab ich ein Mal dauerhafter als Erz«.[30] Diese aus der Antike über die Renaissance, über die Humanisten und Neulateiner tradierte Vorstellung ist auch den Königsbergern wie ihren Zeitgenossen unbezweifelte Gewißheit. Sie beherrscht nicht nur die höfische oder heroische Dichtung, indem sie weiß, daß erst der Sänger dem König den Ruhm bei der Nachwelt stiftet, sondern als fester Topos auch die Casuallyrik. So beginnt die werbende »Auffwartung« für den Grafen zu Dönhoff mit einer breitangelegten selbstbewußten Ausmalung, wie seine Reime den Ruhm des Dichters unwillkürlich auf schnellen Flügeln durch die Welt tragen und ihm Unsterblichkeit verleihen:

30 Vgl. Nr. 58.

Jhr [Reime] sichert mich, daß, nimt die Erde
Mein Fleisch vnd mein Gebein nun hin,
Mein Zeit-vnd Todt-befreyter Sinn
Am meisten dan erst leben werde (Nr. 38).

In einem Carmen, in dem Dach beklagt, daß man neulich sein Gedicht verächtlich genommen habe – was auch vorkam –, verteidigt er ausführlich die »edle Kunst«, »Die bleiben wird in jenem Leben, / Die hie dem Tod' vns kan entheben«, durch deren Kraft wir die Helden der alten Welt kennen usw. (Z IV, 48); gelegentlich muß diese antike Vorstellung des Überlebens im Ruhm natürlich mit christlichen Jenseitsgedanken kollidieren und mühsam versöhnt oder gereimt werden, wie z. B. in dem Leichengedicht auf Christoph Behm, den »werthen Greiß«, wenn es heißt: »Ich bin bemüht nach deinem Leben / Dich, wie mir möglich, zu erheben. / Wiewol du lebst in Gottes Reich / Vnd bist den lieben Engeln gleich«, so bleibe doch, wie der tote Leib hienieden, etwas an Ruf und Ruhm zu berücksichtigen, das auch vergeht und begraben wird »Im fall es nicht kan Tichter haben«:

Dein Name, wird er nicht befreyt,
Fährt stracks in die Vergessenheit,
Denn Zeit vnd Fall reißt alles nieder,
Ohn der Poeten weise Lieder. (Z III, 166.)

Diese vertraute Wendung vom todüberdauernden zeitüberwindenden Gedicht kehrt einem Orgelpunkt gleich in immer neuen Varianten wieder. In der zweiten Strophe eines (beliebigen) Epithalamiums von 1643 heißt es:

Preussen wird nicht von euch schweigen,
Meiner wol-bespielten Geigen
Wartet keine Grabes-Noht,
Legt' ich mich gleich heute nieder.
Der Poeten weisen Lieder
Reissen durch Welt, Zeit vnd Todt. (Z I, 121.)[31]

31 Mit wörtlichen Anklängen im Jahr darauf in Z I, 134: »Herr, sol Deine Tugend prangen, / So sind Dir Poeten noth. / Helden, die an sie gelangen, /

Im Bitt- und Dankgedicht an seinen hohen Patron und Förderer Otto von Schwerin von 1654 lautet die vorletzte Strophe:

Schäm dich nicht, Herr, unsrer Lieder,
Stirbt ein Mensch, er kömpt nicht wieder,
Fall und Zeit die alles bricht
Macht auch Stal zu leichter Erden,
Die von uns gesungen werden,
Wissen von dem Tode nicht. (Z II,18.)

Die variierende aber auffällig konstante Verkündigung läßt sich leicht auf die zeitgenössische Grundform dieses Topos zurückführen, wie sie Opitz im Schlußgedicht seiner *Schäfferey von der Nimfen Hercinie* (Breslau 1630) ausspricht:

Keine Heereskraft kann streiten
Wider die Gewalt der Zeiten;
Das Metall und Eisen bricht;
Kron und Zepter legt sich nieder.
Aber eure schöne Lieder
Wissen von dem Tode nicht.

So variiert Dach seinen Meister. Es ist humanistisches Erbe, das nicht nur den ›schönen‹, sondern vielmehr den ›weisen‹ Liedern gilt, auch das ganz im Sinne von Opitzens »Elegie« (*Teutsche Poemata*, Straßburg 1624):

Allein der kluge Geist, gelehrt und wohlerfahren,
Fleucht den gemeinen Lauf, bricht durch, ist Herr der Jahren,
Er acht' den Tode nicht, fährt fort und muß er schon
Den Pfad, den alle gehn, so kommt er doch davon.
[...]
Drum wird die schnelle Flucht der Jahren nicht verderben
Was ich beginn, und auch, wann ich schon sterbe, sterben,
Ob das, so unden war, sollt alles oben stehn,
So kann der Weisheit Lob doch nimmermehr vergehn.

Brechen erst durch Zeit vnd Todt, / Todt vnd Zeit reist alles nieder, / Ohn was lebt durch weise Lieder.«

Daß dies über Dach hinaus auch für den Königsberger Kreis gilt, mag nur *ein* Beispiel aus Alberts *Arien* (6,18) belegen, ein Lied des Danziger Opitzianers Titz:

Das kurtze Leben, das wir haben
Erlängern wir durch kluge Kunst;
Daß man vns nicht kan gantz begraben
Macht der Gelerhten Musen Gunst.
Die Musen machen daß der Mann,
Der Lob verdient, nicht sterben kan.

Dazu lautet das lateinische Motto »Dignum laude virum Musa vetat mori« und die beiden letzten Verse kehren als Kehrreim fünfzehnmal in dem Liede wieder.[32] Damit sehen wir die preußische Provinz bei aller Besonderheit in dieser Grundauffassung vom Wesen der Poesie, daß sie den Menschen und das Angedenken an ihn verewige, in Übereinstimmung mit der Dichtung des 17. Jahrhunderts. Dieses hohe Ziel hatte, wie Beispiele gezeigt haben, auch die Casualpoesie. Noch einmal zu Dach zurücklenkend: am Ende eines großen Gedichts, mit dem er 1652 namens der hundertjährigen Stadt Tilsit dem Kurfürsten dankt, heißt es:

Ich werd' umb selbte Zeit zwar längst schon seyn begraben,
Und die Verwesung wird mich längst verzehret haben,
Noch gleichwol wünsch' ich, daß, wer dich alsdann erhöht,
Gesteh', ich sey nur hie gewesen ein Poet (Z II,157.)

Oder, wie der Schluß der »Klage« über die untergegangene Kürbshütte in schöner Vertiefung des Gedankens sagt:[33]

Es ist kein Reim, wofern ihn Geist vnd Leben schreibt,
Der vnß der Ewigheit nicht eilends einverleibt. (Nr. 23.)

32 Selbst am Ende eines Liebesgedichts des Monogrammisten C. V. M. (Nr. 122) heißt es gleichen Sinnes: »Vnd sol nimmer jhr Gesicht / Krafft der Feder, sterben nicht«. Auch einen säumigen Wohltäter kann Dach mittels dieses Topos mahnen, sein Versprechen einzulösen (Z I,271): »Setz deiner Zusag nach, erleuchte meinen Stand / Vnd sey hier ewig vor durch meine Schrifft bekant.«
33 Vgl. Schöne, S. 66 f.

Fragt man zuletzt nach der besonderen Ausprägung, nach Zügen der *Sonderart dieses nordöstlichen Dichterkreises* im Rahmen der Barockdichtung, so sind immer schon Unterschiede bemerkt worden: »East Prussia was a world of its own« (Faber du Faur, vgl. Dok. 17); Cysarz sagt: »Nicht so heroisch als idyllisch in der Tönung [. . .]. Nicht schroffe Zinken, sondern sanfte Täler; nicht Ozeane und Paläste, sondern Herd und Stube [. . .].« Er spricht von »der entschlossenen Beschränkung auf das eigene Herz« (vgl. Dok. 11); Trunz: »Während die humanistische Panegyrik mit ihrer großtönenden Rhetorik später von den Höfen angezogen wurde, war die Darstellung der Freundschaft Angelegenheit des bürgerlichen Späthumanismus und blieb mit ihrem intimen Ton im wesentlichen auf Deutschland beschränkt. Dieser intime Ton hat zumal in den östlichen Gegenden, wo die Gelehrten einsamer und auch bürgerlicher lebten, besonders in Schlesien und später [. . .] auch in Altpreußen sich entwickelt.«[34]

Es ist, als ließe die Abseitslage der Provinz, die große Entfernung von den alten Kulturzentren, von Höfen und Städten und die historische Situation Preußens als einer nicht nur politischen, sondern auch kulturellen Neugründung die allgemeinen Geistes- und Kunstbewegungen hier gedämpfter, gemilderter, blasser eintreffen, wie ein Echo und Widerschein ferner Ereignisse über der weiten sarmatischen Ebene. Darum sind Gestalt und Ton hier bescheidener, der harte helle Klang und die große schwere Gebärde des Barock fehlen, die Formen sind nicht so streng, gespannt und prall, sondern einfacher und bequemer. Das ist nicht nur Mangel und Minderung, sondern ermöglicht den für jene Zeit erstaunlichen Zudrang von Wirklichkeit im Gedicht. Der Mensch, die Dinge, Natur und Landschaft, lokale und historische Details werden ohne die poetische Transposition, ohne die Bedingungen tradierter Bilder und Figuren, ohne das Git-

34 Trunz, »Der deutsche Späthumanismus um 1600 als Standeskultur«, S. 171.

ter von Regeln und Gesetzen unmittelbar ausgesprochen. Das andere ist das Übergewicht der angewandten Kunst, der Alltags- und Gelegenheitsdichtung, die sich eng an ihren Augenblick und Gegenstand zu halten hat, auch wenn sie ihn erhöhen und verewigen will. Das läßt nur eine bemessene Entfernung von der Alltagsebene, nur eine gewisse Kunsthöhe zu. Löst man sich also von der ästhetischen Geringschätzung oder Mißachtung dieser Produktionsart, wie sie bisher im literarischen Urteil herrschte, und ist bereit, diese Zweckhaftigkeit als ihre Absicht anzuerkennen, wie man das bei anderen Formen, etwa der didaktischen oder Lehrdichtung, der politischen Dichtung usw. auch tut, so wird man sie gerechter beurteilen und allerlei Neugewinn verbuchen können.

Wo aber ein solcher zu vermuten wäre? Gewiß nicht da, wo wir sonst poetische Qualitäten konstatieren. Vielleicht läßt sich die Umwertung in einigen Beispielen andeuten. Ein Leichgedicht unter dem Titel »Tugend-Gebühr [...] Hn. Stephan Braden, Churf. Pr. Majorn in der Vestung Pillaw, welcher 1649. 28. Mey [...] eingeschlaffen und 22. Hewm. bestattet worden« beginnt:

DEr tapffre Brad' ist auch nun fort,
Der sich bey seinen Lebens-Tagen,
Von Jugend auff durch Brand vnd Mord
So vnerschrocken pflag zu wagen.

[...]

Wie manche Kugel hat er wol,
Wie manchen Stohß im Leib empfunden,
Sein gantzes Haupt war Beulen voll,
Sein Leib zerkerbt von vielen Wunden.

Von außen auch trug sein Gesicht
Das Pulver seiner Mannheit zeichen,
Zu wundern ist es, daß er nicht
Geworden längst zu einer Leichen. (Z III,204.)

Dann wird das veristische Porträt des zernarbten Kriegsmannes in den mythologischen Vergleich gesetzt: er »lag in Pallas Hut« wie Diomedes vor Troja und wie Venus dem Aeneas beistand; auch Opitz hat ihn gelobt, denn er hat »die edle Music-Kunst« und »die behertzte Krieges-Tugend« verbunden. Es folgt sein Lebenslauf vom Land der Cimbern zur Warne, also wohl Rostock, nach Stockholm, Frankreich, England – da überall scheint die Musik ihn berühmt gemacht zu haben; dann aber die militärische Laufbahn im Dreißigjährigen Krieg, er kommt nach Preußen, Kurfürst Georg Wilhelm schätzt ihn schon und Friedrich Wilhelm, der ihn liebt, vertraut ihm Hafen und Festung Pillau an. Waffenzwang und Lautenzier – mit »Orions Schwert« und dem »Glantz der klaren Himmels-Leyer« wird sein Gedächtnis unter die Sterne versetzt.

Anders klingt das »Christliche Denckmal« für einen Mann, der »Nach langwiriger vielerley Kranckheit« verstorben ist:

NUn endlich ist er hin Herr Taut,
Für dem jetzt selbst dem Tode grawt,
Die Erde, die jhn sol bedecken,
Wird, halt' ich, selbst für jhm erschrecken.

Er macht verstürtzt durch seine Leich'
Euch, Schatten, in dem finstern Reich,
So gar ist nichts an jhm zu schawen
Als ein Geripp vnd Haut vnd grawen.

Jhr Würmer kriegt hie keine Mast,
Was wartet jhr auff diesen Gast,
Dieß was Euch solte seyn gewehret
Hat längst der Kranckheit Frahß verzehret. (Z III,226.)

Solche Farben sind zwar aus barocken Grab- und Verwesungs-, Höllen- und Gerichtsausmalungen bekannt (wie Gryphs »Kirchhofs-Gedanken«), haben hier aber beim Begräbnis des eben Verstorbenen doch einen besondern Grad krasser Direktheit, den der Casualdichter nicht scheut. Auf Ähnliches kann man immer wieder stoßen:

VNd ewre liebe Mutter scheint
Von hinnen jetzund erst zu fahren,
Verzeiht, ich habe stets gemeint,
Sie wäre hin vor vielen Jahren. (Z III,240.)

Beim Tod eines brüderlichen Freundes während einer Epidemie:

Wie legt, jhr Leute, hin und her
So unverhofft euch nieder?
Jhr wißt, wer sich dem Todten-Meer
Vertrawet kömmt nicht wieder. (Z III,276.)

Die drittletzte Strophe des Grabgedichts für die Witwe des Kanzlers von Wallenrodt heißt:

Deck sie zu mit leichter Erden,
Wo jhr Liebster EhHerr liegt,
Laß sie jhm seyn beygefügt,
Sein Gebein wird geistig werden,
Müglich auch verliebt gespürt
Wird es seyn von Jhr berührt. (Z III,180.)

Als letztes Beispiel dieser unbefangen direkten Casual-Poeterey sei der Anfang eines umfangreichen Grabgedichts für einen Grafen von Dönhoff zitiert, von welchem der Poet sich »Hülff vnd Schutz« erhofft oder errechnet – welche Rechnung der Tod aber durchkreuzt hatte; das gesteht ganz offen sein »Schuldiges Ehrengedächtnis«:

DIese Hoffnung wird mir auch
Gantz zu Wasser vnd zu Rauch,
Herr, ich meint an dir zu haben
Eine Burg vnd Zuversicht,
Wenn mir Hülff vnd Schutz gebricht,
Aber schaw, du wirst begraben.

[...]

Tod vnd Satzung hat gelacht
Als ich diesen Schluß gemacht (Z III,190).

So gesteht der Enttäuschte frei. – Will man solche, aus einer Unzahl gewählte Beispiele als Bestandteile der Lyrik Simon Dachs in den Grenzen seines Talents gelten lassen und sie nicht als Mängel, als Flüchtigkeiten oder Entgleisungen eines strapazierten Gelegenheitsdichters nehmen, dann wird man sie als Züge seiner poetischen Absicht und Eigenart verstehen müssen.

Wie lassen sie sich deuten? Eine fast vorpoetische Offenheit gegenüber der Wirklichkeit, gegenüber dem angesprochenen Adressaten in den frohen und betrübten Situationen verbürgt eine unfeierliche ehrliche Verbundenheit, deren Aufrichtigkeit und Unmittelbarkeit der Leser spürt; es ist ein herzliches, treuherziges ›von Mensch zu Mensch‹ und ein ebenso spontanes frontales Verhältnis zur Welt, zu Dingen und Geschehnissen. Urteilt man vom hohen Stil her, so wird diese Direktheit zuweilen als Naivität bis zum Banalen und Ridikülen hin frappieren; statt der Uneigentlichkeit, die die Dimension der Kunst ist, erfahren wir hier die Eigentlichkeit als deren Grund. Das aber erbringt einen Grad von Authentizität, eine Wirklichkeitskunde und zeitgeschichtliche Zeugenschaft, die das Herz fühlen läßt. Mehr als die hohe Kunstleistung zeigt uns dieses genus humile das menschliche Maß als Durchschnitt, als Mittelmaß in unerschütterlicher Nüchternheit und Gerechtigkeit. Diese Gelegenheitsgedichte haben aufbewahrt, wie sich die Menschen jener Tage, wie sich ihr Herz der Welt stellte, wie es dem Nächsten, der Not, dem Krieg, der Freude, der Sorge, der Krankheit und dem Tod begegnete. Diesen Zugang zur einfachen Lebensechtheit wird man als Qualität schätzen können.

Diese Diktion konnte sich hier im äußersten Nordosten, in der entfernten Provinz aus den angedeuteten Gründen von herrschenden poetischen Konventionen und ihren Gesetzen freier halten. Und gerade wie in diese landschaftliche Ursprünglichkeit hinein die Mitgift des Humanisten und poeta doctus, des Professors poëseos Dach eingebettet und eingesprengt ist, gerade das macht den Reiz vieler seiner Strophen aus. Da vermischt diese treuherzige Landes- und Herzenssprache sich mit der Fracht des mythologischen und historischen Apparats, da bevölkern die antiken Gottheiten die heimischen Berge und Flüsse, deren Ufer »der Nymphen Liedt« hören; den Badetümpel des Dorfes bewohnen Najaden, und seine Bäuerinnen figurieren vor dem Fürsten als »Dirschkeiminnen«. »Preiß der Flüsse, Trost der Segel, / Du berühmter Nymphen-Knecht« heißt der Pregel und schüttelt das Schilf aus den Haaren und kränzt sich mit Blumen dafür zur Feier der ländlichen Hochzeit (Z II,27), wie es die alten Flußgötter nicht besser taten. Und in der Totenklage für Heinrich Albert (Nr. 88) ist er der Orpheus, der dem Pregel »Durch Stimm vnd Seiten seinen Lauff« lenkte und ein »ohngefehr vorbey« gehendes Segel durch die Macht des Gesanges aufhielt.

Dieses Beieinander, das sich bei Simon Dach reimt, dieses Amalgam aus engbegrenzter Welt und europäischer Tradition ist für den Helikon am Pregel, für den Parnaß bei den sieben Hügeln Königsbergs bezeichnend und auszeichnend.

*

Daß der bescheidene Dach zu Lebzeiten nie eine Buchausgabe seiner Gedichte veranstaltete, sie vielleicht trotz gelegentlicher selbstbewußter Äußerungen über seine poetische Rolle in Preußen nie beabsichtigt hat, ist schon gesagt worden. Er begnügte sich mit den für die Gelegenheit gedruckten Blättern zu Hochzeiten und Begräbnissen, den ins Gesangbuch aufgenommenen Kirchenliedern und den anläßlich akademischer Festakte veröffentlichten Poemen. Alberts *Arien* in acht Heften von 1638–1650 waren die einzige weiterdringende Publikation, in ihrer Wirkung noch verstärkt durch die Melodien. Trotzdem ist die Erinnerung an seine Gedichte nie erloschen, besonders in Ostpreußen und durch Ostpreußen wurde sie aufrecht erhalten. So befand sich im Preußischen Staatsarchiv in Königsberg eine zeitgenössische handschriftliche Sammlung, die Ziesemer vor dem Krieg noch ausnutzen konnte.[35] Der einzige Druck der ans kurfürstliche Haus gerichteten Gedichte von 1680 und 1696 wurde mehrfach erwähnt, ein ihn fortsetzender Band ist nicht erschienen. Im 18. Jahrhundert wünschte Gottsched eine Ausgabe der Gedichte seines Landsmannes, doch eine für ihn in Königsberg veranstaltete Sammlung scheint ihn nie erreicht zu haben. In seinem sehr erfolgreichen *Versuch einer Critischen Dichtkunst* von 1730 (^{4}1751) entnimmt er aber Dachs Gedichten häufig und mit Betonung seine Beispiele. Das hatten vor ihm schon Balthasar Kindermann in seinem Werk *Der Deutsche Poet* (Wittenberg 1664) und Gryphius in den *Dissertationes funebres* (Leipzig 1667) getan. Auch die Neukirch'sche Anthologie enthielt z. B. in ihrem fünften Teil von 1705 fast dreißig Gedichte Dachs.

Die bis heute wichtigste Sammlung von Originaldrucken brachte in Breslau J. C. Arlet, Rektor am Elisabeth-Gymnasium, zusammen. Sie kam nach seinem Tode (1784) an die Rhedigersche Bibliothek, die später der Breslauer Stadtbibliothek, nach 1945 der Biblioteka Uniwersytecka Wrosclaw einverleibt wurde, wo sie sich heute noch befindet. Ein weiteres starkes dreibändiges Konvolut von 387 Einzeldrucken befindet sich in der Staatsbibliothek Preußischer Kulturbesitz in Berlin (Sign. Yi 851).

Die erste wissenschaftliche Ausgabe der Gedichte Dachs schuf Hermann Oesterley 1876 als Band 130 der Bibliothek des Litterarischen Vereins in Stuttgart, mit einer Auswahl etwa eines Drittels des Gesamtbestandes und einem vollständigen Verzeichnis aller ihm damals bekannt gewordenen (1002 deutschen und 259 lateinischen) Gedichte. In den zwanziger Jahren unsers Jahrhunderts erarbeitete Walther Ziesemer in Königsberg die Gesamtausgabe aller deutschen Gedichte Dachs, die 1936–38 in vier Bänden bei Niemeyer in Halle a. d. S. erschien. Er rettete gerade noch rechtzeitig vor der Katastrophe im Osten Dachs Gesamtwerk. Leider hat

35 In ihren Editionen haben Oesterley (*Simon Dach*, S. 2–10) und Ziesemer (Bd. 1, S. VII ff.) über den Quellenbefund berichtet.

Ziesemer auf die lateinischen Gedichte verzichtet, ebenso fast gänzlich auf Erläuterungen, bis auf die dankenswerte Identifizierung der Personen der Gelegenheitsgedichte nach Königsberger Kirchenbüchern und städtischen Archivalien. Als verloren gelten muß auch ein Teil der Vertonungen Dachischer Gedichte, der sich in Königsberg befand. Außer den in Alberts *Arien* erhaltenen Liedern gab Müller-Blattau 1939 eine kleine Auswahl *Zeitgenössische Kompositionen zu Dichtungen Simon Dachs* heraus; im Anhang dieses Heftes befindet sich ein Verzeichnis aller ihm damals bekannt gewordenen Kompositionen nach Dachs Texten.

Aber nicht nur die wissenschaftlichen Bemühungen hielten die Erinnerung wach; Dachs besondere Freunde sind immer die Dichter gewesen und unter ihnen die östlichen vor allen, die ihn bis in unsre Zeit als Bruder in Apoll empfunden – diese barocke Wendung mag hier gelten – und ihn vorm Vergessenwerden bewahrt haben.

Gottscheds Teilnahme wurde mehrmals erwähnt, er nennt ihn stets im gleichen Atemzug mit den großen Barockmeistern (s. Dok. 2). Einen höchst lebendigen Eindruck davon, wie rege das Interesse an Dach hundert Jahre nach seinem Tod in Königsberg noch war, geben uns die Aktivitäten, die durch Herders Bitte an Hamann um Übersendung von Abschriften ausgelöst wurden. »Liebster H. können Sie mir nicht *Simon Dachs* Gedichte verschaffen? Sie müßten doch bei Ihnen häufig seyn.« So hieß es im Postskript am Jahresbeginn 1779.[36] Im Dankbrief am 9. April begründete er seinen Wunsch: »Die Ursache meiner Bitte war, weil ich meinen Landsmann, den ich seiner Lieder u. treuherzigen Preußensprache wegen, sehr schätze, in Deutschland, wo man doch einen Opitz, Flemming p. wenigstens nennet, beinah ganz unbekannt finde u. ich mich doch gern im Umfange mit ihm bekannt machen möchte, zu sehn, ob u. wie er vorgestellt sei

36 Johann Gottfried Herder, *Briefe*, Gesamtausgabe, 1763–1803, Bd. 4, Weimar 1979, Nr. 62.

oder vorzustellen wäre?«[37] Für Hamann sei die Zusammenfassung zitiert, die Rudolf Unger in seinem Werk *Hamann und die Aufklärung* über dessen Kenntnis der Literatur des 17. Jahrhunderts formuliert hat: »Dagegen mußte der Magus für den frommen Liedersänger Simon Dach, der überhaupt zu den im 18. Jahrhundert noch bekanntesten Dichtern des vorhergehenden Säkulums gehörte, schon als Landsmann ein gewisses Interesse hegen. Hat er doch auch, wie es scheint, dem feierlichen Gedächtnisakte der Kathedralschule zu Dachs 100. Todestage am 18. April 1759 beigewohnt, bei dem sein Studienfreund Lauson die Festrede hielt, die Hamann als ›weinerliches Lustspiel‹ bezeichnet. Später ward er, zu Anfang 1779, durch die Bitte Herders, der den melancholischen Sänger ›seiner Lieder und treuherzigen Preußensprache wegen‹ sehr schätzte, veranlaßt, unter Beihilfe des Professors Kreutzfeld, der sich für preußische Lokalgeschichte interessierte [und der auch die litauischen Dainos zu Herders *Volksliedern* beigesteuert hat], nach Dachs Poesien zu forschen und von den gefundenen Hochzeits- und Leichengedichten eine Anzahl ›ausführlicher Sterbelieder‹ dem Freunde abzuschreiben. Angeregt durch diese Beschäftigung vergleicht er kurze Zeit darauf einmal brieflich sein Verhältnis zu Hippel, wie er wünschte, daß es sich gestalten möge, demjenigen Dachs zu seinem Freunde und Gönner Robert(h)in.«[38]

Die von Herder gewünschten Abschriften lagen Hamanns Brief vom 21. Februar bis 1. März 1779 bei, in dem er seine Sammlermühen ausführlich beschreibt; es waren zwölf Lei-

37 Ebd., Nr. 69.

38 Rudolf Unger, *Hamann und die Aufklärung. Studien zur Vorgeschichte des romantischen Geistes im 18. Jahrhundert.* 4. Aufl., Tübingen 1968. (Nachdr. der 2. Aufl. Halle a. d. S. 1925.) S. 410. Die letzte Bemerkung bezieht sich auf einen Passus im Brief an Herder vom 6. Mai 1779, der auf eine aussichtsreiche Stellung anspielt, die Hippel vorderhand entgangen war. In der neuen Ausgabe *Johann Georg Hamanns Briefwechsel*, Bd. 4, hrsg. von Arthur Henkel, Wiesbaden 1959, Nr. 554, lautet die Stelle: »Ich hätte einen Robertin gewonnen und wünsch es zu seiner Zeit, ohne ein *Dach* zu seyn.«

chencarmina nach Einzeldrucken, die wohl der genannte Kreutzfeld besorgt hatte, von dem es heißt, er habe »einen ganzen Stoß [. . .] mitgetheilt«.[39] Außerdem sprach der Brief über die Ausgabe *Churbrandenburgische Rose, Adler, Löw und Scepter* von 1680, erweitert 1696; Hamann besorgte auch einen Druck von Alberts *Arien*, die Herder bereits besaß, sowie die »Musicalische Kürbs-Hütte«, welche ihm »ganz neu« war. Dach ist übrigens Herder, ähnlich wie Gottsched, immer gegenwärtig geblieben. Von der frühen Aufnahme seiner Gedichte in die *Volkslieder* taucht sein Name bis in die spätesten Schriften hin mehrfach auf. So in dem Essay »Auch Leibnitz unter den Propheten?« in den *Briefen zu Beförderung der Humanität*,[40] wo er das zeitgemäße Interesse des Philosophen auch an Dachs Voraussagungen erwähnt (welches schon der frühe Biograph Bayer 1723 im *Erleuterten Preußen* bewundert hatte, vgl. S. 395) und Leibniz selbst zitiert: »In meiner Jugend wollte ich eine Abhandlung davon schreiben«, in der Tacitus, Machiavell, Conring, Lotichius und Dach als Beispiele figurieren sollten. Noch 1802 in der *Adrastea* spielt Herder abermals auf Dachs Prophezeiungen an,[41] und an spätester Stelle, im letzten Stück der *Adrastea*, wo er eine poetische Beschreibung seiner Heimatprovinz u. d. T. »Eigne Gemählde aus der Preußischen Geschichte« entwirft, spricht er seinen Landsleuten musikalische Begabung zu, mit der auch seine eigne Natur in hohem Maße ausgestattet war: »Denn kaum hangt vielleicht Eine Nation in Europa so sehr an L i e d e r n als diese; statt ihrer alten D a i-

39 *Hamanns Briefwechsel*, Bd. 4, Nr. 545, über die Beilagen S. 474 f. Es waren die Gedichte Z III,7.13.164.168.206.212; Z IV,6.33.81.136.234.240. Die Abschriften sind heute noch im Nachlaß Herders in der Preuß. Staatsbibliothek erhalten; siehe Hans Dietrich Irmscher / Emil Adler, *Der handschriftliche Nachlaß Johann Gottfried Herders*, Wiesbaden 1979, S. 296 (Kapsel 32, 172); dazu Hans Dietrich Irmscher, »Handschriften Hamanns im Nachlaß Herders«, in: *Herder-Studien*, hrsg. von Walter Wiora, Würzburg 1960, (Marburger Ostforschungen, 10), S. 111 ff.

40 Johann Gottfried Herder, *Sämmtliche Werke*, hrsg. von Bernhard Suphan, Bd. 17, Berlin 1881, S. 327 (5. Sammlung, 60. Brief).

41 Ebd., Bd. 23, Berlin 1885, S. 459.

no's kamen jetzt geistliche Gesänge ins Ohr des Volkes. In Liedern Preußischer Dichter, z. B. Simon Dachs, Alberti's u. f. zeigt sich der alte Nationalcharakter; furchtbarer Ernst und weiche Klage.«[42]

Schweigsamer wird das *19. Jahrhundert*, wie überhaupt gegenüber der Barockdichtung, so auch gegen Dach. Ludwig Jedemin Rhesa (1776–1840), der von der Kurischen Nehrung stammende Königsberger Theologe und Lituanist, der auch litauische Volkslieder, die Dainos, sammelte und edierte und Christian Donaleitis' litauisches Epos *Die Jahreszeiten* (*Metai*) 1818 als erster übersetzt hat, widmete in seiner eigenen Sammlung *Prutena oder preußische Volkslieder und andre vaterländische Dichtungen* von 1809 Dach ein Gedicht (s. Dok. 5). Der liebenswürdige Wilhelm Müller (1774–1827), seiner philhellenischen Gedichte wegen Griechen-Müller genannt, gab in seiner *Bibliothek deutscher Dichter des 17. Jahrhunderts* bei Brockhaus 1823 auch die bis dahin umfangreichste Auslese aus der Dichtung Dachs und seiner Freunde mit ausführlicher Einleitung heraus (s. Dok. 6). Er fand bei den Königsbergern auf früherer Stufe die verwandte Art des Gesellschaftsliedes im Volksliedton, die er selbst erstrebte. Seinen anspruchslosen Strophen der *Schönen Müllerin* und der *Winterreise* von 1821 und 1824 hat nur Schuberts Vertonung die unaufhörliche Dauer verliehen. Otto Nicolais Wiener Aufsatz übers »Annchen von Tharau« von 1847 ist im Zusammenhang schon genannt worden.

Nahe ist Dachs Texten von ihrem Ursprung her natürlich immer die *Musik* geblieben, wenn sich die Auswahl gegenüber den zeitgenössischen Kompositionen auch mehr und mehr auf wenige Gedichte verengt hat, die aber um so häufiger vertont wurden. Schon 1779 komponierte Siegmund von Seckendorff in Weimar Herders hochdeutsches »Ännchen« aus den *Volksliedern*, dem dann Friedrich Silcher in op. 8 von 1827 *12 Volkslieder für vier Männerstimmen* durch die glück-

42 Ebd., S. 463–468, Zit. S. 467.

liche Erfindung einer neuen Melodie zum Siege verhalf. Seitdem gab es durch das ganze Jahrhundert eine unzählbare Menge von Einrichtungen, Neufassungen und Sätzen dieses Liedes – besonders für die damals beliebten sonoren Männerchöre. Zu den wenigen andern Gedichten gehören »Die Lust hat mich gezwungen«, »Der Mensch hat nichts so eigen« und »Du mein einzig Licht« – letzteres auch von Brahms als Männerchor in den Volksliedern (H. 4, Nr. 21). Diese Lieder haben sich bis in die Musik der Jugendbewegung, des Wandervogels, im *Zupfgeigenhansl* und in Hensels *Finkensteiner Blättern* als fester Bestand erhalten. Richard Strauss komponierte im op. 45 1899 das »Lied der Freundschaft« und den »Brauttanz« (»Tanz, der du Gesetze«), die er Herders Sammlung entnahm, für Männerchor, und Brahms schrieb als op. 122 (posth.) eine Choralphantasie über »O wie selig seid ihr doch, ihr Frommen«. Freiere Bearbeitungen finden sich bei Komponisten unsers Jahrhunderts: so wählte Arnold Schönberg für den dritten Satz seiner Suite für 7 Instrumente op. 29 (1924/26) »Thema mit Variation« die Silchersche Melodie des »Ännchen von Tharau«, das die Baßklarinette in E-Dur vorträgt; Harald Genzmer schrieb einen Prolog für Orchester über »Der Mensch hat nichts so eigen« (1959). Jüngst komponierte der in Ostpreußen gebürtige Oskar Gottlieb Blarr (Jg. 1934) »Die Kürbishütte. Serenade zu Ehren des Dichters S. Dach und seines Freundesbundes in Königsberg für Klarinette und Streichquartett in 5 Sätzen« (Urauff.: Düsseldorf 1982; Druck: Bad Schwalbach 1984).

Geringer ist verständlicherweise die Zuwendung der *bildenden Künste* zu Dach gewesen. Zu Lebzeiten schuf Philipp Westphal 1647 ein eindrucksvolles Porträt des Universitätsprofessors in Öl, das in der Wallenrodtschen Bibliothek hing und dort 1944 bei der Bombardierung mit dem Dom verbrannt ist. Danach machte Wolfgang Philipp Kilian 1730 einen Kupferstich, der in verschiedenen Fassungen verbreitet ist.[43] Die Front der Mitte vorigen Jahrhunderts nach dem Entwurf des Schinkel-Schülers Stüber erbauten neuen Universität am Paradeplatz zeigte unter zahlreichen Porträtmedaillons auch ein Relief des Dichters von Siemering. In unsrer Zeit malte Ludwig Dettmann (1865–1944) die Szene von Opitzens Besuch bei den Königsbergern in der Kürbishütte. Dieses Bild hing im Kneiphöfischen Junkerhof und fiel mit dem Gebäude ebenfalls der Zerstörung zum Opfer. Erst 1939 ehrte die Stadt Dach durch eine Bronzetafel an der Stelle seines ehemaligen Wohnhauses beim Blauen Turm. Die Arbeit von Franz Andres Threyne (1888–1965) zeigte ein Relief des Dichters mit der Familie.[44] Das liebliche Memeler Ännchen-Standbild, 1912 von dem Berliner Bildhauer Alfred Künne geschaffen, das nach dem Krieg verschwunden ist, wurde schon erwähnt. Der Sockel trug auch eine Porträtplakette des Dichters.[45]

Stärker strömen die Erinnerungen an Simon Dach bei den *Dichtern* auf unsre Gegenwart zu, was gewiß mit der Wiederentdeckung des Barock und der verbreiteteren Bekanntheit seiner Werke seit Oesterley und Ziesemer zu tun hat. Die popularen Gemütsergötzungen, die die Gestalt des Annchen episch und dramatisch umranken, sind im Exkurs über das Gedicht schon erwähnt (S. 384 f.). Andere haben sich andern Szenen und Lebensmomenten des Poeten zugewandt. Agnes Miegel schrieb 1921 den »Nachtspaziergang«, der in den Erzählband *Gang in die Dämmerung* (Jena 1934) einging. Sie läßt Dach, Albert und Robertin aus der Kürbishütte heimkehren, die man sich damals noch draußen vor der Stadt, auf den Hufen gelegen, vorstellte. In Alberts Garten läßt auch der Königsberger Martin A. Borrmann (1895–1974) den

43 Siehe Abb. S. 11.

44 Abb. in: H. M. Mühlpfordt, *Königsberger Skulpturen und ihre Meister 1255–1945*, Würzburg 1970 (Ostdeutsche Beiträge, 46), S. 188.

45 Vgl. *Das Ostpreußenblatt*, 2. Juli 1977, S. 13: »Von Memel nach Tharau. Merkwürdigkeiten über das Denkmal des Ännchen von Tharau. Nach Berichten von Gerda Koch und Ernst Johow.«

Dichter aus der »Klage über den endlichen Untergang« zitieren – wie manche Autoren mit den historischen Fakten sehr frei verfahren. »Kleines Paradies am Pregel« heißt mit einer Wendung aus dem Gedicht die Szene.

OSKAR LOERKE (1884–1941) huldigte seinem ostpreußischen Landsmann mit zwei Gedichten, die mit hartem Stift die lebenslange Krankheitsgebrechlichkeit und Elendslage des armen Poeten zeichnen, wie Dach selbst sie im Sonett »Anno 1647 des Nachts, da ich vor Engbrüstigheit nicht schlaffen können« und abermals »Alß ich Anno 1650 d. 25. Augstm. in der Nacht für grosser Engbrüstigkeit nicht schlaffen kunte« (Nr. 37 und 41) und öfters in Klaggedichten, Bittreimen und Flehschriften drangvoll ausgesprochen hatte. »Eine Nacht des Dimon Dach« (Dok. 13) und »Ein Kind besucht den sterbenden Simon Dach« heißen Loerkes Gedichte, in denen seine eigne Lebensnot sich im brüderlich verwandt empfundenen Schicksal des Vorangegangenen spiegelt. Sie erschienen 1934 im Band *Silberdistelwald* in dem neunteiligen Zyklus *Dichter aus dem dreißigjährigen Kriege*. Rudolf Alexander Schröders Vortrag von 1947, der besonders Dach als dem Kirchenlieddichter galt, darf man diesen Zeugnissen anfügen.

Näher sind uns zwei östliche Autoren der Gegenwart, JOHANNES BOBROWSKI und Günter Grass. Für Bobrowski war das Königsberg Simon Dachs und Heinrich Alberts in ganz besonderm Maße die engere Erlebniswelt seiner Jugend. Da er von 1928–37 das Stadtgymnasium Altstadt-Kneiphof am Dom besuchte, die ehemalige Kathedralschule neben der alten Universität, Dachs Helikon, und dort mit Freunden dichtete und musizierte, an Kirchen- und Schulmusiken selbst beteiligt, mochten sich die frühbegabten Jünglinge ihren barocken Vorläufern vergleichen. Man sang und spielte nicht nur Alberts »Musicalische Kürbs-Hütte«, die Müller-Blattau gerade neu ediert hatte, sondern dichtete und komponierte selbst in ähnlich freundschaftlichem Wetteifer; so veranstalteten sie damals schon öffentliche Auftritte, bei denen

Vertonungen Bobrowskischer Jugendgedichte vorgetragen wurden. Der Krieg ließ diese Jugendblüte verdorren und verstreute die fruchtbringende Gesellschaft.[46] Nicht verwunderlich, daß in Bobrowskis Dichtung später diese kneiphöfischen Erinnerungen des öfteren durchschimmern; die Umrisse des alten Ordensdoms, die schon der Schüler (1933) in Linol geschnitten hat, sind ihnen als Kanevas unterlegt, und der Duft der blühenden Linden auf dem Domplatz und der Klang der Orgel und der Glocken durchzieht sie. Auch die Liedhaftigkeit der frühen Lyrik Bobrowskis und die hohe Musikalität der späten haben im kneiphöfischen Dombezirk eine ihrer Wurzeln.[47]

1961 schreibt Bobrowski die Erzählung *Von nachgelassenen Poesien* des unglücklichen Poeten M. Sie spielt auf dem Kneiphof zur Dachzeit. Während die historischen Figuren jener Welt genannt sind, Albert und Dach, Adersbach, Thilo und Stobaeus, der Kurfürst Georg Wilhelm, bleibt der »ernsthafte Mensch, Secretarius« M. aus dem Samland geheimnisvoll verhüllt, der dort über den Domplatz geht, »betrunken, mit

46 Zu ihnen gehörte als Nächster Gerhard Fett, alias Felt (1917–82), ein begabter Musiker und Komponist.

47 Bobrowski hatte in seiner Bibliothek sowohl die Oesterleysche Dach-Ausgabe in der Deutschen National-Litteratur wie auch Fischers Arien-Ausgabe; in dieser zeichnete er neben dem ›Anke‹ das »Gespräch Coridons vnd seiner Galatheen auff dem Pilkoppischen Gebirge« an und zwei dunkle Texte, das Klaglied »In der Person der Hochbetrübten Fr. Witwen« »Du hast mich wund geschlagen« und die »Letzte Rede Einer [. . .] sterbenden Jungfrawen« »Ich armer Madensack!«. Das war seine Auswahl. Außerdem befindet sich im Nachlaß ein Notizzettel über die Personen des Königsberger Dichterkreises nach Pisanski, wie er sie sich zu gelegentlicher Benutzung anzulegen pflegte. In die handschriftliche Anthologie seiner liebsten Gedichte trug er das Freundschaftslied »Der Mensch hat nichts so eigen« und das Klagesonett »Wie, ist es denn nicht g'nug« ein. Vgl. Eberhard Haufe, »Die Hausanthologie eines Dichters. Johannes Bobrowskis liebste Gedichte aus der Lyrik«, in: Harald Hartung / Walter Heistermann / Peter M. Stephan (Hrsg.), *Fruchtblätter. Freundesgabe für Alfred Kelletat*, Berlin 1977, S. 193–216, und Johannes Bobrowski, *Meine liebsten Gedichte. Eine Auswahl deutscher Lyrik von Martin Luther bis Christoph Meckel*, hrsg. von Eberhard Haufe, Berlin 1985, S. 12–15. Vgl. auch in Gerhard Wolfs *Beschreibung eines Zimmers* (Berlin 1971) das 4. Kapitel: »Eine Insel, in ihr eine Welt«.

heißem Kopf« oder zur Oberamtsstube auf dem Schloß oder zum Wassertor am Fluß, an den Fleischbänken vorbei; balladeske Partikeln auf Wegen wie überm Sumpf, voller Ratten, Schuld, Vergeblichkeit und Tod. Ein vergeblicher Dichter, der die Bosheit der Welt spürt, brüderliche, ahnungsvoll verschlüsselte Identifikationsfigur des Autors selbst. Nicht Verklärung einer Vergangenheit, sondern Durchleuchtung der Gründe, historischer Hinter-, Unter- und Abgründe.[48]

Im 9. Kapitel des Romans *Levins Mühle* (1964) taucht an der Drewenz eine andre unverschlüsselte Jugenderinnerung auf, die in unserm Zusammenhang keiner Erläuterung bedarf: »Lieber Mensch, gehab dich wohl, heißt es in Alberts Musikalischer Kürbishütte von 1641, welche, wie es im Titel gleich steht, uns erinnert menschlicher Hinfälligkeit, woran wir uns aber nicht erinnern lassen. Weiszmantel kennt diese Königsberger Hütte nicht, obwohl sie sich gut singen läßt, zu drei Stimmen, vocaliter und auch mit Instrumenten, und auf schöne Texte. Aber er sagt es ganz genau so wie dieser Herr Albert: Lieber Mensch, gehab dich wohl. Und Habedank sagt: Na ja, dann geh man.«

In seinem letzten Werk, den *Litauischen Clavieren* (erschienen 1966), dessen Vollendung er buchstäblich dem Wettlauf mit der Todeskrankheit abgewann, blinkt noch einmal und wiederum in raffiniert facettierter, verschränkter Identifikation einer Romangestalt der Kneiphof, »die Insel«, auf. Da erzählt der Lehrer Potschka, »dieser litauische Liedersammler«, in den Dörfern jenseits der Memel am Rombinus an einem Juniabend seinem Mädchen »von der Jugend«. Er wird dabei zugleich in schwereloser Vertauschung zu Donelaitis, dem Tolmingkehner Pfarrer aus dem 18. Jahrhundert, dessen Oper Professor Voigt aus Tilsit schreiben will (»Titel vorerst, [...] ganz schlicht: Der Sänger seines Volkes«), welche Absicht ihn eben zum Johannistag nach Willkischken reisen

48 Vgl. Bernd Leistner, »Das Lebensgedicht eines Namenlosen. Zum Prosastück ›Von nachgelassenen Poesien‹«, in: B. L., *Johannes Bobrowski. Studien und Interpretationen*, Berlin 1981, S. 98–108.

läßt. Wie Donelaitis vor zweihundert Jahren als Student der Albertina, so scheint auch der Lehrer Potschka dort studiert zu haben, »auf Kosten der Litauischen Stiftung, wir speisten, wie das hieß, in der Kommunität«. Und erinnert dann: »Damals hatte ich einen Freund, wir haben uns Gedichte vorgelesen, es gibt da Winkel in der Stadt, dort liest es sich leichter, Gedichte mit Gefühlen, die man sich nicht sagt, sonst; alte Steine helfen ein bißchen, am meisten der Schatten. Bäume gab es dort überall. Sonst ist man fremd in der Stadt und bleibt es.« Und zeichnet dann dem Mädchen Tuta neben ihm auf dem Heuhaufen, das er jetzt Anna Regina nennt, mit dem Namen von Donelaitis' Frau – auch Dachs Pohlinchen hieß Regina –, zeichnet ihr ein Bildchen von der Kneiphofinsel, eine Gedächtnisskizze (s. Dok. 19), ihm vertraut wie vor ihm dem jungen Donelaitis, der ein litauischer Dichter wurde, wie nach ihm dem jungen Bobrowski, dessen Weg auch aus der Stadt hinaus ins Land jenseits der Memel ging, zu den Uferwiesen der Jura, zu den Waldhängen des Rombinus, ins Herzland seiner Gedichte.

Eine überraschende Auszeichnung hat Günter Grass jüngst Simon Dach zuteil werden lassen. In der Hans Werner Richter zum Siebzigsten gewidmeten Erzählung *Das Treffen in Telgte* hat er ihn zum Organisator einer barocken »Gruppe 47« gemacht, die sich 1647 in kriegsverwirrter Zeit in dem kleinen Wallfahrtsort an der Ems versammelt – man wollte den Friedensverhandlungen in Münster und Osnabrück nahe sein, »sei es, um dem zuletzt verbliebenen Band, der deutschen Hauptsprache, neuen Wert zu geben, sei es, um – wenn auch vom Rande her nur – ein politisches Wörtchen mitzureden«. So waren sie aus allen Richtungen der Windrose gekommen, eine imaginäre literarische Reichsversammlung: Gryphius und Paul Gerhardt, Birken und Buchner, Czepko und Logau, Harsdörffer und Hoffmannswaldau und andere, ungeladen der junge Stoffel Gelnhausen und »auf dem weitesten Weg, vom Königsberger Kneiphof her«, Heinrich Albert und Simon Dach, dessen Leitung sich die bunte Schar fügte.

Woher mag dem Autor der Gedanke gekommen sein, gerade ihn mit dem Amt des ›Gruppenchefs‹ und Organisators auszustatten, dem der historische Dach doch wenig entsprochen hätte? Zwar ist sein Genie der Freundschaft unbezweifelbar, gewiß auch sein mild ausgleichender versöhnlicher Sinn, der ihn zum »Ireniker, das heißt Friedensmann«, und allenthalben »wohlgelitten« machte. Doch ihm ein »breitgelagertes Gemüt« zuzusprechen, welches »mit rundum verschenkter Wärme den Kreis eines solchen Treffens geräumig genug machte« und gar festzustellen, »aber die Beharrlichkeit Dachs und sein politischer Wille gaben den Ausschlag«, hätten ihn befähigt, sogar Konkurrenten auszustechen und Gegentreffen abzuwenden, das ist allerdings ein überschätzendes Wohlwollen, das die historische Erscheinung übertrifft. Hier gelingt es dem Bescheidenen gerade, die vielsinnige temperamentvolle Literatengesellschaft »wie unter einem Dache« zu versammeln und friedvoll zu bändigen. Übrigens ist es ja der Reiz der das Gestern im Heute, das Heute im Gestern spiegelnden Erzählweise, daß ihre diaphanen Doppelbilder, diese historisierenden Palimpseste, zu Entschlüsselungsversuchen und schwankenden Vergleichen verlocken. Grassens Sympathieerweis für Simon Dach ist jedenfalls ein schönes frągloses Zeichen. Als letzter der sich nach dem Komment dem Gruppenurteil stellenden Dichter trägt Dach am letzten Tage auf dem Schemel neben der Distel seine große »Klage über den endlichen Vntergang vnd ruinirung der Musicalischen Kürbs-Hütte vnd Gärtchen« vor, die uns bekannt ist.[49] »Das hörten wir gern« summiert der anwesende Erzähler. »Allen Versammelten war das aus dem Herzen gesprochen. Wenn ihnen gegenwärtig keine Macht und kaum Ansehen zukamen, weil die Gegenwart einzig von Krieg und Länderraub, von Glaubenszwängen und kurzlebiger Gewinnsucht beherrscht war, wollten sie mit Hilfe der Poesie mächtig zukünftig sein und

49 Bei seinen Ausführungen zu dem Gedicht (S. 163 f.) hat sich Grass nah an Albrecht Schönes Modellversuch »Kürbishütte und Königsberg« gehalten, woran er gut tat.

ihr Ansehen der Ewigkeit versichern.«[50] Und der alte Weckherlin, der während der Lesung den Richterstuhl inne gehabt, urteilte: »Schöner habe man nicht schließen können. Und Harsdörffer rief: O, hätten wir doch gegen die schlimme Zeit eine Kürbislaube, weit genug für uns alle!« Weiter also ist das Dach jener freundschaftlichen Kürbs-Hütte am Pregel nie gespannt worden! Als dann noch wie pflichtschuldig ein Manifest, eine Friedensresolution der Poeten, nach einigem Diskutieren beschlossen, unterschrieben und Dach zu treuen Händen gegeben (»Es war zum Glockenläuten«), setzt man sich in der Wirtsstube zur Letze, dem Fischgericht, für das Greflinger gesorgt hat (»Friedfertiger wurde nie gespeist«), Albert spricht das Gebet darüber (»mit Anspielungen auf biblische, das Fischereiwesen betreffende Stellen«) – bis der Ruf »Feurio!« die Unsterblichen auseinander treibt, die Stätte ihrer Tagung geht in Flammen auf, jeder rettet sich heimwärts an seinen Ort. Dach und Albert haben bis Berlin mit Paul Gerhardt gemeinsamen Weg.
Soweit die Rezeptionsgeschichte des Königsberger Barockpoeten Simon Dach, durch dreihundert Jahre bis auf unsre Tage.

Zur Gegenwärtigkeit läßt sich noch hinzufügen, daß ein in den dreißiger Jahren in Königsberg gegründeter Heinrich-Albert-Chor auch nach dem Kriege in Westdeutschland seine östliche Tradition fortsetzt. In Göttingen verleiht die Gesellschaft Albertinum, die das Vermächtnis der Königsberger Universität wahrt, seit 1966 an Persönlichkeiten, die sich im Sinne dieser Aufgabe verdient gemacht haben, eine Simon-Dach-Plakette.
Zur Gegenwärtigkeit gehört auch das fast einzigartige politische Phänomen, daß das Land der hier gesammelten Dichtung heute ein gesperrter Bezirk und die Stadt Simon Dachs und Heinrich Alberts (und Immanuel Kants) eine für uns

50 Günter Grass, *Das Treffen in Telgte*, Darmstadt/Neuwied 1979, S. 165; dazu auch Dok. 20.

Domruine und abgeräumter Kneiphof in Kaliningrad, 1981.

verbotene, unbetretbare Stadt ist, das verleiht ihr bei der Allverfügbarkeit des Erdballs etwas Ausnehmendes und der Erinnerung an sie etwas unvergleichlich Besonderes – sie ist wie ein versunkenes Vineta, der Erinnerung bleibt weniger als die Ruinen von Pompeji, sie steht am Ufer des Pregels wie am Lethefluß, alle Fäden sind zerrissen, Glocken schallen herauf wie vom Meeresgrund, Orgeln, Chöre, die Choralmelodien vom Schloßturm – unerreichbar sind die Gräber der Ahnen – »Hingehn, das geht nicht mehr. Hingehen nicht« hat Bobrowski gesagt. Und: »Herrufen, hierher. Wo wir sind.« Das haben wir getan. Aber »Wo sind wir?« hat er auch gefragt.

Der Herausgeber gedenkt beim Abschluß dieser Arbeit über einen Dichter seiner Heimat, nun selbst zu Jahren gekommen, dankbar der ostpreußischen Lehrer seiner akademischen Jugend an der Albertina: Walther Ziesemers (1882–1951) voran, dessen große Dach-Ausgabe im letzten Augenblick vor dem Krieg vieles gerettet hat, was sonst der Untergang verschlungen hätte; des Historikers Bruno Schumacher (1879–1957), in dessen Seminaren er über die ostpreußische Geschichte unterrichtet wurde; nicht zuletzt danke ich Erich Trunz für Lehre, Gespräch und anhaltend förderliche Gesinnung und Verbundenheit durch Jahrzehnte.

Konkordanz

Die nachfolgende Tabelle gibt eine vergleichende Übersicht der Zählung in der vorliegenden Ausgabe (Sp. 1) mit der von Ziesemers Edition *Simon Dach: Gedichte* (Sp. 2; Bd.,Nr.) und der Ausgabe von Fischer *Gedichte des Königsberger Dichterkreises aus Heinrich Alberts Arien und musicalischer Kürbshütte* (Sp. 3; Tl.,Nr.). Die Fundstellen der übrigen Texte sind im Anschluß an die Tabelle genannt. Zur vollständigen Bibliographie der Titel vgl. »Zur Textgestalt«.

RECLAM	*Ziesemer*	*Alberts Arien*
1	II,180	5,21
3	I,9	1,17
4	I,39	1,8
5	I,41	1,12
6	I,42	1,14
7	I,44	1,16
8	I,45	1,22
9	I,47	1,20
10	I,50	2,20
11	I,60	–
12	I,62	2,10
13	I,65	2,17
14	I,66	3,1
15	I,68	–
16	I,70	–
17	I,78	–
18	I,83	3,14
19	I,85	3,19
20	I,86	3,23
21	I,87	3,24
22	I,90	4,16
23	I,92	–
24	I,103	5,18
25	I,122	6,15
26	I,129	–
27	I,135	6,21
28	I,156	–
29	I,162	–
30	I,167	–

RECLAM	*Ziesemer*	*Alberts Arien*
31	I,171	–
32	I,172	–
33	I,173	–
34	I,174	–
35	I,179	–
36	I,180	–
37	I,182	–
38	I,194	–
39	I,201	–
40	I,211	8,18
41	I,229	–
42	I,234	–
43	I,255	–
44	I,261	–
45	I,263	–
46	I,265	–
47	I,266	–
48	II,33	–
49	II,38	–
50	II,41	–
51	II,71	
52	II,82	–
53	II,163	–
54	II,176	2,12
55	II,177	4,23
56	I,188	7,24
57	I,296	–
58	I,298	–
59	II,105 (Schluß)	–
60	II,107	–
61	II,108	–
62	II,112 (Schluß)	–
63	II,115 (Teil)	–
64	II,126 (Teil)	–
65	II,131	–
66	II,156	–
67	II, S. 309	–
68	III,6	–
69	III,8	–
70	III,45	–
71	III,59	–
72	III,61	4,4
73	III,65	–
74	III,72	–

RECLAM	*Ziesemer*	*Alberts Arien*
75	III,96	–
76	III,118	–
77	III,119	–
78	III,143	–
79	III,146	–
80	III,160	7,12
81	III,164	–
82	III,185	–
83	III,199	–
84	III,212	–
85	III,216	–
86	III,246	–
87	III,251 (Schluß)	–
88	III,269	–
89	III,280	–
90	IV,2	–
91	IV,159	–
92	IV,269	–
93	IV,274	–
94	IV,280	–
95	–	5,4
96	–	1,4
97	–	1,20
99	–	5,10
100	–	8,9
101	III, S. 500	–
102	–	S. 299–303
103	–	1,13
104	–	1,18
105	–	6,13
106	–	2,3
107	–	3,12
108	II, S. 362f.	–
109	–	2,7
110	–	5,11
111	–	4,24
112	–	5,20
118	–	2,5
119	–	6,14
120	–	2,6
121	–	4,19
122	–	1,11

RECLAM	*Ziesemer*	*Alberts Arien*
123	–	8,22
124	–	3,13
125	–	7,18
126	–	6,1
127	–	6,20
128	–	6,19
129	–	1,25

2 Johann Gottfried Herder: »Stimmen der Völker in Liedern«. Volkslieder. S. 48–50.
98 Gedichte von Simon Dach und seinen Freunden. S. 61.
113 Christoph Kaldenbach: Auswahl aus dem Werk. S. 100.
114 Ebd. S. 101.
115 Ebd. S. 92–96.
116 Ebd. S. 96 f.
117 Ebd. S. 145.
130 Simon Dach, seine Freunde und Johann Röling. S. 236–238.

Abbildungsnachweis

11 Simon Dach. Kupferstich von Wolfgang Philipp Kilian, 1730, nach dem um 1647 entstandenen, 1944 verbrannten Gemälde von Philipp Westphal. – Herzog-August-Bibliothek Wolfenbüttel.

15 »Anke van Tharaw«. Erstdr. in: Heinrich Albert: Arien. Tl. 5. Königsberg 1642. – Bayerische Staatsbibliothek München.

226 Titelkupfer zu: Heinrich Albert: Musicalische Kürbs-Hütte. Königsberg 1641. – Universitätsbibliothek Tübingen.

299 Friedrich Wilhelm I., der Große Kurfürst. Kupferstich von Cornelius Vischer nach dem Gemälde von Gerrit van Honthorst. 1649. – Archiv für Kunst und Geschichte, Berlin.

332 Königsberg vor 1650 (Ausschnitt). Aus: Matthäus Merian: Topographia Germaniae. Bd. 13. Frankfurt a. M. 1652. (Faks. 1926.) – Württembergische Landesbibliothek Stuttgart.
In der Mitte der Kneiphof, von Pregelarmen umschlossen, durch fünf Brücken mit den Nachbarstädten verbunden. Nördlich die Altstadt mit dem Schloß, rechts der Löbenicht, im Süden der Haberberg, eine Vorstadt des Kneiphofs. Im Ostteil des Kneiphofs der Dom und das Collegium. Die kleine Honigbrücke führt von der Insel auf die von altem und neuem Pregel umflossene Lomse (rechts). Dort lag, bei der Einmündung des Lindengrabens in den Fluß, Alberts Gärtchen, bis es durch den Ausbau der Straße vernichtet wurde.

339 Dom und alte Universität von Königsberg, um 1930. – Landsmannschaft Ostpreußen e. V., Hamburg.

345 Silbermedaille zur Dreihundertjahrfeier der Königsberger Universität. 1844. – Aus dem Besitz von Armin Kurschat.
Die Vorderseite zeigt Dom und Universität umrahmt von den Namen der drei berühmtesten Rektoren: Sabinus (der Gründerrektor), Simon Dach und Immanuel Kant. Auf der Rückseite der Gründer, Herzog Albrecht, und der regierende König Friedrich Wilhelm IV.

357 Der Königsberger Dom. Lithographie von F. Matern, um 1840. – J. G. Herder – Institut, Bildarchiv, Marburg.

360/361 Titelkupfer und Titelblatt zu: Heinrich Albert: Arien. Tl. 8. Königsberg 1650. Reproduziert nach: Heinrich Albert: Arien. Hrsg. von Eduard Bernoulli. Abt. 2. Leipzig 1904. (Denkmäler deutscher Tonkunst. 13.) – Württembergische Landesbibliothek Stuttgart.

Beide Blätter versinnbildlichen noch einmal die Lebensansicht der Königsberger Sterblichkeitsbeflissenen. Das Titelblatt trägt einen emblematisch gefaßten Totentanz: Haue und Spaten, Lanze und Schwert, Krone und Zepter, Bischofsmütze und Krummstab unter der Herrschaft des Totenkopfs, den das geflügelte Stundenglas und die Hippe krönen: »Niemand wird hier ausgenommen.« – Das reichdekorierte Kupfer zeigt unterschiedliche Szenen: ein musizierendes Liebespaar (das sind die weltlichen Lieder), ein Quartett, das an die Gesänge der Kürbshütte erinnert – es dürfte sich um den gleichen Zeichner handeln – links ein Leichenzug. Die Henne mit den Küchlein, »unter diesen Flügeln« (Mt. 23,37) meint sowohl den göttlichen Schutz der Frommen als auch den Schutz unter christlichen Fürsten, deren mächtige Adler die gewährten Privilegien gegen die räuberischen Nachdrucker bestärken.

420 Domruine und abgeräumter Kneiphof in Kaliningrad, 1981. Aus: Willi Scharloff: Königsberg damals und heute. Leer: Rautenberg, 1982.

Verzeichnis der Gedichtanfänge

Die Verfassernamen aller nicht von Simon Dach stammenden Gedichte sind in runden Klammern hinzugefügt.

Barockliteratur

IN RECLAMS UNIVERSAL-BIBLIOTHEK (AUSWAHL)

Abraham a Sancta Clara: *Wunderlicher Traum von einem großen Narrennest.* Hrsg. v. Alois Haas. 6399

Angelus Silesius: *Aus dem Cherubinischen Wandersmann und anderen geistlichen Dichtungen.* Auswahl Erich Haring. 7623 – *Cherubinischer Wandersmann.* Kritische Ausgabe. Hrsg. v. Louise Gnädinger. 8006 [5] (auch geb.)

Johann Beer: *Printz Adimantus und der Königlichen Princeßin Ormizella Liebes-Geschicht.* Hrsg. v. Hans Pörnbacher. 8757

Jakob Bidermann: *Cenodoxus.* Deutsche Übersetzung v. Joachim Meichel (1635). Hrsg. v. Rolf Tarot. 8958 [2]

Simon Dach und der Königsberger Dichterkreis. Hrsg. v. Alfred Kelletat. 8281 [5]

Gedichte des Barock. Hrsg. v. Ulrich Maché u. Volker Meid. 9975 [5]

Gedichte und Interpretationen. Bd. 1: Renaissance und Barock. Hrsg. v. Volker Meid. 7890 [5]

Hans Jacob Christoph von Grimmelshausen: *Der abenteuerliche Simplicissimus Teutsch.* Einleitung v. Volker Meid. 761 [8] – *Lebensbeschreibung der Erzbetrügerin und Landstörzerin Courasche.* Hrsg. v. Klaus Haberkamm u. Günther Weydt. 7998 [2] – *Der seltzame Springinsfeld.* Hrsg. v. Klaus Haberkamm. 9814 [3]

Andreas Gryphius: *Absurda Comica oder Herr Peter Squenz.* Schimpfspiel. Hrsg. v. Herbert Cysarz. 917. Kritische Ausgabe: Hrsg. v. Gerhard Dünnhaupt u. Karl-Heinz Habersetzer. 7982 – *Cardenio und Celinde Oder Unglücklich Verliebete.* Trauerspiel. Hrsg. v. Rolf Tarot. 8532 – *Carolus Stuardus.* Trauerspiel. Hrsg. v. Hans Wagener. 9366 [2] – *Catharina von Georgien.* Trauerspiel. Hrsg. v. A. M. Maas. 9751 [2] – *Gedichte.* Auswahl Adalbert Elschenbroich. 8799 [2] – *Großmütiger Rechtsgelehrter oder Sterbender Aemilius Paulus Papinianus.* Trauerspiel. Text der Erstausgabe, besorgt v. Ilse-Marie Barth. Nachwort Werner Keller. 8935 [2] – *Horribilicribrifax Teutsch.* Scherzspiel. Hrsg. v. Gerhard Dünnhaupt. 688 [2] – *Leo Armenius.* Trauerspiel. Hrsg. v. Peter Rusterholz. 7960 [2] – *Verliebtes Gespenst.* Gesangspiel. *Die geliebte Dornrose.* Scherzspiel. Hrsg. v. Eberhard Mannack. 6486 [2]

Johann Christian Günther: *Gedichte.* Auswahl u. Nachwort Manfred Windfuhr. 1295

Johann Christian Hallmann: *Mariamne.* Trauerspiel. Hrsg. v. Gerhard Spellerberg. 9437 [3]

Christian Hofmann von Hofmannswaldau: *Gedichte.* Auswahl u. Nachwort v. Manfred Windfuhr. 8889 [2]

Quirinus Kuhlmann: *Der Kühlpsalter.* 1.–15. und 73.–93. Psalm. Im Anhang: Photomechanischer Nachdruck des »Quinarius« (1680). Hrsg. v. Heinz Ludwig Arnold. 9422 [2]

Laurentius von Schnüffis: *Gedichte.* Auswahl. Hrsg. v. Urs Herzog. 9382

Friedrich von Logau: *Sinngedichte.* Hrsg. v. Ernst-Peter Wieckenberg. 706 [4]

Daniel Casper von Lohenstein: *Cleopatra.* Trauerspiel. Text der Erstfassung von 1661, besorgt v. Ilse-Marie Barth. Nachwort Willi Flemming. 8950 [3] – *Sophonisbe.* Trauerspiel. Hrsg. v. Rolf Tarot. 8394 [3]

Martin Opitz: *Buch von der Deutschen Poeterey* (1624). Hrsg. v. Cornelius Sommer. 8397 [2] – *Gedichte.* Auswahl. Hrsg. v. Jan-Dirk Müller. 361 [3] – *Schåfferey von der Nimfen Hercinie.* Hrsg. v. Peter Rusterholz. 8594

Poetik des Barock. Hrsg. v. Marian Szyrocki. 9854 [4]

Christian Reuter: *Schelmuffskys warhafftige curiöse und sehr gefährliche Reisebeschreibung zu Wasser und Lande.* Hrsg. v. Ilse-Marie Barth. 4343 [3] – *Schlampampe.* Komödien. Hrsg. v. Rolf Tarot. 8712 [3]

Spee, Friedrich: *Trvtz-Nachtigal.* Hrsg. v. Theo G. M. van Oorschot. 2596 [4]

Kaspar Stieler: *Die geharnschte Venus.* Hrsg. v. Ferdinand van Ingen. 7932 [3]

Georg Rodolf Weckherlin: *Gedichte.* Ausgew. u. hrsg. v. Christian Wagenknecht. 9358 [4]

Christian Weise: *Masaniello.* Trauerspiel. Hrsg. v. Fritz Martini. 9327 [3] – *Ein wunderliches Schau-Spiel vom Niederländischen Bauer.* Hrsg. v. Harald Burger. 8317 [2]

Philipp Reclam jun. Stuttgart